Julia Samuel

Cada familia tiene una historia
Cómo heredamos la pérdida y el amor

Traducción del inglés al castellano de Fernando Mora

Título original: EVERY FAMILY HAS A STORY
How We Inherit Love and Loss

© Julia Samuel 2022
First Published in Great Britain in 2022 by Penguin Life

© de la edición en castellano:
2023 by Editorial Kairós, S.A.
www.editorialkairos.com

© de la traducción del inglés al castellano: Fernando Mora

Revisión: Amelia Padilla

Fotocomposición: Grafime S.L. 08027 Barcelona
Diseño cubierta: Katrien Van Steen
Impresión y encuadernación: Romanyà-Valls. 08786 Capellades

Primera edición: Noviembre 2023
ISBN: 978-84-1121-186-4
Depósito legal: B 17.639-2023

Todos los derechos reservados.
Cualquier forma de reproducción, distribución, comunicación
pública o transformación de esta obra solo puede ser realizada
con la autorización de sus titulares, salvo excepción prevista por
la ley. Diríjase a CEDRO (Centro Español de Derechos Reprográficos,
www.cedro.org) si necesita algún fragmento de esta obra.

Este libro ha sido impreso con papel que proviene de fuentes
respetuosas con la sociedad y el medio ambiente y cuenta con los
requisitos necesarios para ser considerado un «libro amigo de los bosques».

Este libro está basado en hechos reales, pero todas las personas que aparecen en él son ficticias o se han cambiado sus nombres y características identificativas para proteger su intimidad.

Cualquier parecido con personas reales, vivas o fallecidas, es pura coincidencia.

Para Catherine y Rachel, con todo mi amor

Sumario

Introducción	11
La terapia	25
La familia Wynne, ¿quién soy?	35
La familia Singh y Kelly	79
La familia Thompson	119
La familia Taylor y Smith	157
La familia Browne y Francis	201
La familia Rossi	241
La familia Berger	279
La familia Craig y Butowski	317
Conclusión	357
Doce claves para el bienestar de la familia	365
Breve historia de la familia	381
Anexo	391
Cuestionario sobre experiencias infantiles adversas (ACE)	391
Instrucciones para el estudio de las experiencias infantiles adversas	392

Nuestra puntuación ACE 392
La escala «¿Sabes?» 395
Diez preguntas cruciales (que debemos plantearnos si
pensamos mantener una relación a largo plazo) . . 396
EMDR 397
Bibliografía 399
Agradecimientos 429
Índice 433

Introducción

Cada familia tiene una historia, una historia de amor y pérdida, de alegría y dolor.

La historia de la familia en la que nací estuvo marcada por grandes privilegios y múltiples traumas. Pero no contábamos historias. No había narración o comprensión alguna de lo que había pasado, de lo que estaba sucediendo, o de cómo afrontarlo. Mis padres eran jóvenes adultos durante la Segunda Guerra Mundial. Mi padre estaba enrolado en la Marina y mi madre era una chica de campo. Pero no era ahí donde radicaban sus heridas. Los padres y dos hermanos de mi madre habían muerto repentina e inesperadamente a los veinticinco años. Mi padre y mi hermano también habían muerto de repente cuando yo era todavía joven. Sus padres habían luchado en la Primera Guerra Mundial.

Como la mayoría de las personas que vivían en esa época, y como mi generación de *baby-boomers* puede atestiguar, ellos se atuvieron a la necesidad de sobrevivir y multiplicarse. Poseían una tenacidad, unas agallas y un valor admirables. Su vía de supervivencia, la única que les quedaba, era olvidar y seguir adelante. Vivían según la máxima de que aquello que no se habla ni se piensa no nos hará daño. Montar un buen espectáculo, esconderse de la vulnerabilidad y, sí, un labio superior rígido eran los mantras de mi infancia y de la mayoría de mi generación. Pero, incluso cuando está fuera de la vista –quizá especialmente cuando se halla fuera de la vista–, la huella dactilar del amor y la pérdida en nuestro interior sigue ganando complejidad. Eso no siempre es visible a simple vista, pero sigue siendo complicado, sigue teniendo su textura, sigue siendo algo todavía doloroso.

Lo que a menudo no se reconoce es que comportamientos como estos son el legado del trauma. El trauma no tiene lenguaje. El trauma no tiene concepto del tiempo. Se halla siempre en alerta máxima en nuestro cuerpo, listo para verse activado muchas décadas después del suceso traumático original. No se permite procesar las emociones. Para mí significó muchas piezas que faltaban en el rompecabezas. Recuerdo mirar fotografías en blanco y negro de mis abuelos fallecidos, tías y tíos, examinando en busca de pistas porque no sabía prácticamente nada de ellos. La primera vez que vi una fotografía de mi abuelo materno fue este mismo año. Había tantos secretos y tantas cosas sin decir que ahora miro a mis padres y me pregunto: ¿qué sabían ellos? ¿En qué pensaban? ¿Sabían lo que sentían? ¿Hablaron alguna vez, como pareja, de las cosas que les importaban? Y esos secretos, ¿se los contaban o no? Ciertamente, ellos no me hablaron de nada de eso.

Esto significaba que estaba constantemente observando y escuchando en busca de pistas, lo cual resultó ser el brebaje perfecto para fermentar a una psicoterapeuta: siempre sentía curiosidad, escuchaba atentamente, estaba muy interesada en lo que ocurría detrás de la fachada, como un detective escudriñando en el polvo en busca de huellas.

Mis padres ya fallecieron. Mientras escribía este libro, el amor y la comprensión hacia ellos han ido cambiando y creciendo. Viven en mí, formándome e influyéndome de continuo, al igual que lo hacen todas nuestras relaciones clave, razón por la cual les estoy enormemente agradecida. He aprendido de ellos numerosas habilidades, comportamientos y formas de ser cruciales que me han servido de mucho. Y sigo beneficiándome ahora de las inmensas oportunidades que me proporcionaron.

He escrito este libro sobre las familias porque cada cliente que he tenido se ha centrado en su familia. Quieren saber por qué tienen dificultades con sus familiares o se preguntan por qué amarlos, y todo lo demás. No soy diferente de mis clientes. En mi terapia, he invertido una enorme cantidad de tiempo explorando mi familia de origen y mi familia actual, tratando de encontrar sentido a lo que sucede.

Las familias y su papel en la actualidad

La expresión «familia nuclear», es decir, dos padres casados y sus hijos, ya no describe plenamente a los 19 millones de familias que viven en el Reino Unido. Las familias adoptan ahora muchas formas: familias monoparentales, homoparentales, de adopción, extensas, poliamorosas, mixtas, sin hijos y familias formadas por amigos en las que no hay relaciones de sangre, etcétera.

14   **Cada familia tiene una historia**

En el pasado, el objetivo y la función principal de la familia era criar a los hijos. Pero se ha producido un gran cambio social en el sentido de que ahora hay más madres que trabajan y tienen menos hijos. Como vivimos más, criar niños solo ocupa la mitad de nuestra vida adulta. En consecuencia, vivimos como adultos de nuestra familia durante mucho más tiempo que en el pasado, llevando con nosotros la carga o los dones de esta. Cada persona que habita en estos diferentes modelos de familias tiene su respuesta única a ellas, la cual estará basada en la genética, el entorno y las condiciones de vida.

Quería mirar bajo la alfombra de algunos de estos tipos de familias para saber qué ha ocurrido y plantear algunas preguntas: ¿qué es lo que permite a determinadas familias prosperar a pesar de la enorme adversidad cuando otras se fragmentan? ¿Qué predice la ruptura familiar? ¿Por qué en ocasiones nuestra familia nos saca de quicio?

Este libro pretende explorar esas cuestiones y profundizar en su comprensión. No se trata de cómo educar a familias perfectas. Las familias perfectas no existen. Las familias operan en un espectro de disfunción y funcionamiento que depende de factores estresantes internos y externos. En su lugar, narro los relatos de la experiencia vivida por ocho familias que afrontan desafíos concretos a lo largo de varias generaciones. A menudo se subestima el nivel de influencia de una generación sobre la siguiente. Los factores de estrés no resueltos de una generación pueden transmitirse para intensificar las presiones cotidianas de la vida de las generaciones que les suceden.

Las familias se hallan en constante cambio, por eso son tan complicadas, y esa es la razón de que supongan un trabajo tan arduo. Mientras la generación anterior se enfrenta a la vejez, sus hijos adultos lidian con sus propios hijos que se van de casa, y a la vez esos jóvenes se están adaptando y avanzando hacia la edad adulta. Hoy en día, lo que se consideraba un ciclo vital normativo constituido por cuatro etapas –establecimiento (matrimonio), expansión (hijos), contracción (hijos que abandonan el hogar) y disolución (muerte de la pareja)– no es en absoluto aplicable a todo el mundo. Las relaciones a menudo concluyen en divorcio, los hijos deciden no abandonar el hogar o regresar a casa después de algunos años, o tal vez no haya hijos. Vemos, a partir de las historias que siguen, que en ocasiones las familias tienen que tirar de las riendas juntos, y otras veces dar un paso atrás. Es esta danza, el movimiento hacia dentro y hacia fuera como una familia, buscando la armonía y permitiendo al mismo tiempo las diferencias, lo que favorece la estabilidad.

Me fascinan las familias por un buen motivo: son importantes. La familia es la influencia más decisiva en la vida de un niño y en lo que este terminará convirtiéndose. Reflejan ese amor fiable en su edad adulta, ya que fortalece su bienestar emocional, físico y espiritual, lo que permite llevar una vida feliz, sana y productiva. En el mejor de los casos, la familia es el lugar seguro donde podemos ser nosotros mismos, con todas nuestras debilidades y defectos, y seguir siendo profundamente amados y comprendidos. En términos ideales, es el lugar donde las raíces de nuestro desarrollo se ven plenamente reconocidas, el ambiente en el que hemos crecido recibiendo un pleno reconocimiento.

En el centro de nuestro bienestar reside la relación. La calidad de nuestra vida depende de la calidad de nuestras relaciones. Como terapeuta seguidora de las teorías del apego de John Bowlby, considero que nuestras «cuestiones relacionales» comienzan con nuestra familia. Ella es el centro de cómo aprendemos a relacionarnos y a gestionar las emociones en todos los aspectos de nuestra vida –nosotros mismos, el amor, la amistad, el trabajo–, así como en la propia familia. La base de nuestras creencias y valores está programada en nosotros a través de nuestra familia, tanto si la seguimos como si nos rebelamos contra el sistema familiar. Y lo que es más importante, recibimos de nuestra familia nuestro sentido del propio valor: llegamos a creer que valemos o lo contrario.

Cuando son «suficientemente buenas» –como sostiene Donald Winnicott, el eminente pediatra y psicoanalista–, las familias conforman los cimientos de nuestra vida, el fundamento que nos mantiene firmes al afrontar los golpes de la vida. Cuando funcionamos bien, podemos recurrir a nuestra familia en la adversidad y recabar apoyo. Cuando el mundo exterior nos parece fracturado y alienante, el hogar y la familia son un refugio para sanar y acopiar de nuevo fuerzas.

Tal vez no veamos a nuestra familia, pero sigue formando parte de nosotros, genéticamente, en nuestros recuerdos y en nuestro inconsciente. En consecuencia, nunca podremos abandonarla, como hacemos con una pareja o una amistad.

Las familias excepcionales
son familias corrientes

Las familias sobre las que escribo son a la vez excepcionales y corrientes. Creo que podríamos seleccionar cualquier familia en cualquier momento de su vida y aprenderíamos mucho sobre lo que se esconde bajo su yo externo, sobre aquello que las conforma e influye. Podrían ser los «fantasmas de su guardería», las influencias de su infancia, sus padres y abuelos, o cómo sus propios hijos los obligan a enfrentarse a aspectos de sí mismos que no se habían atrevido a mirar antes. Y lo que encontraríamos sería exclusivamente suyo y, en algunos aspectos, familiar para todos nosotros.

Descubrir estas verdades adicionales sobre sí mismos ha dado a mis clientes, y se lo proporcionaría a cualquier familia, claridad y confianza para navegar a través de las turbulencias de la vida.

Me intriga el hecho de que en las familias la mayor parte de lo que se habla no tiene ninguna consecuencia, y mucho de lo que importa queda sin decir. Significa que nuestra imaginación se mueve por lugares desconocidos y aterradores: las historias que nos contamos a nosotros mismos están llenas de lagunas y suposiciones. Sabiendo que en la familia los guiones se transmiten de generación en generación, estoy muy interesada en el poder y la influencia de esos secretos y silencios. Con el tiempo he llegado a comprender que lo que se rechaza en nosotros, lo que se exilia a un oscuro lugar tácito, tiende a fermentar y se torna hostil y peligroso.

Mis clientes no venían a verme porque buscasen terapia para asumir sus heridas del pasado, sino debido a un doloroso regalo. Descubrimos, sin embargo, que su presente estaba entretejido con los hilos de su pasado. Entre otras muchas cosas, veía claramente cómo el trauma puede transmitirse de una generación a la siguiente.

Conocía la teoría de que, cuando un acontecimiento traumático no se aborda ni es procesado en una generación concreta, prosigue a través de las generaciones sucesivas hasta que alguien esté preparado para sentir el dolor. También conocía la investigación sobre epigenética: el modo en que los traumas cambian la carga química de nuestros genes, lo cual afecta a nuestro sistema operativo, incrementando nuestra respuesta a los acontecimientos externos y activando una parte del cerebro –es decir, la amígdala–, el mecanismo de lucha/huida/paralización. He observado que, si el trauma no ha sido procesado, la amígdala permanece en alerta roja décadas después del suceso. Por ejemplo, si no hubiéramos abordado el trauma del suicidio en la familia Rossi, alguno de los nietos podría haberse visto acosado por miedos, imágenes corporales y sensaciones que no podrían explicar y habrían creído que algo iba mal con ellos. Las lecciones que derivo de esto son, en primer lugar, que nos servirá a nosotros y a futuras generaciones reconocer que tal vez nuestra herida psicológica no empezó con nosotros, y que eso no significa nuestro fracaso personal. Y, en segundo lugar, que abordando el dolor y procesándolo, protegemos a las generaciones futuras.

Cada una de las ocho familias se enfrentó a duros retos vitales, como todos nosotros hacemos. Es en esos puntos álgidos de cambio –como la muerte, la enfermedad y la separación– donde a menudo se tambalean las familias. Tal vez sea una propensión a mantener el pasado, temiendo el futuro, la que hace que las transiciones familiares sean a la vez amenazadoras y emocionantes y donde cada miembro de la familia exhibe actitudes distintas y, en ocasiones, contradictorias. Todas estas familias lo demuestran Se necesita una enorme dedicación y compromiso para alimentar a la familia, para priorizarla por encima de otras exigencias de la vida, para mantenernos unidos en momentos de crisis. Estas familias demostraron que las familias en transición –y, de hecho, la mayor parte de las veces– nos obligan a recurrir a nuestras reservas más profundas de amor, paciencia, autoconciencia, tiempo, esfuerzo y, por supuesto, dinero. Mi objetivo era arrojar luz sobre los detalles de lo que ocurre en cada familia concreta, considerando que los detalles más personales e íntimos de nosotros mismos pueden traducirse más ampliamente a una perspectiva universal.

Generaciones

Cada vez me atrae más trabajar con sistemas familiares porque veo que nuestras vidas no están separadas, sino que se hallan interconectadas y son interdependientes, llegando a percibir el proceso de cambio como una empresa colectiva. Gracias a este trabajo he llegado a entender que no es lo que le ocurre a una familia, sino la calidad de la conexión y la buena voluntad intencionada entre sus miembros las que afectan a nuestra capacidad de gestión.

El poder de los abuelos y los padres para influir, para bien o para mal, incluso en los hijos adultos ha supuesto una nueva e importante percepción en lo que a mí respecta. En estos estudios de casos comprobamos que la familia es más que los individuos que la componen. Aunque cada miembro posee su propia narrativa, esta también se combina para crear el sistema familiar y nuestra forma de ser, demostrando que el ciclo vital familiar –desde el nacimiento, la adolescencia y la edad adulta hasta la vejez– es el contexto principal del desarrollo humano. Al observar sus diferentes historias transmitidas de generación en generación, y cómo se influyen mutuamente, empezamos a entendernos a nosotros mismos.

En cada capítulo, la familia es la estructura que sostiene el sistema emocional de cada generación, incluso después de tres e incluso cinco generaciones. El modo en que gestiona cada uno ese sistema emocional de la familia, encabezada por los padres y los abuelos, da forma a su resiliencia cuando se enfrentan a grandes cambios vitales o incluso a pérdidas traumáticas.

También vemos que los sistemas emocionales no son lógicos. Podemos querer que nuestro hijo/padre/abuelo no se enfade por algo que consideramos trivial –o, en el otro extremo, traumático–, pero eso no funciona. El propósito de nuestro sistema emocional es proporcionarnos mensajes que fluyan a través de nuestro cuerpo, referentes a la seguridad y el peligro, que nos permitan experimentar placer y satisfacer nuestras necesidades. Es importante conocer que las emociones, ya sean dolorosas o alegres, pueden fluir libremente a través de nosotros. En el momento en que las emociones se apagan, la disfunción se instala en nosotros. En las familias, la disfunción puede transmitirse de padres a hijos, de generación en generación, ya que el progenitor la modela en el comportamiento que manifiesta hacia sus hijos, de manera que el ciclo continúa.

Las familias disfuncionales presentan numerosos matices y grados de disfunción. Por lo general se trata de familias en las que hay más interacciones negativas que positivas. No existe una actitud predecible de buena voluntad, o de cuidado y apoyo recíproco en cada miembro de la familia. No saben cómo enfrentarse a las dificultades: los conflictos pueden escalar hasta convertirse en enfrentamientos que duran meses, años o incluso generaciones. Tienden a ser rígidos, con puntos de vista inalterables sobre lo que está bien y lo que no, y se cierran a la comunicación en lugar de abrirla. Tanto en su comportamiento como psicológicamente son impredecibles y una fuente de angustia para cada miembro de la familia cuando no se busca ni se encuentra la resolución, lo cual significa que los miembros de la familia se sienten abandonados y atrapados. Pueden experimentar la atracción adictiva de la recompensa inestable, a veces recibiendo el ansiado amor y atención, y luego, sin motivo, experimentando su retirada: todo el mundo está enganchado, esperando el siguiente estímulo.

Las familias que son rígidamente disfuncionales, instaladas en el extremo y que no se mueven a lo largo del espectro, es poco probable que acudan a nosotros. A menudo me pregunto sobre la aparente contradicción de que muchas de las personas más necesitadas de apoyo y comprensión sean las menos propensas a pedirla. O, lo que es aún peor, que sean incapaces de acceder a ella.

Los sistemas familiares conllevan algo más que nuestros guiones y emociones. También establecen, implícita y explícitamente, las pautas de comportamiento y conexión entre cada miembro de la familia: quién tiene qué poder, así como las

22   Cada familia tiene una historia

creencias y las normas que rigen su funcionamiento, es decir, lo que se puede comunicar, lo que se bloquea, o qué comportamiento es sancionado. Cuando es negativa, la dinámica familiar contribuye a los problemas de un miembro concreto de la familia, aportando la causa de la angustia individual y colectiva. Si, por ejemplo, el padre es débil, su hijo puede ser dominante. La dinámica entre ellos es cocreada y afecta a todos. En lugar de ocuparse solo del padre débil, es importante abordar en su conjunto la dinámica familiar, ya que la totalidad de la familia es el instrumento para el cambio.

En ocasiones, un individuo manifiesta un determinado tipo de comportamiento como expresión de una dificultad sistémica. Por ejemplo, cuando las preocupaciones económicas no se ven atendidas por todos los miembros de la familia, alguno de los hijos puede manifestar problemas de control. Las familias se bloquean en los puntos de cambio y crisis, utilizando un patrón anticuado de afrontamiento y esperando que el resultado sea distinto, y entonces se atrincheran más en sus problemas. Es la familia en su conjunto la que necesita comprensión. Y, en ocasiones, necesitan algo más que comprensión: les hace falta un cambio activo y ayuda para adoptar comportamientos diferentes. Cuando trabajé con estas familias, no me centré en una sola «persona problemática», sino que observé los patrones que se producían entre todos sus miembros, y cuál de ellos podía estar causando problemas.

Cualquiera que analice a su propia familia se beneficiará de examinar sus patrones y comportamientos familiares heredados para ver qué pueden necesitar adaptar. A menudo son los pequeños cambios inesperados los que traen mejorías. Por ejemplo, la familia Wynne ayudó a su hijo deprimido viendo juntos toda la serie *Modern Family*.

El amor importa

El amor, el recurso previsible que gestiona las emociones de la familia, es clave. El amor en todas sus modalidades: la capacidad de darlo, de recibirlo, en acción, apartándose, soltándose o moviéndose hacia él en la ruptura y la reparación.

El origen de la fractura y el desamor de las familias suelen estar en los celos y la competencia por lo que puede considerarse el limitado recurso del amor en todas sus formas. Se juega con el sufrimiento y el dolor, así como en las consiguientes batallas de hermanos y parejas, o de rivalidad intergeneracional.

Se producen debates constantes sobre la naturaleza y la crianza. Cuando nacemos recibimos una huella genética: nuestra propensión a la inteligencia, la condición física y los rasgos de carácter, y sabemos que su potencial puede verse satisfecho o entorpecido por nuestro entorno. El azar determina en qué tipo de familia nacemos, la riqueza o la pobreza, la historia, la salud psicológica y las pautas familiares, todo lo cual influye en la cualidad de la crianza. Pero en el centro del bienestar se ubica nuestra identidad básica: «Me quieren y pertenezco a algo. Esta familia es mi hogar y un lugar seguro pase lo que pase conmigo o con ellos».

Por experiencia propia, y por lo que he aprendido de las familias en este libro, al comparar las familias no biológicas y las biológicamente emparentadas, las historias que nos contamos a nosotros mismos terminan convirtiéndose en lo que somos. Cuando nos cuentan historias verdaderas, confiamos en que se nos quiere y que pertenecemos a algo, lo cual nos lleva a prosperar, sea cual sea nuestra herencia genética o conexión.

Las familias son desordenadas, caóticas e imperfectas. Allí donde amamos y nos preocupamos más, también nos dolemos más, luchamos más y cometemos nuestros más profundos errores. Sin embargo, prosperamos cuando nuestra familia se mantiene segura, tanto en nuestro interior como a nuestro alrededor. Merece la pena el esfuerzo, el dolor y la lucha. Cuando podemos confiar en nuestra familia, se convierte en la fuerza que nos mantiene unidos si se trastoca todo nuestro mundo. Incluso en las grandes distancias, cuando nuestra familia se ubica en el centro de nuestro ser, nos ayuda a encontrar nuestro propio equilibrio a pesar del desorden y la locura del mundo.

Lo mejor que podemos hacer para evitarlo es dar prioridad a nuestra familia en nuestros corazones, en nuestra mente..., y con nuestro tiempo.

La terapia

Estoy en deuda con mis clientes, que me concedieron permiso para escribir sobre sus cuestiones más personales y difíciles. Describo sus relatos como historias, lo cual es cierto, aunque no podemos olvidar que me estoy refiriendo a sus vidas personales más íntimas, y eso no es una ninguna «historia» para ellos. Su generosidad y valentía se basaban en su esperanza de que, al contar la historia de su familia, otros podrán conocer la suya y, tal vez, sanar sus propias heridas. Creo que la sabiduría recogida por clientes y terapeutas en la intimidad de la sala de terapia ha sido durante mucho tiempo un valioso recurso para todos.

He ocultado la identidad real de mis clientes para proteger su intimidad. Algunos de ellos son compuestos y, aparte de una familia, todas las relaciones de los clientes que aparecen en este libro tuvieron lugar durante la pandemia de 2020/21 y mediante Zoom. Solo menciono el impacto del COVID-19 cuando ha afectado materialmente a mis clientes. A pesar de todos los retos que el COVID ha supuesto, resultó tener algunas ventajas inesperadas para el proceso terapéutico. Desde una perspectiva práctica significaba que podía ver a más personas a una hora acordada: intentar que hubiese más de una o dos personas en la sala conmigo, si bien haciendo malabarismos con los viajes y los horarios, dado que era una tarea mucho mayor que un mero reto logístico. También comprobé que la terapia a distancia era menos intimidatoria, sobre todo para las generaciones mayores. Sentarse en la seguridad de su propio hogar, tal vez con una taza de té en la mano, mirando a otros miembros de la familia y a mí en la misma pantalla se convirtió en un entorno agradable en el que debatir cuestiones intensas y frecuentemente peliagudas. Al final de la sesión abandonaba la llamada de Zoom, pero a menudo la familia se quedaba y hablaba más acerca de lo que habíamos discutido entre nosotros. A menudo pensaba que esas habrían sido las mejores conversaciones en las que participar y de las que pedía regularmente información actualizada, pero no me llegó ninguna. A pesar de todas las desventajas de no captar las señales viscerales corporales de mis clientes, como la conectividad intermitente o ver hasta la nariz de alguien en lugar de sus ojos, los beneficios del Zoom superaron con creces los aspectos negativos. Siempre querré trabajar con clientes en mi sala, pero en lo que respecta a mi práctica con las familias, este era el camino.

Muchas de las familias ya formaban parte de mis casos. A otras las seleccioné por la diversidad de perspectivas que aportaban, como los Berger y la familia Singh/Kelly, o el conflicto particular al que se enfrentaban, como los Craigs. Cada historia puede leerse por separado o en conjunto. La conexión entre ellas era que las familias acopiaron el valor suficiente para acudir en busca de apoyo ante las dificultades a las que se enfrentaban, reconociendo que tenían que encontrar nuevas formas de abordarlas.

Y, a la inversa, cuando escucho a mis clientes que tienen dolorosos e insolubles problemas con determinados miembros de la familia, y que no se unen a ellos en terapia, sus padres o hermanos se obsesionan con tener razón, en lugar de estar dispuestos a analizar qué otros factores contribuyen al problema. Sostener posiciones rígidas es el sello distintivo de las familias bloqueadas en patrones negativos. Creo que las familias de este libro demuestran que es su capacidad de adaptarse y cambiar sus perspectivas, mientras buscan estabilidad y una conexión más estrecha, la que hace de ellas familias funcionales. Nuestra terapia era, y suele ser, un lugar extremadamente positivo para empezar a explorar, e incluso a practicar, esta importante habilidad. La capacidad de estas familias para aprender a gestionar sus emociones, así como permitirlas, fue un factor significativo en su segura navegación por los retos de la vida a través de las diferentes generaciones.

Teniendo esto en cuenta, resulta útil consultar el libro de Daniel Goleman *Inteligencia emocional*. Su definición de la inteligencia emocional es la siguiente: «La capacidad de identificar, evaluar y controlar las propias emociones». Si no queremos vernos secuestrados por las tensiones permanentes de la vida familiar moderna, necesitamos ser inteligentes con nuestras emociones. Necesitamos crecer en autoconocimiento, es decir, reconocer lo que sentimos y por qué lo sentimos. Si somos conscientes de nosotros mismos, podemos recordarnos cuando estamos en un estado de alteración que existen otros estados de ánimo y emociones, y que eso no es todo lo que somos para siempre. La inteligencia emocional nos permite practicar hábitos, como el *mindfulness*, para reequilibrarnos, o incluso

28   Cada familia tiene una historia

simplemente salir de la habitación durante unos momentos, lo que nos ayuda a juzgar mejor cómo no exteriorizar un disgusto y a recuperarnos de él. En definitiva, nos proporciona la disciplina necesaria para filtrar palabras y sentimientos al servicio de la relación y no como un ataque contra ella, para comprometer nuestro pensamiento y nuestros sentimientos, sintonizando con los demás con empatía. Una vez que nos estabilicemos y veamos que otros hacen lo mismo, ya no necesitamos imponernos, sino confiar en que hay suficiente amor dentro del sistema familiar.

La terapia familiar suele ser más intensa que la individual. Cada experiencia en el grupo se ve magnificada por el número de personas presentes. Para el padre o la madre, que es responsable (aunque no lo desee) del lugar en el que se encuentran, eso puede ser especialmente duro. Escuchar las críticas o el dolor de los propios hijos requiere paciencia. Hace falta valor, así como el compromiso de permanecer con esos sentimientos. Aunque las revelaciones dolorosas nos afectan profundamente, pueden emerger de ellas aspectos positivos insospechados. Sin embargo, creo que la experiencia de las familias que se atreven a abrazar la fuerza de sus sentimientos, permitiéndolos fluir a través de ellos y cambiando la conexión que mantienen unos con otros, resulta en algunos casos transformadora, y en otros extremadamente útil. El dolor, desgraciadamente, es el agente del cambio. Por ese motivo, evitarlo bloquea el cambio. La nueva disposición de cada una de estas familias a nombrar, experimentar y procesar sus obstáculos formará un nuevo patrón familiar.

No soy terapeuta de sistemas familiares, que es un modelo específico de psicoterapia. Pero mi trabajo se basa en su planteamiento teórico. He asesorado a estas familias con el objetivo de formar un poderoso vínculo con ellas, lo que genera confianza, la cual es un predictor de buenos resultados en terapia. Hay más perspectivas matrilineales que patrilineales: hay más mujeres en mi consulta de terapia, lo que refleja el número de hombres en terapia en su conjunto. Si bien cada vez más hombres acceden a ella, su número es mucho menor que el de mujeres.

Los contratos con mis clientes varían. Veo a parejas que solo quieren atención unas cuantas veces al año, algunas familias, mensualmente, por razones similares y la mayoría de ellas, semanal o bimensualmente. Después de la terapia aprecio el hecho de que los clientes me envíen noticias de sus vidas o tarjetas de Navidad, si bien no espero que lo hagan. Sin embargo, sus historias viven en mí. Me dan forma e influyen en mi persona, como hacen todas las relaciones importantes en mi vida.

La terapia no es para siempre, sino que tiene un final. En las revisiones llega un momento en el que acordamos juntos la disposición de un cliente para concluirla, empoderándose para seguir adelante con su vida sin la necesidad de psicoterapia. Es de esperar que los clientes hayan reforzado su resiliencia para cuando se enfrenten a obstáculos y pérdidas, asumiendo la responsabilidad de seguir adelante. Han reconocido a los padres, a la pareja o un acontecimiento, pero no están atrapados en un bucle de culpabilización. La terapia no soluciona lo que salió mal, sino que nos ayuda a aprender a adaptarnos, crecer y cambiar a pesar de lo que salió mal.

El final con un cliente es un elemento significativo, integral y vital en el proceso de terapia. Reconocido como parte

30   *Cada familia tiene una historia*

del contrato inicial, es importante que no les resulte conflictivo. Los finales son planificados y tienden a producirse poco a poco. Tras haber desarrollado una relación significativa, siempre estoy triste cuando termina. Puede ser tentador seguir siendo amigos, pero no es aconsejable. Una consideración clave cuando pienso en otro tipo de relación con un antiguo cliente es no causar daño. Honrar la terapia y el espacio que alberga en nuestro interior es algo que se halla mejor protegido por unos límites claros. En ocasiones he desarrollado funciones duales con clientes anteriores, normalmente profesionalmente, que no son perjudiciales, pero tiendo a evitarlo.

Menciono a mi supervisor varias veces a lo largo del texto. Todos los terapeutas incorporan la supervisión a su práctica clínica para proteger a los clientes de los posibles errores del terapeuta. Para el profesional es el lugar para el aprendizaje: la oportunidad de reflexionar sobre sus pensamientos, sentimientos y comportamientos en su aproximación al cliente. Respeto mucho a mi supervisor, es un valioso y necesario colega a quien expongo mis cuestiones éticas, mis errores, mis dilemas, mi furia o mi preocupación por la práctica clínica, y en ocasiones también mi satisfacción por los buenos resultados alcanzados con los clientes. Sin mi supervisor, no creo que pudiera trabajar de manera eficaz. Trabajar con personas siempre suscita preguntas, conflictos y nuestros propios problemas, que una persona sabia y de confianza nos ayudará a despejar.

Disponer de grupos en lugar de individuos para trabajar y escribir ha sido todo un malabarismo psicológico y ha supuesto que tenía que excluir muchos aspectos de la vida de las personas y elegir escribir sobre las partes que afectaban a la familia. Todos con los que trabajé –la mayoría de ellos nunca habían recibido terapia– la encontraron esclarecedora y vinculante. Se alegraron de tener la oportunidad de mirarse a sí mismos y de afrontar asuntos espinosos, mientras yo me responsabilizaba de los conflictos y facilitaba una mayor comprensión. Revelar sus miedos, experimentar emociones, fue tan difícil como poderoso y curativo. He sido testigo de mi cambio de energía con los clientes a medida que surgían nuevas comprensiones. Un elemento clave de la psicoterapia es la oportunidad de escucharse a sí mismo, y a los demás, de una manera nueva: el poder mágico de escuchar y ser escuchado.

Las familias con las que trabajé se enfrentaban a muchos problemas complejos. Encontraron la capacidad de vivir con preguntas sin respuesta y, a pesar de las enormes pérdidas, de aprender a amar de nuevo. He llegado a ver que en el proceso compartían la capacidad de afrontar la incertidumbre de la vida con un fuerte compromiso con la esperanza.

Cuando practico la terapia con mis clientes siempre escribo con mirada retrospectiva. Sin embargo, al analizar nuestro trabajo conjunto, adopté una tercera postura, tratando de acceder a la intensidad de nuestro proceso, tomando distancia, oscilando entre los dos puntos de vista de cliente y terapeuta y generando con ello mayor claridad. La idea era tener en cuenta tanto su pensamiento como el mío. El psicólogo Dan Siegel lo denomina «capacidad de la mente para contemplarse a sí misma». Yo también hice una versión de esto con mis clientes: tomando distancia y ofreciéndoles mis propios pensamientos para proporcionarles nuevos puntos de vista. Sabemos por la ciencia del comportamiento que tendemos a apoyar nuestras decisiones pasadas incluso si aparece nueva información que sugiere que estaban equivocadas. Confundimos los patrones de familiaridad con la seguridad. Se puede tener una visión desde fuera, como la mía, para iluminar esas respuestas intrincadas. La sala de terapia se convierte entonces en un portal que permite al cliente verse a sí mismo con más profundidad, desentrañar narrativas bloqueadas, obtener nuevas perspectivas de lo que ha ocurrido y cuál es la relación que mantienen unos con otros.

Nunca podemos saber cuánto tiempo durará la terapia ni cuál será su resultado. La mayoría de las familias solo asistieron entre seis y ocho sesiones. Teniendo en cuenta lo inamovibles que pueden ser las pautas y dinámicas familiares, me sentía alentada por la velocidad y el nivel de los cambios surgidos. Para alguien que utiliza el tiempo como barrera para buscar terapia le sugeriría (con una sonrisa) que le lleve menos tiempo que ver una serie de televisión.

Comprendo lo desalentador que es dedicar un tiempo a reflexionar, pero el poder de la terapia como medicina preventiva para las familias en la presente generación y en las venideras puede ser muy profundo.

La familia Wynne

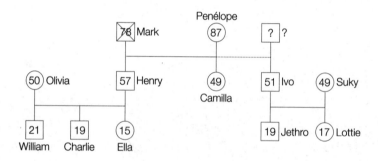

La familia Wynne, ¿quién soy?

¿Somos la suma de nuestros genes
o nos hacemos a nosotros mismos?

Caso

Ivo Wynne tenía cincuenta y un años, era ebanista y estaba casado con Suky, de cuarenta y nueve, quien hacía documentales y era de origen estadounidense. Tenían dos hijos: Jethro, de diecinueve, y Lottie, de diecisiete. Ivo vino a verme porque no estaba seguro de si era hijo de su padre Mark o no. Deseaba explorar esta desconcertante cuestión para ayudarle a decidir la mejor dirección que seguir: averiguar más cosas o vivir con esa situación de incertidumbre. Ivo tenía un hermano mayor, Henry, de cincuenta y siete años, y una hermana menor, Camilla, de cuarenta y nueve. Mark, el padre de Ivo, había muerto hacía cinco años, dejando a su madre, Penélope, de ochenta y siete años, una viuda que se automedicaba con alcohol y era una alcohólica casi funcional. Nos conocimos en mi sala de terapia.

–Tengo cincuenta y un años y, ahora mismo, con todas mis fuerzas, sé que tengo que averiguar quién es mi padre biológico. Parece increíblemente estúpido, pero nunca me pareció extraño que mi padre rara vez me prestara atención cuando era niño. Los amigos de la escuela me decían: «¿Por qué tu padre nunca viene a verte el día de los deportes?». Yo era muy deportista, ganaba todas las carreras y era capitán del equipo de críquet. Y les respondía: «Está muy ocupado», y, honestamente, yo… no pensaba que estuviera mal o que fuera raro. Era todo lo que sabía.

Al escuchar las palabras de Ivo, aprecié su confusión, pero también un profundo dolor en sus ojos color avellana, que se insertaban en un rostro apuesto, con pelo castaño ondulado peinado hacia atrás. Con unas gafas de diseño apoyadas en su nariz aguileña daba la impresión de ser alguien de sangre aristocrática. Pero era la forma en que cruzaba las piernas, el arco de sus elegantes miembros revestidos cuando se movía, lo que me recordaba mucho a los caballos de crianza. Conocer la historia de nuestros padres es fundamental para forjar nuestra identidad, pero si, como en el caso de Ivo, también aporta un elevado estatus, su pérdida aporta una nueva capa de complejidad.

Le pedí a Ivo que me hablase más de su historia. Era artesano, dueño de su propia empresa, que diseñaba y fabricaba cocinas y muebles de alta gama. Me sentí atraída a mirar sus manos con renovado interés, dada su capacidad para crear objetos bellos. Siempre he admirado a la gente que sabe hacer cosas, ya que todo lo que hago es prácticamente imperceptible. Pero necesitaba centrar mi atención en su historia.

Ivo era el hermano mediano de una familia formada por tres hermanos. El hermano mayor, Henry, había heredado el título y los bienes a la muerte de Mark. Henry, de cincuenta y siete años, estaba casado y tenía tres hijos. Dirigía la finca y la estaba modernizando para hacerla rentable. Camilla, su hermana menor, «siempre había tenido problemas». Imaginaba que, en esas circunstancias, había todo un mundo de rivalidad entre hermanos: el hijo mayor hereda el lote completo, dejando a Ivo, etiquetado como «el heredero sobrante», afectado por una «segundo-hijo-itis».

Camilla, de cuarenta y nueve años, era (con suerte) una de las últimas de una generación de mujeres de clase alta nacidas en un patriarcado sistémico, educada para el matrimonio, lo cual no era ninguna carrera. Aunque había mantenido múltiples relaciones, ahora vivía sola en la finca familiar trabajando a tiempo parcial para un subastador rural. Había mantenido un estrecho vínculo con su padre. Todos se habían criado con la disposición formal de una vida de niñera y guardería, bastante separada de sus padres. Henry e Ivo habían sido enviados lejos a los siete años, como internos, a una escuela preparatoria. Camilla fue a los once. Los tres habían sido objeto de crueles castigos corporales y tuvieron que cerrarse a sus vulnerabilidades y emociones para sobrevivir en ese duro entorno, lejos de casa, a una edad tan temprana.

–Dos veces le pedí ayuda a mi padre –me dijo Ivo–. Una vez me dio pastillas para dormir y la otra vez sugirió que nos fuéramos de vacaciones juntos a Italia para escapar… No sabía escuchar ni estar conmigo, pero al ofrecerme esa alternativa supe que tenía buenas intenciones. Recuerdo que me cogió de la mano en cierta ocasión, cuando fuimos a ver a mi madre en el hospital tras su intento de suicidio.

Tomé aire conmocionada: había hablado de un suceso traumático en un tono tan ligero. Le pregunté cuántos años tenía entonces y me contestó:

–Quince.

Reconocí lo traumático que había sido mientras lo registraba como un ejemplo de su respuesta inicial al dolor: deslizarse por encima, no sumergirse en él. Dejé un hueco para que aflorasen otros sentimientos.

Ivo envolvió sus dedos alrededor de su pulgar, volviéndolos hacia atrás de un lado a otro, con mirada lejana y lágrimas en los ojos. No mencionó el intento de suicidio de su madre, que seguía bloqueado, sino tan solo el recuerdo de su padre:

–Le cogía de la mano cuando tenía demencia. Me parecía agradable… No sabía quién era yo… Sonreía a través de sus lágrimas. Me sentía cerca de él.

Luego tosió, y volvió su atención a la distancia entre ellos:

–No creo que supiera la fecha mi cumpleaños, o mi segundo nombre; él, sin duda alguna, desconocía lo que me interesaba, quiénes eran mis amigos, o ninguna cosa sobre mí… pero el sufrimiento para mí no tiene que ver con eso. Era su frialdad hacia mi persona, que me parecía muy diferente a su relación con Henry y Camilla.

–Nunca fue capaz de mirarme a los ojos –dijo con cierta torpeza y bajando la cabeza.

Hubo una larga pausa mientras asimilábamos la devastación de sus palabras.

Quería hurgar bajo la superficie, profundizar más en la mecánica de los primeros años de Ivo. Estaba pensando que los roles que adopta cada niño, reforzados por sus padres, pueden ser una de las principales influencias en el comportamiento de la familia. A menudo se forman en nuestra familia de origen para estabilizar el sistema familiar. Aún no tenía claro quién en la familia Wynne asumía qué papel: si Ivo había sido el «tranquilo» y Henry el «solucionador». Si bien esto podría funcionar bien en su familia de nacimiento, ahora que eran adultos, y se habían unido a otros sistemas familiares, podría dejar de encajar e incluso provocar algún tipo de fractura. Si eso sucediera, yo les sugeriría que lo explorasen con apertura para ver qué podría necesitar más adaptación.

Tres niños pueden ser criados en la misma casa por los mismos padres y tener infancias completamente distintas. A menudo he oído a un padre decir:

—No sé por qué fulanita es tan difícil cuando su hermano es fácil de llevar. Han tenido exactamente la misma educación.

Sin embargo, cada niño suscita una respuesta única por parte de sus padres, y los recuerdos de cada acontecimiento se ven modelados por esa respuesta.

Henry era organizado, ambicioso y un líder, todas ellas características del hijo mayor. Tenía la hipótesis de que ser el heredero le daría poder e importancia, pero añadía una capa de expectativa por parte de sus padres y la envidia de sus hermanos pequeños.

Los hijos medianos, como Ivo, son más difíciles de clasificar, pero aparecen en respuesta al hermano mayor. Si el hijo mayor es bueno, el hijo del medio puede ser travieso para llamar la atención. Yo no había determinado de qué modo eso había moldeado a Ivo, que parecía a la vez errático y exitoso, pero me hacía plantearme la siguiente pregunta: ¿cómo sería criar a un niño que sabemos que no es genéticamente nuestro y, sin embargo, lo mantenemos en secreto?

Mark sabía que Ivo era inocente, pero mirarle debió de encender en él un cóctel de sentimientos, que iban desde la furia, los celos y la indignación hasta el asco. No me extraña que prefiriera no mirarle. Henry y Camilla, sin duda, se habían dado cuenta y podrían estar angustiados por ello, pero había tal escasez de atención por parte de los padres que probablemente lo interpretaban como una ventaja.

Camilla me interesaba. Los últimos en nacer pueden «salirse con la suya más que sus hermanos mayores, ya que sus padres relajan las normas. Suelen ser cariñosos, divertidos y despreocupados, pero a menudo intentan alcanzar a sus hermanos mayores, que son más grandes, rápidos y saben más. *Yo* necesitaba saber más; me imaginaba que Camilla, la más joven, lo había tenido más fácil. Sin embargo, tuvo que lidiar con el patriarcado, que privilegia a los hombres e infravalora a las mujeres. Para contrarrestar este contexto, Camilla siguió los intereses de su padre por la botánica, la literatura y la historia familiar. Ella se vio recompensada con la cercanía de su padre. Pero, como yo lo entendía, tampoco le había funcionado especialmente bien. No había sido una niña divertida y cariñosa, sino que era frágil y nerviosa. Mientras dibujaba el genograma de su familia, observando las relaciones y el contexto entre ellos, formulé la hipótesis de que los hermanos de Camilla habían dañado su confianza. El impacto de la rivalidad agresiva entre hermanos, en un efecto tipo *bullying*, es tan dañino como el acoso escolar, pero a menudo no se controla.

Dado que esta había sido su experiencia desde la infancia, pregunté a Ivo lo que quería conseguir viniendo a verme en este momento.

—He sido realmente bueno enterrándolo. —Hizo una pausa y sonrió—. No soy como el hijo de mi madre para nada. Ella es la reina de la negación. A lo largo de los años he mantenido o escuchado conversaciones que me hicieron cuestionar si papá era mi padre. Siempre me rondaba eso por la cabeza. Subía a ver a papá y él se mostraba incómodo y muy distante. Sentía que no pertenecía a ese lugar. Henry y Camilla eran crueles el uno con el otro, pero disfrutaban uniéndose para ponerse en contra mía. Me ataban y me golpeaban con un cepillo para el pelo, me cubrían la cara, las orejas, la nariz de barro, que parecía excremento, y un sinfín de ataques más. Se burlaban de mí por ser feo y me llamaban estúpido. Recuerdo que Camilla me decía que el solo hecho de mirarme la hacía sentir mal.

Una vez más, me sorprendió la brutalidad de la escena que describía, así como la ausencia de emoción que mostraba al hablar, pero lo sentí retorcerse en mi pecho. Era muy difícil ver en el ojo de mi mente al niño indefenso siendo atacado de ese modo.

Se me ocurrió que la negligencia de sus padres había metabolizado dentro de los hermanos en ira y luego autodesprecio, que los llevaba a portarse mal entre ellos. Ivo se había ralentizado ahora, lo que permitió más espacio para que sus palabras y emociones conectaran entre sí. Me preguntaba si había captado mis emociones al leer mi rostro. Los sentimientos son contagiosos.

—No habría sabido cómo decirlo entonces, pero mirando a posteriori, solo quería estar a salvo y pertenecer a algo, aunque nunca lo conseguí. La falta de cuidado y atención que recibimos de nuestros padres nos aboca en el presente a una posición de riesgo, pero si vives en un castillo con foso y padres con título nobiliario, todo el mundo asume que tienes suerte y que vives en un sueño.

Percibía el dolor y la rabia contenida en el rostro de Ivo: apretaba la mandíbula ante la incomodidad que le causaban sus recuerdos. Supuse que era la primera vez que había expresado adecuadamente las numerosas capas de angustia asentadas en su cuerpo. Le dije lo impactante que era su experiencia: tuve imágenes perturbadoras de él siendo físicamente maltratado por sus hermanos y me sentía furiosa con ellos y protectora con él, al tiempo que reconocía que todos debían de estar sufriendo al comportarse de manera tan violenta.

El grado de desatención mientras los niños vivían en tal lujo era confuso. Me preguntaba con Ivo cómo nuestra ceguera colectiva nos impide ver que la clase y los privilegios no protegen contra el sufrimiento. Como sociedad, tendemos a juzgar a las personas por su aspecto, no por cómo se sienten. Un coche grande representa riqueza y supuesta felicidad, pero los ojos tristes de su dueño transmiten otra historia. Le sugerí a Ivo que había interiorizado ese punto de vista. Asintió, conteniendo la respiración para no asimilar mis palabras.

Desde una perspectiva psicológica, ninguno de los hermanos recibió un amor fiable y seguro de sus padres. Todos eran portadores de mecanismos de afrontamiento para gestionar su infancia insegura, pero la escasez de amor significaba que se volvían unos contra otros para luchar por lo poco que había disponible. Eso era lo más cruel. Las familias sanas utilizan los conflictos para aprender la diferencia entre ser inteligente y ofensivo: descubren a partir de los adultos de confianza que los rodean lo que pueden y no pueden decir cuando discuten. Esta familia había aprendido a atacar con la intención de herir, sin orientación ni mediación alguna por parte de los adultos que había a su alrededor. Pensé en unos pájaros jóvenes en su nido, picoteándose unos a otros para llegar el primero al gusano.

Vi que Ivo estaba agotado, pero deseaba continuar.

–A mi primera novia le habían dicho de modo rotundo, un amigo íntimo de la familia, que Mark no era mi padre. Ella se lo preguntó a Henry, quien juró que era un rumor falso, y se pelearon por ello. Yo creía a Henry y ya no pensé más en el asunto. Mamá vino a verme una vez a la universidad, la única vez que lo hizo. Sacó los temas de sociedad habituales y las banalidades de su vida, y luego, al cerrar la puerta del coche, antes de marcharse, me dijo: «Sé que crees que Mark no es tu padre, pero lo es. Juro que es la verdad». Básicamente, me he dedicado a reconciliarme con mi vida desde entonces y soterré por completo el tema. Pero esa misma novia me envió un correo electrónico hace un mes con una fotografía de un hombre que se parece a mí: lo vio en casa de alguien. Aunque más que parecerse a mí es como mirar a un clon de mi hijo Jethro.

Me apresuraba a ponerme al día con todo lo que me decía Ivo, lo que era particularmente duro ya que, cuanto más angustiado se sentía, más rápido hablaba. Yo tenía el dilema sobre si pedirle que hiciera una pausa para asimilar la historia que estaba relatando hasta el momento, pero decidí dejar que la sacara con prisas. Lo trataríamos en la siguiente sesión. Ivo espetó:

44   **Cada familia tiene una historia**

–Estaba furioso con ella. ¿Cómo se atreve a enviarme eso de pronto... como si fuese una información trivial? Pero mucho, mucho peor es que se la enviase a Henry y Camilla también. ¡Sin consultármelo! Literalmente no podía creer que me estuviera destrozando la vida con un breve correo electrónico. Henry me llamó para hablar de ello y mantuvimos una gran discusión. Como siempre, salieron a relucir nuestros viejos agravios. Ambos competíamos para ver quién ganaba con el golpe de gracia. Era horrible. Le colgué el teléfono de repente, como he hecho innumerables veces, pensando lo mucho que le odiaba y que nunca querría hablar con él otra vez, pero la discusión me sacó de mi negación.

»A partir de ese momento todo lo que leía, veía en la tele y escuchaba era sobre padres e hijos... No podía dormir, concentrarme, comer, y he estado bebiendo mucho... De nuevo, no soy el hijo de mi madre para nada... Las últimas semanas me he revolcado en mi melancolía. Cada día ha sido muy duro. Soy incapaz de asimilarlo... No puedo afrontar el día a día... Hago lo que debo, lo mínimo, pero solamente existo, no vivo. Es una forma de decir que no lo estoy superando. Quiero saber cómo es estar con ello, qué hacer al respecto. Y, si es verdad, ¿quién soy? ¿Cómo me cambia eso? Me miro en el espejo y veo la misma cara, pero me siento diferente. ¿Es la nariz de mi padre? Pensaba que lo era. Siempre me gustó ese vínculo con él. Se me dan bien las matemáticas, como a él. Nosotros no teníamos demasiada relación emocional, pero no me había percatado de ello hasta ahora de hasta qué punto mi sentido del yo estaba anclado en mis padres: sus genes, su historia hasta llegar a mí. Incluso lugares sangrientos. La familia de mi padre hizo fortuna con la política y la agricultura, y construyeron su finca en Norfolk, así que Norfolk siempre ha sido mis raíces –todo el condado–, su olor, su topografía, mi casa familiar, los retratos de «mis» antepasados. ¿Tengo que dejar de ir? Tal vez mi padre no creyese que yo era su hijo, pero él me crio como a un hijo. Si no soy biológicamente suyo, ¿sigue siendo mi padre? ¿Pierdo a la mitad de mi familia? Todos mis primos de ese lado de la familia, ¿han dejado de serlo de repente para mí? ¿A dónde pertenezco ahora? ¿A quién pertenezco? ¿Qué pasa con mis hijos y con su herencia biológica?

Eran muchas preguntas. Podía sentir lo profundamente perturbador que resultaba para Ivo. Un nudo en mi garganta indicaba mi preocupación sobre la mejor manera de apoyarlo. Acordamos que no encontraríamos respuestas a todas sus preguntas, pero quizá en las próximas semanas podríamos empezar a afrontar juntos lo que significaban para Ivo.

Investigo los problemas de mis clientes para estar bien informada y ofrecerles un apoyo psicológico óptimo. Aprendí que saber de dónde viene uno es importante para el desarrollo. En los años 90, el doctor Marshall Duke y la doctora Robyn Fivush (véase el apéndice, página 395) desarrollaron la Escala «¿Sabes?» para preguntar a los adolescentes sobre su familia. Y lo que descubrieron es que los que conocían mejor su historia familiar mostraban mayor grado de autoestima, menores niveles de problemas de conducta y más autoeficacia: confiaban en que podían influir en su mundo. Ivo se había mostrado inseguro respecto a sus raíces durante toda su vida. Ahora, la mitad de los ladrillos que habían construido el lugar de donde procedía habían sido arrancados. Y sabíamos que teníamos que andarnos con mucho cuidado.

También necesitaba evaluar el nivel de abuso infantil y negligencia de Ivo y comprender plenamente sus mecanismos de afrontamiento. El estrés y los traumas en los primeros años de vida no solo perjudican el desarrollo cognitivo, social y emocional, sino que también indican posibles problemas de salud en la edad adulta. La investigación muestra una relación directa con la depresión, la adicción y el suicidio, así como toda una serie de dolencias físicas, desde el cáncer a dolencias cardiacas. Decidí utilizar el cuestionario de «Experiencias adversas infantiles», elaborado por los investigadores doctor Vincent Felitti y el doctor Rob Anda (véase el apéndice correspondiente en la página 391). Las respuestas de Ivo me indicarían lo frágil que era.

Las diez preguntas van desde «¿Alguno de los padres u otro adulto del hogar a menudo le empujaban, agarraban, abofeteaban o le lanzaban cosas?», hasta «¿Sentía a menudo que no tenía suficiente para comer, que debía llevar la ropa sucia sin que nadie le protegiera?».

Cada «respuesta afirmativa» vale un punto; cuanto mayor sea la puntuación, mayor será el factor de riesgo. La puntuación de Ivo era de cinco. Eso me indicaba que necesitábamos ir despacio, creando seguridad en nuestra relación para ayudarle a estabilizarse. También tuvimos que desarrollar recursos para gestionar sus emociones antes de empezar con la inquietante cuestión de su paternidad.

Ivo había desarrollado un mecanismo de defensa de insensibilidad para protegerse de emociones dolorosas como la vergüenza, la ira y la culpa. Si se viese obligado a experimentar esos sentimientos sin una manera de hacerles frente, podría precipitar una crisis nerviosa o incluso el suicidio. En esta intensa fase temprana de nuestra relación, agradecí mis años de experiencia: me infundieron la confianza de que, por muy frágil que se sintiera, sabría cómo apoyarle. No tenía el control de los resultados, pero podría encontrarme con él en el momento que lo necesitara, y eso sería suficiente.

Es importante subrayar que, cuando Ivo respondió al cuestionario, y yo le ayudé a reconocer que había otras formas de tratar con la angustia, empezó a ver que yo estaba de su parte y que lo tomaba en serio. Siempre sus sentimientos se habían visto trivializados o ignorados. En ocasiones, podía percibir, por la forma en que me miraba, que esperaba que yo dijera algo desagradable; cuando no lo hacía, suspiraba, en parte aliviado, en parte utilizando sus afiladas palabras para contraatacar.

Ivo había dicho que era «bueno en la negación» y yo lo sentía en cada sesión. La negación es la primera etapa del proceso de duelo: había sido necesaria para protegerle de niño y apuntaba a la importancia de su pérdida. Su pérdida no había sido la muerte de alguien, sino una «vida perdida»: la pérdida de confianza en su identidad como hijo de su padre. Y había ocurrido en un ambiente que no era seguro, lo que significaba que su dolor no podía expresarse. El ejercicio del «Lugar seguro» ayudó a calmar a Ivo: imaginó un lugar que le infundiera una sensación de calma y paz, respirando profundamente mientras lo impregnaba de recuerdos de lo que oía, veía y olía. También desarrollamos una imagen que llamábamos «el Contenedor»:

48　　Cada familia tiene una historia

era un armario psicológico de acero, que podía contener sus imágenes aterradoras cuando no estaba conmigo.

Las herramientas que desarrollamos juntos le proporcionaron una alternativa a cerrarse. Le permitieron experimentar la incomodidad de sus sentimientos, expresándolos un poco y luego utilizando el autocontrol para calmarse él mismo. Tal vez eso no suene muy diferente a cerrarse en banda, pero lo es. El método de Ivo defiende y mantiene vivos los sentimientos dolorosos en su sistema; mientras que el otro le permite liberarlos, lo que los modifica y fortalece su capacidad para no dejarse abrumar por ellos.

Estas herramientas fueron importantes cuando Ivo empezó a abrirse. Él encontraba las palabras para expresar lo que sentía y entonces se removía en su asiento, cruzando sus largas piernas y cambiando de tema. O inclinaba la cabeza y dejaba de hablar. Podía imaginarme a Ivo utilizando ese comportamiento exacto cuando era pequeño. Evocaba dulzura en mí: deseaba consolarlo. Usaríamos una técnica de estabilización para permitirle retornar a recuerdos dolorosos, cuyo foco era su primera vez en el internado, su primer recuerdo de sufrimiento. Tenía que ver con él cuando era pequeño e intentaba no llorar en la cama de su dormitorio, una gran habitación de paredes blancas con doce camas. Me estremecí: él ¡tenía siete años! Demasiado pequeño.

Existen escasas investigaciones sobre el impacto de los internados, y la investigación que existe es controvertida. Sin embargo, algunos autores, como Nick Duffell, consideran que el «síndrome del internado» tiende a surgir en «supervivientes de internados» veinteañeros e incluso treintañeros. Propone que los internos muestran un conjunto identificable de respuestas, aprendidas como protección contra su abandono en la escuela, que juegan con las personas y los acontecimientos que encuentran en su vida posterior, pudiendo dar lugar a graves trastornos psicológicos.

El recuerdo que Ivo tenía de su colegio era que siempre hacía frío; recordaba especialmente el escalofrío que sentía al salir de la cama y pisar sobre el suelo de piedra helada. Mientras lo describía, cambiaba entre la apertura y el distanciamiento, lo que le permitía tener cierto control sobre su capacidad de soportar la angustia. En terapia tenemos un término para ello: la «ventana de tolerancia». Queremos apoyar a nuestros clientes a llegar al límite de su tolerancia –más allá de su zona de confort–, donde aprenden que pueden sentir dolor, expresarlo y sobrevivir. En cambio, puede liberarlos, incluso hacer que disminuya el dolor. Entonces se alejan del extremo hasta un lugar más tolerable, pudiendo sentirse más tranquilos e incluso aliviados.

Muchas sesiones después, Ivo y yo acordamos que mantener la cuestión de la paternidad relacionada con su persona no solo era abrumador sino tóxico, como son a menudo los secretos familiares. Estaba muy unido a su mujer, Suky, que había estado informada desde el principio y lo había apoyado mucho. Suky, estadounidense, mantenía un sano escepticismo sobre el sistema de clases británico, al tiempo que reconocía que era un aspecto valioso de la identidad de Ivo. Aceptaron hablar con sus dos hijos: Jethro y Lottie. Después de todo, también eran sus descendientes. En su situación actual, la fotografía que Ivo había visto no era una prueba definitiva: necesitaría una prueba de ADN con Henry y Camilla, la cual le diría con precisión si eran hermanos o medio hermanos. Ninguno de los dos estaba seguro de si era mejor seguir el camino de las pruebas o vivir con la incertidumbre. Yo siempre he creído que la verdad, por difícil que sea, es preferible a la mentira. Sin embargo, Ivo había vivido los últimos cincuenta y un años sin saberlo: ¿podría afrontar las consecuencias psicológicas de no ser el hijo del padre que conocía?

Por último, el peso de no saber era mayor que el de saber. Henry y Camilla también querían una respuesta definitiva, por lo que todos enviaron sus muestras.

Fue una larga espera de tres semanas. Una fría mañana de noviembre, Ivo recibió un correo electrónico del laboratorio de pruebas genéticas. No quería abrirlo. Me dijo que, cuando leyó el resultado —es decir, que era medio hermano de sus hermanos, con un 23 % de ADN compartido—, sintió que el mundo se le caía encima. Con rabia en los ojos se volvió hacia mí diciendo:

—Así que definitivamente es cierto. Joder, joder, joder. Quiero gritar contra eso…

Entonces su ira bajó de tono, volviéndose más intensa:

—No sé qué hacer. He perdido algo que es fundamental para mí, una parte esencial de mí, pero es invisible y a la vez concreta… Esta pérdida es un mazazo para mí.

Se tapó el rostro con las manos, con el cuerpo tembloroso, mientras susurraba repetidamente:

—¿Qué hago con esto?

Lo mejor que pude hacer fue sentarme con él acompañándolo en su angustia. Sentía el remolino de su tormenta en mi estómago. Respiré lentamente para mantener mi ecuanimidad y le dije cuánto lo sentía. Fue una tempestuosa y dolorosa sesión.

A pesar de nuestras técnicas estabilizadoras, la noticia provocó en Ivo una espiral de borracheras y caos. Empezó a fumar de nuevo, incluso aunque sufría de asma. A veces no acudía a las citas, otras veces aún estaba borracho de la noche anterior. Me dirigí a mi supervisor, me sentía culpable y sumamente preocupada. Era obvio que habíamos descubierto la verdad demasiado pronto: Ivo no estaba preparado para escucharla. Había aprendido de Babette Rothschild, la preeminente especialista en trauma, que los terapeutas no siempre estabilizan a sus clientes lo suficiente y el procesamiento es demasiado rápido. Mi supervisor se mostró de acuerdo en que eso era probablemente lo que había ocurrido y sugirió que podría haber un proceso paralelo en el que me atacase a mí misma, tal como estaba haciendo Ivo. Él me ayudó a tranquilizarme, animándome a concentrarme en qué podríamos hacer para ayudarle, en lugar de criticarme a mí misma. Por ejemplo, crear una red de amigos y un conjunto de comportamientos tranquilizadores, como el yoga o la meditación, para ayudarle a afrontar la intensidad de su angustia. Estuvimos de acuerdo en que tenía que comprobar si era un suicida y hablar con su médico de cabecera y su mujer. El suicidio puede parecer un gran salto de severa angustia, pero su madre ya lo había intentado: lo que aumentaba el riesgo, al igual que sus experiencias infantiles adversas. Por su seguridad, yo quería cubrir todas las posibilidades.

Expresé mi preocupación a Ivo por su forma de beber y le pregunté si tenía pensamientos suicidas. Me lanzó un gesto de rabia con la mano, como si yo fuese una molesta maestra de escuela. Mientras yo sentía el aguijón de su respuesta, supe que tenía que seguir conectada con él con compasión. Se estaba volviendo contra sí mismo y era crucial que sintiera que yo estaba a su lado en esto, para que llegara a saber que estaba extremadamente preocupada, aunque sin alienarlo. Ambos sabíamos que él era la víctima inocente de las acciones de su madre, pero de alguna manera se sentía avergonzado, equivocado o defectuoso. Y también sentía que su familia, todo el mundo a su alrededor, le mirarían de otra manera.

La tormenta tenía vida propia: arrasó a Ivo y, por fortuna, finalmente se calmó, dejándolo agotado. Un Ivo más tranquilo conjeturó que esa cuestión en realidad le había acompañado durante décadas. Tal vez todos esos años de negación se habían acumulado en él, como capas de sedimento, y necesitaban ser expulsados. Seguía bebiendo y fumando, pero dormía, era capaz de concentrarse y, conmovedoramente, se sentía más cerca de sus dos hijos. Al final, no fueron mis herramientas las que lo estabilizaron, sino su amor.

Ivo había construido un muro de defensa contra sus hijos, que los había mantenido a distancia, pero ahora irrumpían en su corazón, principalmente a través de los abrazos y el poder del amor encarnado. No dejaban de abrazarlo. Jethro había dicho que el padre biológico de Ivo era «un donante de esperma», mientras que Lottie le había comunicado:

—Nada ha cambiado, papá. Eres al cien por cien la misma persona que eras antes de enterarte de este resultado.

Ellos rieron, se rieron como es debido, ante la pregunta de si Norfolk eran sus raíces.

—¡No seas idiota, papá! ¡Claro que lo son! Todos los recuerdos y el tiempo la hacen tan tuya ahora como siempre.

Eran inteligentes, y fue fascinante para mí ver que su vulnerabilidad había permitido a Ivo abrirse adecuadamente a ellos.

A Ivo le conmovía especialmente Jethro.

—A los quince años —me dijo—, Jethro se puso a jugar tras la puerta cerrada de su dormitorio durante dos años. Estábamos muy preocupados por él. Nos dijo que no merecía la pena vivir. Intentamos conseguirle ayuda, pero se negaba a ver a nadie, y se aisló de todo el mundo. Lo milagroso fue que, cuando Suky sugirió que viéramos *Modern Family* juntos, él se mostró de acuerdo. La vimos casi todas las noches durante las once temporadas, un total de 250 episodios. No hablábamos mucho, pero se sentaba en medio, entre Suky y yo. Poco a poco nos fue uniendo. Eso, y su crecimiento de veinte centímetros cada año; ahora mide 1,78 centímetros y tiene una buena altura. Se fue a la universidad el año pasado y es un chico que ha cambiado mucho. Cuenta con un gran grupo de amigos, algo que nunca había tenido en su vida…

Nadie puede predecir lo que será curativo. *Modern Family* les proporcionó un marco para estar juntos que no era emocionalmente exigente al tiempo que ofrecía un enfoque y una conexión compartida.

No me sorprendió que Ivo no mencionara antes la angustia de la adolescencia de Jethro: aunque le había preocupado, no creo que lo sintiese profundamente. La capa protectora ya había dejado de ser útil para él y ahora estaba más abierto a todas sus emociones.

54 Cada familia tiene una historia

Henry, todavía enfadado por su anterior discusión, había decidido visitar a Ivo para exigirle que le devolviese algunos bienes de la familia Wynne: Ivo ya no era un Wynne. Yo estaba sorprendida, pero Ivo no. Le había dicho a Suky que estaba seguro de que alguno de sus hermanos haría eso. Sabía cómo funcionaba su familia.

Era especialmente irónico viniendo de Henry, quien había heredado la mayor parte de la fortuna familiar. Aunque Ivo se rio de que Henry insistiera en ese particular, no tenía poder alguno para obligarlo, así que a Ivo le dio cierto placer rechazarlo. Estaba molesto con Henry, pero no se sentía una víctima. Sabía que estarían distanciados durante un tiempo, aunque al final volverían a hablarse. Ese era el patrón familiar. Explosiones y escándalos, luego silencio durante varios meses hasta que uno de ellos hacía el primer movimiento. No se discutiría ni resolvería nada; ese último escándalo se sumaría a la pila de resentimientos acumulados, y seguirían adelante.

–Pero, según recuerdo –prosiguió Ivo–, por primera vez en mi vida con mi familia, Henry me escribió una sincera disculpa y nos hemos reconciliado. Me siento más cerca de él… lo que es bueno y, en realidad, bastante asombroso.

Traduje el comportamiento de Henry como su respuesta por defecto, y su ataque a Ivo como procedente de un lugar de carencia. Los bienes fueron su moneda de amor cuando había tan poco amor disponible. Henry se había propuesto conseguir lo que pudiese. Había heredado una gran cantidad, pero eso no le había protegido de su sentimiento interior de privación. No podía saber qué había influido en Henry para disculparse, para cambiar el patrón familiar, pero imaginé que su mujer había aducido alguna razón que había despertado su empatía. Tal vez esa comunicación construyó un importante puente de conexión con Ivo. Aunque, según el ADN, era el más distante de sus hermanos, quizá podría acercarse a él emocionalmente.

Cuando Ivo y yo reflexionamos sobre ello unas semanas más tarde, quedó claro que los atributos de su familia –título, tierra, dinero y estatus– eran altamente valorados, pero no ocurría lo mismo con sus miembros. Consideraban que las «cosas» eran más fiables que las personas. Como escribe el periodista Art Buchwald: «Las mejores cosas de la vida no son cosas». Podían exhibirlas o cobrarlas. La familia veía a las personas como un peligro potencial con la capacidad de herirnos y abandonarnos. Se trataba de una mercancía mucho más arriesgada.

Lo comparé con una familia inmigrante con la que trabajaba que no tenían «cosas»: los miembros de su familia importaban más que todo lo demás. Estaban dispuestos a sacrificarlo todo por ellos. Las personas eran su riqueza, su seguridad y resultaban esenciales para su supervivencia: sabían que no podían vivir solos en tierra extranjera. Ninguno de nosotros supera la vida con éxito sin una relación cercana y en ausencia de vínculos afectivos.

Ivo y yo llegamos a la conclusión de que, como seres humanos, tenemos que ser capaces de depositar nuestra confianza en algo, y si no son las personas que nos rodean, tenemos que depositarla en cosas. Para mí, este es uno de los rasgos de una familia disfuncional, es decir, cuando las personas que la componen son secundarias y todo lo otro es más importante.

Tras mucho debatir, Ivo decidió pedir a su madre que acudiera a una sesión con nosotros y sus hermanos. Además, le sugerí que buscara algunas fotografías de Mark y le escribiese como si le estuviera hablando a él. Porque, tal como lo veíamos, podría perder el padre biológico que tenía, si bien nunca perdería la presencia de su padre y la relación que había mantenido con él desde la infancia. Su padre estaba lejos de ser el padre perfecto, y por supuesto sabía que Ivo no era genéticamente su hijo, pero, sin embargo, lo había criado como tal, le dio su apellido y lo mantuvo. Años después, su padre e Ivo habían estrechado sus lazos.

Quedó claro que nuestro trabajo era llorar al padre que Ivo había tenido y que Ivo interiorizara una versión actualizada de él. Ivo parecía mirar a su padre desde otra perspectiva.

–A medida que me hice mayor, y me fui de casa, me iba bien en mi trabajo y necesitaba menos de él, fuimos acercándonos más. Nos veíamos el uno al otro. En realidad, nunca lo dijo, pero creo que estaba orgulloso de mí. Él sentía hacia mí algo diferente a mis hermanos, aunque sé que, a su manera, me quería. Simplemente no sabía cómo demostrarlo.

Esta imagen de un padre benigno, pero en gran medida ausente, era familiar para mí y para mucha gente de mi generación. Era un hombre de su época. Carecía del lenguaje adecuado y de comprensión de las emociones; los sentimientos probablemente le asustaban. Podía imaginar que estaba confundido por Ivo, que era la prueba viviente de que su mujer le había sido infiel, que era inocente, que había hecho bien, y estaban todos los sentimientos que evocaba la situación: furia, vergüenza, amor y orgullo. Para mi sorpresa, y en cierto modo mi inquietud, la madre de Ivo, Penélope, y su hermana, Camilla, accedieron a reunirse con nosotros. Henry también estaba dispuesto a venir, pero, tras discutirlo, los hermanos consideraron que los tres amenazarían demasiado a su madre, y que ella respondería al ataque. Quería aclarar con Ivo qué esperaba ganar teniendo una sesión con ellos. Como de costumbre, tardó un rato en ponerse a la defensiva, pero, hablando con una voz que parecía distante y joven, casi fuera de su control consciente, dijo:

–Quiero sentarme en una habitación con ellos y no sentir que me ahogo incluso antes de abrir mi boca.

Asentí, pues pensaba que esa mera frase encerraba mucho significado. Volveremos sobre ella.

–Quiero que mi madre –continuó– me diga la verdad y me dé una explicación. Me gustaría que se disculpara, pero, mucho más importante, quiero conocer la historia completa… Y Camilla, no lo sé. Ella es infeliz. La gente con problemas genera más problemas, de manera que entiendo por qué es mala. Me gustaría que pudiéramos hablar de esto sin que ella me atacase, complaciéndose en mi sufrimiento. Si ella solo ofreciese un poco de comprensión de lo que es para mí, sería una victoria, aunque sinceramente lo dudo.

Llegó la mañana para nuestra sesión de grupo con Ivo, Penélope y Camilla. Estaba nerviosa. Me sentía protectora de Ivo y temerosa de que no fuese capaz de facilitar la conversación para proporcionarle el resultado que quería y tanto necesitaba.

Cuando Penélope entró en la sala, apoyándose en su bastón, soltando fuertes resoplidos y oliendo a gardenias, vi que era pequeña. Ivo me la había descrito como «muy guapa, muy serena, de aspecto natural y siempre sonriente». Envuelta en un chal de seda, un gran crucifijo colgado de una pesada cadena de oro y sin maquillaje, ojos azules mirándome, era ciertamente poderosa. Camilla era más alta y hacía caso a la opinión de su madre de que el maquillaje era «horrible». También era natural hasta el punto de que no podía dejar de pensar que no se había cuidado lo suficiente. Su pelo, canoso y enredado en una coleta; un jersey y unos pantalones holgados cubrían un cuerpo grande. Era pálida, con venas rotas en las mejillas y sorprendentes ojos azules. No preguntó dónde sentarse, simplemente se sentó en la silla más cercana a la puerta, para una rápida salida.

Cuando Penélope hablaba, sus vocales recortadas me recordaban a una época anterior.

–Ah. Qué lío llegar hasta aquí. Todo ese tráfico. Aparcar ha sido una pesadilla.

Ivo, que se agarraba el pulgar izquierdo, girándolo como un sacacorchos con la mano derecha, miraba hacia su madre y hacia el suelo, con una breve mirada suplicante hacia mí, que yo leía como «Por favor, no fastidie esto». Sentía la presión y mi respiración era más superficial de lo que me hubiera gustado. Camilla también estaba nerviosa: como la «hermana mala» esperaba que estuviera segura de su posición de superioridad genética, pero ella se sentó en el borde de su silla, sin establecer contacto visual con nadie.

Empecé la sesión nombrando lo que entendía. Las pruebas genéticas entre los hermanos mostraban de manera inequívoca que, biológicamente, Mark no era el padre de Ivo. Ivo lo había cuestionado en su infancia y le habían mentido, pero ahora su pregunta estaba clara: ¿cuál era la verdad de su paternidad? Le pregunté directamente a Penélope.

–¿Quién es el padre de Ivo?

Todos nos volvimos hacia ella, y Camilla, con voz fuerte y profunda, dijo:

–Sí, mamá, nos has mentido durante décadas, dinos la verdad.

–Siempre has sido una pendenciera –respondió Penélope mirándola fijamente–. Y sigues siéndolo ahora.

Estaba a punto de intervenir para intentar desviar la conversación, pero Penélope continuó:

–Allington [Allington Hall, la casa de su infancia] era maravillosa. Tuviste una infancia divertida. La señorita Barrett llegó y supe que sería útil desde esa primera mañana. Solíais ir de un lado a otro y hacer ruido logrando despertarnos, pero aquella mañana te levantaste y comiste una manzana y bebiste un vaso de limonada junto a tu cama...

Camilla e Ivo se lanzaron una mirada cómplice, como diciendo, «Esto es lo que vamos a conseguir hoy». Repetí mi primera pregunta y Penélope respondió.

–No me acuerdo.

Y luego se fue por la tangente, totalmente sin relación, refiriéndose a la casa de su infancia, al número de sirvientes y a los muchos recuerdos de su juventud en París. A veces murmuraba, como si se hubiera perdido y metido en un atolladero, pero entonces entraba en otra escena de su vida pasada.

–Mamá –intervino Ivo–, no estoy enfadado contigo. Yo no creo que seas mala, pero quiero saber más.

Su respuesta fue rascarse con fuerza el sarpullido que tenía en los brazos.

–Mamá –dijo Camilla–, deja de rascarte. Lo estás empeorando.

60   Cada familia tiene una historia

Pero Penélope no hizo caso. Percibí que las defensas de Penélope estaban tan incrustadas que simplemente no escuchaba lo que ninguno de nosotros le decía. Era como si se hallase dentro de una torreta fortificada, con pequeñas ventanas en la parte superior para protegerse contra las fuerzas invasoras. A los ochenta y siete años, y siendo una gran bebedora, sus hábitos vitales hacían que su coherencia fuera inevitablemente defectuosa.

La ruptura se produjo cuando Camilla le dijo a Ivo:

—No me estaba permitido decírtelo, pero sabía que era Robert.

Penélope se levantó y se echó la bufanda al hombro, palmeó el muslo de Ivo y dijo:

—Oh, cabrón [con acento francés, una forma afectada de insultar, una defensa típica de alguien con el historial de Penélope]. Lo era.

Y se marchó. Habíamos cumplido media hora de nuestra sesión de noventa minutos y me sentía como si hubiera corrido una maratón sin moverme del sitio.

— Dios —comentó Ivo—, esto ha sido raro [su término general para todo lo que no entendía y no podía superar].

—Bueno, al menos lo ha admitido —dijo Camilla sentada en su silla.

Era cierto: ahora Ivo sabía quién era su padre. El ambiente en la sala había cambiado: era más diáfano. Camilla e Ivo cayeron en lo que parecía una broma familiar sobre lo difícil que era su madre, y con humor negro enumeraron un elenco de otros posibles padres, que podrían haber sido mucho peor para Ivo.

En un momento dado, el tono de Camilla se torció, sugiriendo que, en cualquier caso, Ivo había esquivado un problema al no heredar el historial genético de cáncer y de insuficiencia cardíaca de *su* padre. Ivo solo dijo:

–No.

¿Qué? Esta respuesta parecía un tópico familiar de pequeños ataques y defensas que se producían entre ellos desde que eran pequeños. Debió impactarle a Ivo que Camilla, y no su madre, hubiera revelado quién era su padre, pero decidí que no era el momento de entrar en ese asunto.

Cada vez que le preguntaba a Ivo por su madre, pintaba un cuadro de la educación formal de sus hermanos y la ajetreada vida social de sus padres, y cómo no les habían permitido comer con ellos hasta la adolescencia. Aparte de su gran capacidad de negación: había aprendido de su madre a automedicarse para combatir los sentimientos insoportables. No tenía ni idea de cómo su madre lo había criado de verdad.

Camilla fue más comunicativa y se mostró muy enfadada.

–Mi madre era, y sigue siendo, lo termina de ver, una terrible histérica, una «reina del drama» que siempre necesita ser el centro de atención, con sus rabietas. Podía ser muy divertida. Bebía mucho. Era una tormenta emocional y una madre bastante inútil. Era hermosa, por supuesto, lo que le dio más oportunidades de ser infiel. Ella fue y es horrible conmigo. Ella nunca me dijo «guapa», sino que me hacía sentir gorda y fea. Tenía una mirada particular que me dedicaba cuando comía. Como resultado me sucede algo con la comida, una especie de control. No puedo soltar las cosas. Nunca lloro. Nunca sudo. Estoy estreñida. Nunca he estado enferma… Se podría decir que estoy reprimida…

Yo iba a decir algo cuando añadió:

–No quiero que sientan lástima por mí, o que piensen que me hago la víctima.

Esa frase me detuvo en seco. No sabía cómo responder así que recurrí a la terapia básica y reflexioné sobre lo que le había oído decir. Asintió con cierta satisfacción.

–Sí, eso es correcto.

–Creo –intervino Ivo– que fue horrible contigo. Y no recuerdo tiempos acogedores. Tal vez ella era un poco anticuada, pero yo no recuerdo a mamá diciendo «Te quiero». No te abrazaba, pero te cogía la mano y te la acariciaba entre el dedo índice y el pulgar. Recuerdo haber leído solo mi libro durante horas.

–Sentías –respondió Camilla– que ella no te veía, que existías para divertirla. Por lo demás, dabas mucho trabajo.

Me di cuenta de que el «tú» objetivo que Camilla había utilizado para describirse a sí misma, en lugar del «yo» subjetivo, daba la impresión de la distancia que parecía impregnar cada una de sus interacciones.

Ivo tenía una imagen más comprensiva de su madre. Ella había sido más amable con sus hijos que con su hija, cuyo aspecto la decepcionaba. Había tenido una madre «diferente», aunque se tratara de la misma persona. No podía sino reflexionar sobre la hipocresía de esta hermosa mujer, que creía en la belleza natural y permitió que su hija se sintiese gorda y fea.

Sabía por Ivo que Camilla había tenido una relación más cercana con su padre, por lo que le pedí que me hablara de él.

–Él me adoraba. De acuerdo, era torpe, pero cuando hacíamos cosas juntos, como identificar flores silvestres, no necesitábamos hablar. Solo teníamos la alegría de estar juntos, y todos los rituales que lo rodean, como sacar nuestros libros de referencia, presionar las flores. También era un dibujante sorprendentemente hábil. Tengo muchos de sus cuadernos. Si había llovido, volvíamos embarrados, comíamos bollos con chocolate caliente. Y, si hacía calor, bebíamos limonada.

Mientras hablaba mostraba más vitalidad de la que yo había percibido anteriormente. Al tiempo que Ivo asentía un tanto desamparado, sonreía en señal de acuerdo con su hermana mientras esta seguía diciendo:

—Nadie hablaba nunca de nada. A mi padre le aterrorizaba enfadar a mi madre. Si ella se enfadaba, todos lo pagaban, y hacía tiempo que había aprendido a mantener su cabeza gacha. En nuestra familia solíamos decir: «Vamos a cambiar de tema». Hablábamos de política, del gato o del tiempo, pero nunca sobre nada importante.

Se mostraron de acuerdo en que de ese modo gobernaban las rabietas de la madre. Su padre había sido débil.

Usé el tono de mi voz para hacerles saber lo que realmente sentía por ellos, y reconocía cómo, con distintos matices, ninguno de ellos había tenido una infancia segura. Todo lo contrario.

Parecía importante situar en contexto la crianza que habían recibido, no para disminuir su sufrimiento, sino para ayudarles a reconocer que sus padres habían hecho lo mejor que podían, teniendo en cuenta lo que eran y de dónde venían. Les comenté que muchos de su generación no tenían la menor idea de cómo gestionar las relaciones con nadie. Su rigidez era un mecanismo necesario de supervivencia como la generación que había sido criada por veteranos de la Primera Guerra Mundial, aunque luego vivieron y lucharon en la Segunda.

64   **Cada familia tiene una historia**

Les pedí que me hablaran de la infancia de sus padres. Camilla e Ivo se ablandaron al describir la difícil infancia que sus padres habían afrontado. Su abuelo Wynne había regresado de la Primera Guerra Mundial conmocionado y era un hombre destrozado. El hermano de Mark murió en 1944, y Mark había sido un distinguido piloto de la RAF. Debía de ser valiente, pero tenía miedo de su mujer.

El padre de Penélope había muerto cuando ella tenía seis años. Cuando tenía veintitrés, la vecina de su madre había llamado para decir que había encontrado a la madre de Penélope muerta en su cama. Supuse que había traído con ella todo un mundo de culpabilidad, en cuanto a por qué Penélope no había ido a verla y ser ella la que encontrara a su madre. Pero su madre había sido una alcohólica: la autopsia citaba la cirrosis como causa de la muerte, lo que hace que tres generaciones de la familia fuesen dependientes del alcohol. Probablemente había muchas razones de peso por las que Penélope no había ido a verla.

De niña, Penélope había sido evacuada a Gales, donde lo pasaron muy mal: la familia hablaba galés y se apropiaban de sus raciones, por lo que siempre tenía hambre y frío. Tanto Ivo como Camilla estaban de acuerdo en que mentía a menudo, así que no estaban seguros de qué creer, pero lo que era definitivamente cierto es que, una vez que se casó con Mark, ella se había distanciado de sus dos hermanos. Creían que Penélope quería escapar de todo lo relacionado con su infancia y mantenerlo tan distante de su vida actual como fuera posible. En mi opinión, Penélope había detenido su desarrollo: sus rabietas eran las de una niña pequeña que no había sido escuchada. A menudo oigo hablar de padres que infligen un daño incalculable a sus propios hijos.

Les comenté a Ivo y Camilla que habían descrito a dos familias con múltiples traumas a lo largo de varias generaciones, ninguno de los cuales había sido reconocido o tratado. El trauma se define como la respuesta emocional a un acontecimiento terrible que se experimenta como algo abrumador. Se imprime en el cerebro más allá de donde llega el lenguaje, por lo que no puede ser procesado cognitivamente. Además, y es muy comprensible, los que soportan un trauma quieren olvidar, así que no hablan de ello. Sin embargo, altera el cerebro y los enfermos ven el mundo de otra manera, considerándolo un lugar peligroso. El mecanismo de defensa más común en el trauma es el cierre psicológico, que fue la reacción de Mark, o utilizar las drogas y el alcohol para autoanestesiarse, como Penélope.

Teniendo en cuenta que Ivo bebía mucho, recurrí a la investigación sobre el alcoholismo hereditario. Encontrar la contribución genética directa a la adicción es una tarea compleja e implica una combinación de variantes hereditarias en múltiples genes. La opinión actual es que la adicción en las familias, como sucede con todo lo genético, proviene de la interacción entre medio ambiente y predisposición genética. Resulta útil examinar la historia de la adicción a través de las generaciones en nuestra familia y reconocer nuestros propios factores de riesgo, como, por ejemplo, tener un deseo incontrolable de beber que anula otras relaciones y prioridades.

Mark y Penélope habían sufrido la dimensión adicional de su clase social: creían que la expresión de cualquier sentimiento, salvo el humor y la alegría, era ligeramente desagradable

66 *Cada familia tiene una historia*

u «ordinaria». Expresar el dolor se consideraba una debilidad. Aprendemos a gestionar las dificultades reflejando los mecanismos de afrontamiento de nuestros cuidadores. Por lo tanto, no es de extrañar que Ivo recurriera a la bebida y la nicotina para mitigar su angustia.

Sugerí que Henry, Ivo y Camilla habían nacido en la seguridad de la riqueza y el estatus exterior mientras sus relaciones con sus padres se basaban en la imprevisibilidad traumática de una madre alcohólica y tempestuosa y un padre ausente. Ambos padres habían, sin duda, amado a sus hijos, incluso habían tenido momentos cariñosos y expresivos, pero estaban mal equipados para proporcionar los cimientos seguros de una familia que funcionase.

Brevemente, y con una voz que no buscaba respuesta, Camilla señaló, con una carcajada estridente:

–Tal vez eso explique mi astillado corazón. Quizá no debería sorprenderme encontrarme en esta situación, divorciada de ese cabrón y viviendo sola. Siempre pensé que viviría en el campo, con un jardín precioso, un marido e hijos. Me sorprende mucho que gente en la que confiaba me haya abandonado [su exmarido y una de sus mejores amigas ya no le hablaban] y sin recibir ninguna ayuda de la zorra de mi cuñada [la mujer de Henry] que me mantiene fuera de Allington. Quiero ser diferente pero no sé cómo –añadió después de una larga pausa.

Pude ver que incluso hablar de su dolor la conmocionaba. Tenía una especie de energía febril que estaba siempre al acecho del peligro, pero paradójicamente eso significaba que no podía volverse hacia el afecto o la educación. Habitualmente se frotaba la nariz buscando algo que hacer con sus manos. Reconocí que debía ser muy duro vivir sola sin hijos mientras que las vidas de sus hermanos parecían más felices. Por supuesto, era difícil si no le gustaba su cuñada. Ella asintió, y soltó la habitual risa carente de alegría.

–Es la base de lo que pienso, la aleatoriedad y la inutilidad de una existencia asolada por el desempleo masivo, el cambio climático y todo lo demás.

–Gracias, Cami, por tus palabras de ánimo –dijo Ivo riéndose también.

Sin embargo, yo podía ver que sentía el dolor de su corazón. Recordando a su madre, Camilla desvió entonces la conversación y nos preguntó cuáles creíamos que podían ser los siguientes pasos. Ella sugirió a Ivo que conociera a su padre biológico, Robert. Ivo hizo una mueca, como si el mero pensamiento de Robert le hiciese sentir físicamente enfermo.

–Yo hice lo que pude con mamá. Mi única de verdad es que solo aspiro a seguir adelante con mi vida.

Camilla se mostró en desacuerdo, pero abandonaron la sesión comprometiéndose a comer juntos. Yo me sentí un poco preocupada por cómo iría ese encuentro dado que el alcohol estaba involucrado, pero me recordé a mí misma que ya no eran adolescentes, sino adultos de mediana edad.

Algo aliviada al verlos marchar, me di un paseo alrededor del parque para desahogarme un poco. Pensé mucho en Camilla. Esperaba que la sesión despertara en ella el impulso de encontrar nuevas formas, más satisfactorias, de colmar sus necesidades y que le proporcionasen más felicidad.

Ivo se encontró con su madre poco después de nuestra sesión, pero ella nunca aludió a su conversación. No pudo sacarle una explicación de lo que había sucedido. Penélope salió de sus bien construidas fortificaciones durante unos minutos, pero se amuralló de nuevo. Ivo sabía que no había nada más que pudiera pedirle. Pero sentía una especie de alivio en ese reconocimiento. Había sabido quién era su padre biológico. Lo que hiciera ahora dependía de él. Ivo recurrió al trabajo como vía de escape y un lugar donde tener el control. Me mostró con orgullo un conjunto de sillas de comedor que había hecho. Pensé en Sigmund Freud: «Trabajo y amor, amor y trabajo es todo lo que hay». Ivo trabajó para darse a sí mismo un sentido de acción, un importante aspecto de nuestro bienestar, y se volcó en su propia familia.

El apoyo que le prestaron Suky y sus hijos fue crucial. Con una voz vacilante, al borde de la vergüenza, Ivo dijo:

–No he sido fácil estas semanas. Tal vez tengo algunas de las cosas malas de mi madre, como que explotara y tuviera rabietas.

Le pregunté si sentía que podría cambiar. Él creía que podía, pero «cuanto más profundamente arraigado está, es más difícil». Cierto. Acordamos que merecería la pena que su familia se uniera a nosotros para una cita.

En la terapia tradicional es inusual que diferentes miembros de la familia entren y salgan de las sesiones del principal cliente, una práctica que había seguido durante décadas. En los últimos años, sin embargo, mi comprensión de la interconexión de cada parte de nosotros mismos, de nuestra familia y del mundo natural ha cambiado mi perspectiva. La capacidad de Ivo para integrar el conocimiento de su verdadero padre biológico dependía de las personas más cercanas que le apoyaban en momentos de amargura. Acordamos una hora para reunirnos todos.

Recordar aquella sesión era como arrancar un rayo de sol de mi memoria, a pesar de sus momentos de engaño. La diferente cualidad de la conversación y el ambiente en la sala desde la cita con su madre eran notables.

Ivo entró radiante, tímido y un poco nervioso. Suky le seguía. Recogió y dejó caer su espesa melena rubia por delante de su hombro mientras se sentaba. Me sonrió cálidamente con su mirada, con un estilo informal, camisa entallada, vaqueros y bailarinas. Jethro y Lottie parecían un tanto recelosos pero sonrientes y curiosos. El brillo de la juventud y la franqueza sin herida alguna me resultan particularmente conmovedores de ver, sobre todo cuando la mayoría de los rostros que percibo en mi trabajo están llenos de angustia. Intenté detenerme evaluar a qué progenitor se parecían, pero no pude determinarlo. Jethro miraba como su padre, y Lottie también tenía sus ojos, pero la complexión delgada y atlética de su madre.

Les pedí que me dijeran dónde habían estado desde que se enteraron de las noticias de Ivo. Vi que Suky deseaba hablar, pero se volvió hacia sus hijos. Jethro habló primero.

—Está claro que tienes la mejor genética. Eres más gracioso e inteligente que los demás.

Cuando le pregunté si se sentía diferente respecto a sus primos profirió un rotundo «no»: se querían, daba igual. Lottie habló en voz baja, mirando a Jethro y a su padre:

—Papá, te quiero. Es tan confuso y alucinante, pero para nosotros nada ha cambiado realmente. Estoy un poco enfadada con la abuela.

70   *Cada familia tiene una historia*

El rostro de Ivo estaba enrojecido por el amor que le manifestaban. Él se preguntaba y les preguntaba a ellos si les importaba llevar el apellido familiar, Wynne, cuando su apellido biológico era diferente, y si eso les importaba. Eran jóvenes de su tiempo, menos binarios que sus padres: pensaban que no había ninguna diferencia. Su padre era un Wynne, siempre había sido un Wynne, los había criado con ese apellido y nada había cambiado.

–Gracias a ti –añadió Jethro– tengo el gusanillo de la música, y eso lo heredaste de tu padre, el abuelo Mark.

–Mi padre –señaló Ivo sonriendo con orgullo– era un apasionado de la música. Yo cantaba muy bien cuando era pequeño, y eso se ha convertido en una de mis grandes aficiones en la vida. Es muy importante para mí… Me he dado cuenta de que eso se lo debo a mi padre. Y se lo agradezco.

Fue conmovedor presenciar cómo Ivo revivió al recordarlo y cómo perduró en la memoria de Jethro.

Suky, que trabajaba como productora de documentales, destilaba equilibrio y calidez. Ivo no se había casado con su madre, un error que a menudo cometemos. Es difícil explicar esa energía, pero sabía escuchar, con todo su ser y con una especie de atención feroz que era también reconfortante. Podía ver que ella le aportaba a Ivo una capacidad de conexión y de afecto que le había faltado en su vida. Yo les había estado hablando de mi comprensión y ella reflejaba de nuevo para mí lo que había dicho:

–Creo que lo realmente interesante es lo que usted comenta acerca de la identidad de Ivo. Aunque el sentido de uno mismo y la estructura interna se derivan del ADN de sus padres, es mucho más que eso. También hay que tener en consideración las interconectadas y entrelazadas relaciones de las personas y la familia que hay en su vida. Cómo hemos sido todos con él y si hemos sido cariñosos, crueles o indiferentes, o si no hemos olvidado de él o nos hemos mostrado variables, así como sus experiencias cotidianas, todo eso es lo que lo ha formado.

Ivo asintió. Era mucho más feliz, pero aún se movía nerviosamente en su silla. Les pregunté a todos si había algo más que añadir. Lottie, casi a regañadientes, preguntó:

—Papá, ¿hay alguna manera de que seas menos explosivo?

Suky acarició la pierna de Ivo y le pidió a Lottie que fuera más concreta. Lottie enumeró una serie de ejemplos, de pequeñas disputas domésticas, de cuando Ivo se enfadaba y se paseaba por la cocina gritando a cualquiera que estuviese presente.

Ivo se mostraba rígido en su silla. Si bien se sentía herido y vulnerable y parecía enfadado, estaba en una sesión de terapia. Tenerme allí le obligó a tragarse las primeras palabras que le vinieron a la cabeza. Se volvió hacia Suky y le dijo:

—Sé que a veces pierdo los papeles. Quiero ser diferente, pero no sé si seré capaz de ello.

Me tocaba ahora a mí ser útil. Me preguntaba si podrían acordar algún tipo de trato. Dado que nadie puede detener lo que siente, ¿podría la familia intentar una nueva manera de afrontar las situaciones, creando un momento de espacio entre el sentimiento y las palabras o acciones que quieren manifestarse? Utilizamos ese momento para respirar, frenar, reflexionar. Nos alejamos y tomamos un vaso de agua, luego volvemos y encontramos las palabras que queremos decir: palabras que reconozcan lo que sentimos y lo que necesitamos, pero que no se conviertan en misiles de ataque. Es una estrategia simple pero eficaz, a menudo utilizada con los niños, para desactivar situaciones explosivas.

Ahora que la ira de Ivo había tenido tiempo de calmarse, su dolor se tornó patente. Miró más allá de los rostros de sus hijos hacia la pared que tenían detrás y habló despacio, como para contener sus lágrimas.

–Dios mío, soy como mi madre. Oh, Dios, no quiero ser como ella… –y añadió presionando sus dedos sobre las sienes–: Si sois pacientes conmigo, trabajaré en ello.

Lottie saltó desde el otro lado de la sala para darle a su pobre padre un abrazo muy necesario.

Jethro pasó a la siguiente cuestión. Quería contactar con la familia de Robert, para averiguar quiénes eran y, con suerte, descubrir nuevos primos encantadores. Ivo, bastante abatido pero tan inflexible como antes, no quería nada de eso. Suky sugirió con delicadeza que eran la familia de sus hijos también: ¿acaso tenían el derecho de detenerlos? Ivo admitió que no, pero se limitó a decir que ya había habido suficiente caos y cambios y que no podía enfrentarse a más. Jethro y Lottie le entendieron y acordaron que volverían sobre ese tema en el futuro.

Resumí lo que había entendido de todos ellos. Eran una familia fuerte y funcional que se quería y que había atravesado un paréntesis. En cierto modo, los había unido más.

Posteriormente, me enteré de que Suky había puesto en la pared un mapa de estrellas donde figuraba cada miembro de la familia que había conseguido controlar su temperamento. Era una fuente de diversión, aunque también un sencillo recordatorio de que hay que mantener las cosas en constante revisión.

Venir a verme les había permitido poner nombre a sus desacuerdos, así como a sus profundos lazos y, con suerte, a no repetir los errores de sus antepasados.

Lottie y Jethro sonrieron con su energía optimista. Su padre, bastante agotado, y su sabia madre salieron por la puerta para ir a comer pizza. Esta familia relacionaba la terapia con la comida a modo de justa recompensa. Otros querrían escribir en su diario lo que han aprendido, o tal vez hablar de ello con un compañero o amigo. Los Wynne carecían de un guion para eso en su banco de memoria, y lo que hacían era comer juntos.

Ivo había acudido a mí en plena crisis. Enterarse de que su padre biológico no era el padre con el que se había criado supuso para él un auténtico mazazo. Sentía que algo que formaba parte de él había muerto. Su angustia se veía agravada por el hecho de que se trataba de información que nunca quiso conocer, sino que habían sido otros los que habían insistido en encontrar la «verdad», ignorando sus sentimientos o deseos. Recuerdo que dijo con cierta intensidad:

–Se filtra en cada rincón de mi ser, sin dejar ni un centímetro de espacio para cualquier otro sentimiento, especialmente para el amor o la conexión.

Trabajar en ello conlleva el dolor del cambio. Sin embargo, la atracción natural y el empuje tuvo que atravesarlos para poder adaptarse a la postre. Su nuevo sentido de identidad estaba en proceso de emergencia: el cambio requiere más tiempo del que nos gustaría. Pero permitió a su padre biológico ocupar un pequeño lugar junto a Mark, el padre que había conocido y amado toda su vida.

74   *Cada familia tiene una historia*

Ivo estaba sobrellevando la situación, funcionaba mejor en casa y en el trabajo. La relación con su madre y sus hermanos volvió a los antiguos patrones de contacto y desconexión. Pero, sobre todo, sentía que pertenecía a esa familia, por muy disfuncional que fuera. No era un forastero. Ivo se lo había contado a sus amigos: muchos se habían tomado su situación muy en serio; otros se habían reído; algunos estaban fascinados por la antigua cuestión de la naturaleza frente a la crianza, pero ninguno se sentía diferente frente a Ivo. Eso le ayudó a que tuviera más confianza.

Muchas cuestiones derivadas de la infancia de Ivo habían permanecido intactas: seguía fumando y bebiendo en exceso. El tema de adormecer los sentimientos insoportables utilizando el alcohol, el trabajo, los cigarrillos, la comida y el ajetreo siempre estuvo presente a lo largo de nuestro trabajo conjunto. Lo había aprendido muy bien a la sombra de sus padres. Creo que, si la mayoría de nosotros observásemos a nuestras familias o a nosotros mismos, descubriríamos este tipo de defensas familiares. También considero que la recompensa de la riqueza emocional hace que merezca la pena cambiar un patrón arraigado.

–Francamente, soy incapaz de afrontarlo –me confesó Ivo.

Para ser justos, no tenía el mecanismo interno para hacerlo, dado que no había aprendido de sus padres a procesar las emociones dolorosas. Esta era una de las consecuencias de su educación. Ahora había aprendido formas mucho mejores de afrontar las dificultades que las que sus padres podían ofrecerle, pero él también tenía límites. Hacía poco había leído una teoría sobre las condiciones con más probabilidades que ayudan a cambiar: el profesor Richard Beckhard señala que la resistencia tiene que ser menor que la insatisfacción, la visión y los primeros pasos del cambio. Dicho con otras palabras, su creencia de que el cambio que llevamos a cabo, la imagen que nos forjamos de él, merece todo el esfuerzo para hacerlo realidad. Creo que, si Ivo hubiera podido encontrar las palabras adecuadas, habría confesado que no confiaba en que pudiera ser diferente.

La crisis había supuesto una apertura para Ivo. Había cambiado, pero hacer mucho más no era para él. Él no podía percibir el sentido de ejercer el esfuerzo psicológico que exige el cambio. Sentir el dolor de la superación de las heridas profundas y el rastro de las heridas que deja en nuestra psique estaba más allá de sus posibilidades. Había hecho lo suficiente para ver más allá de su crisis, y eso bastaba.

En su modelo de las Etapas del Cambio, los psicólogos estadounidenses el doctor James Prochaska y el doctor Carlo DiClemente imaginan una rueda que pasa por las etapas de precontemplación, preparación, acción, mantenimiento, finalización y salida. El modelo subraya que el cambio de comportamiento es un proceso formado por seis etapas. Ivo parecía estar en la etapa «contemplativa», en la que sopesaba si los beneficios de cambiar superaban el sufrimiento resultante de su actual comportamiento. Pero este conflicto no se había resuelto, por lo que aún no estaba preparado para hacer más cambios. Algunas personas pueden encontrarse en esta fase durante muchos años –incluso toda la vida–, fluctuando entre considerar y no querer, a veces incluso oscilando hacia una etapa precontemplativa de negación.

La cuestión de la naturaleza frente a la crianza sigue candente, con cada vez más expertos que apuntan que tanto la biología como el entorno influyen en nuestro carácter y resultados. Quizá ni siquiera sea la pregunta correcta. No existe una manera sencilla de desentrañar la multiplicidad de fuerzas que intervienen a la hora de forjar a un individuo, sin olvidar el azar y la suerte en la vida. Me pareció que la mayor elección que Ivo había llevado a cabo para cambiar su vida era casarse con Suky. ¿Qué parte de los genes, la suerte, el medio ambiente y la educación había influido en esa decisión?

Para mí, la cuestión es, teniendo en cuenta de dónde venimos, quiénes somos, a qué retos y oportunidades nos enfrentamos, ¿cómo podemos apoyarnos mejor a nosotros mismos para obtener resultados óptimos? Las pruebas son inequívocas, y nuestras relaciones influyen fundamentalmente en nuestra salud, riqueza y felicidad. Darles prioridad es responsabilidad de nuestra sociedad, de nuestra comunidad, de nuestra familia y de nosotros mismos.

La familia Singh y Kelly

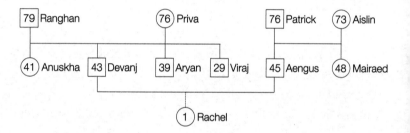

La familia Singh y Kelly
Cómo procesar los grandes acontecimientos de la vida: convertirse en padres gracias a la adopción

Caso

Devanj Singh, de cuarenta y tres años, era abogado y estaba casado con el irlandés Aengus Kelly, de cuarenta y cinco, diseñador gráfico. Llevaban quince años juntos y se casaron en el año 2014, en cuanto fue legal el matrimonio homosexual. Habían tomado la decisión de adoptar una niña y querían apoyo para procesar este gran acontecimiento que les cambiaría la vida tanto antes de que se produjera la adopción como después de la adopción de su hija, Rachel. Aunque Devanj había tenido algunas dificultades para salir del armario ante su familia, ahora ambos mantenían buenas y afectuosas relaciones con sus padres y hermanos. No habían sufrido pérdidas traumáticas significativas, lo que auguraba buenos resultados para ellos y para su hija.

Cuando empecé a reflexionar sobre esta familia antes de conocerla, experimenté un momento de ignorancia y cohibición y temí que mi falta de conocimientos implicara algún tipo de prejuicio. En muy escasas ocasiones había trabajado con una pareja casada del mismo sexo. Como terapeuta, cualquier territorio nuevo conlleva la emoción de aprender y el miedo a equivocarse. Me sorprendió que uno de mis primeros pensamientos fuera lo que parecía una pregunta trivial sobre su apellido. ¿Desde que se casaron lo habían cambiado o bien habían conservado cada uno su propio apellido? Y, si adoptaban, ¿qué apellido llevaría su hija? Fueran o no preguntas correctas, decidí que para conocer a la pareja con confianza necesitaba estar mejor informada. Además, no soy especialista en cuestiones de adopción familiar y estuve de acuerdo con mi supervisor en que necesitaba aprender más y mantenerme alerta para comprobar si mi trabajo excedía mis conocimientos.

Dediqué tiempo a sumergirme en trabajos de investigación, organizaciones de adopción, como Adoption UK y Coram, libros sobre LGBTQ+ y memorias como *A Dutiful Boy*, de Mohsin Zaidi, su historia de autodescubrimiento y los obstáculos a los que se enfrentó para ser fiel a sí mismo como gay en su cariñosa y religiosa familia musulmana. Un estudio de la Office for National Statistics (ONS) afirma: «Las parejas del mismo sexo son el tipo de familia que crece con más rapidez. En el Reino Unido, el matrimonio y la adopción entre personas del mismo sexo es un territorio relativamente nuevo. En el año 2019, había 212.000 familias del mismo sexo en el Reino Unido, un aumento del 40 % desde 2015». Las parejas del mismo sexo y las personas solteras LGBTQ+ han podido adoptar legalmente desde la Adoption and Children Act, de 2005. Y, año tras año, ha crecido el número de niños adoptados por parejas bisexuales, gays, trans y lesbianas; en 2020 una de cada cinco adopciones correspondió a familias LGBTQ+.

Al ver las fechas y los datos, me eché a mí misma un rapapolvo. Había vivido demasiado inmersa en mi propio mundo heterosexual y, aunque sabía que estas leyes se habían aprobado, no había reconocido el significado de la enorme transformación que habían obrado en las personas y las familias LGBTQ+. Ahora estaba mejor informada, lo que me proporcionaba un sólido fundamento desde el que dar la bienvenida a Devanj, o Dev, y Aengus en su primera sesión.

Dev y Aengus entraron en mi sala de terapia relajados, hablaron sobre dónde sentarse cada uno y se dejaron caer en sus sillas como si ya hubieran estado allí muchas veces: una confianza que no es habitual para una primera sesión. Dev era alto y llevaba un traje elegante, una camisa azul y el pelo negro peinado hacia atrás. Tenía la piel morena y un rostro cincelado y apuesto que sonreía ampliamente.

Aengus, vestido de forma más informal con camiseta, pantalones chinos y zapatillas deportivas, como podría predecir a partir de su profesión, tenía la piel pálida y una complexión pecosa, barba bien recortada y un reluciente pelo castaño. Me di cuenta de que, ahora que estaba sentado, giraba bruscamente la cabeza, casi sorprendido al darse cuenta de dónde se hallaba, y sus llamativos ojos azules me miraban nerviosos.

–¿Y ahora qué? –me preguntó.

Tal vez deberíamos empezar –les señalé– por lo que esperaban obtener viniendo a verme. Instintivamente sentí simpatía hacia ellos. No podía saber de qué modo progresaría el trabajo, pero me transmitieron una energía que me hizo confiar en que pasaríamos ratos interesantes. Intuía que íbamos a generar la confianza suficiente para adentrarnos en terreno desconocido. Tenía muchas ganas de saber qué querían obtener de la terapia.

Aengus hablaba con un leve acento irlandés, que me llenó de calidez debido a las muchas vacaciones felices de mi infancia pasadas en Irlanda. Soy consciente de que nuestras reacciones ante los demás están teñidas por nuestra experiencia anterior: nuestras respuestas, positivas o negativas, pueden no tener absolutamente nada que ver con la persona que tenemos ante nosotros.

Aengus me contó que, como pareja, no hacían nada con prisas. Llevaban quince años primero juntos y luego casados desde que cambió la ley en el año 2014. Fue un proceso gradual, pero con el tiempo habían llegado a la decisión de que querían ser padres.

Acordamos que no era un área en la que yo fuese experta y que, si superaba mi nivel de competencia, los derivaría a otro especialista. Era importante que comprendiera su proceso de toma de decisiones, pero antes necesitaba conocer su historia. Portamos nuestro pasado en nuestro interior, como una dote de regalos y cargas que influye en nuestro presente y en todos los aspectos de nuestra vida. Es raro que la gente demande terapia por las heridas del pasado: vienen porque esas heridas dañan el presente. Para poder sintonizar con ellos con precisión, necesitaba conocer el contexto en el que pretendían tomar una decisión que les cambiaría la vida. Reconocían que se trataba de un acontecimiento transicional importante que habría que procesar y un predictor del bienestar. A menudo, las personas que más apoyo necesitan no deciden acceder a él.

Dev sonrió a Aengus mientras me hacía un breve resumen de su relación. Se conocieron en una cena del Orgullo Gay hacía ya quince años:

—Cuando conocí a Aengus, todo encajó.

Hasta entonces lo había pasado fatal con las citas: cuando conocía a alguien pensaba que era «el elegido», pero nunca se veía correspondido. Llevaba mucho tiempo soltero.

Por su parte, Aengus había tenido varios compromisos, pero ninguno que le pareciese «tan bueno». Dev se preguntaba si enviar o no un mensaje de texto a Aengus cuando de pronto recibió uno de él:

—¿Te apetece venir a comer a mi casa?

Al mismo tiempo, sintieron que «no estaban jugando» y que no debía haber ningún tipo de duda como «¿Espero una semana para responder?».

Rápidamente, Aengus alquiló un piso en la misma calle que Dev, y no mucho después se fueron a vivir juntos. Aunque en apariencia era muy diferentes, compartían muchas cosas: la familia era muy importante para ambos, sus valores eran similares, mantenían una amistad de respeto, intereses mutuos y humor, y comprendieron que debían trabajar para estar cerca el uno del otro hablando y resolviendo los problemas de manera pragmática. Las relaciones no se forjan solas.

Esto me resultó especialmente interesante, ya que procedían de dos entornos culturales muy distintos: herencia india e irlandesa, fe hindú y cristiana. Podía haber choques de creencias y preguntas como «¿Cuáles son las normas que debemos seguir? ¿Quién tiene más poder?».

–Nosotros –dijo Aengus riéndose– tratamos de encontrar una solución a todas las cosas.

Sentí el zumbido de su conexión y me acordé de la primera de las diez preguntas que la psicóloga Anne Barlow formula a las parejas para explorar sus posibilidades de disfrutar de una relación duradera, feliz y sana: «¿Encajamos bien?». Su puntuación habría sido alta, lo cual era una suerte porque el camino hacia la adopción requiere un vínculo profundo y solidario. Como Dev diría más tarde:

–Es como un experimento mental.

Les pregunté si habían hecho terapia antes. Aengus negó con la cabeza, respondiendo tranquilamente:

–No.

Dev se echó el pelo hacia atrás como para darse impulso para lo que estaba a punto de decir. Habló de la crisis por la que había pasado diez años atrás.

–Una mañana me desperté llorando. La idea de ir a trabajar era demasiado para mí. Aengus me sugirió que dijese que estaba enfermo y me fui a nadar. Considerado a posteriori, no era el trabajo lo que me estresaba, sino la presión que tenía en la cabeza para ser otra cosa. Salvo con Aengus, durante muchos años, no confiaba en nadie ni hablaba con nadie. Fue una experiencia horrible. No sabes lo terrible que es hasta que pasas por ello. Cuando trabajaba me costaba tomar decisiones, ni siquiera era capaz de responder a los correos electrónicos. Se me acumulaban las tareas, me acostumbré a trabajar más en casa y terminé haciendo muchas horas y pensando en el trabajo todo el tiempo.

Le respondí que parecía como si se estuviera ahogando. Asintió, y pude sentir su tristeza al recordar lo preocupado que se había sentido.

–Cada vez me daba más cuenta de que es difícil tomar una decisión cuando no sabes quién eres. No sabía lo que sentía. Estaba perdido.

Dev había experimentado un cisma interno entre quién era y quién creía que debía ser, un cisma que no se manifestaba en su relación con Aengus, salvo en los momentos en que le pedían que se mostrara al mundo.

Le pregunté cuáles eran sus orígenes. Dev me describió su educación. Durante varias generaciones, su familia había creado una próspera empresa de comercio de sedas en la India. En los años 60, su padre, Ranghan, que por aquel entonces solo era un adolescente, llegó de Bombay al Reino Unido con sus padres. Su abuelo y luego su padre expandieron el negocio a Europa. Disfrutar de seguridad económica fue una protección importante en su proceso de aculturación. A mi entender, Ranghan había tenido que negociar su herencia india y su estilo de vida occidental tras varias batallas con sus padres. Eso significaba que, aunque Dev seguía afrontando retos, la asimilación cultural no era tan compleja para él. Mantenía su fe hindú, un aspecto importante de su identidad, desde una perspectiva no dogmática. Ranghan era muy trabajador, viajaba con frecuencia y se interesaba por numerosos temas e ideas globales. Era un padre comprometido y obediente, que quería lo mejor para sus cuatro hijos, tres niños y una niña, de los cuales Dev era el mayor. Pero su padre era callado. No hablaba demasiado en casa. Dev lo describe del siguiente modo:

–Es como si llevara tatuado en la frente «Lo único que quiero es una vida tranquila».

Su madre, Priya, que también trabajaba en el negocio familiar, se encargaba de todas las labores domésticas. La crisis de Dev, que estaba más apegado a su madre que a su padre, le había llevado a terapia para averiguar qué le ocurría.

–Todos crecimos de una manera –comentó Dev– en la que nuestras tareas nos las asignaba nuestra madre. «Haz este examen. Obtendrás un sobresaliente si trabajas duro». Era lo mismo con la universidad y en nuestros trabajos. Era como si nos dijese: «Sigue los pasos de la vida por este camino». La empresa familiar fue la carrera que me designaron, y tuve que luchar para ser abogado. Pero, si bien fui capaz de ganarme la vida siendo abogado, tomaba la mayoría de mis decisiones intentando complacer a otra persona. Mis decisiones no estaban basadas en lo que yo quería. Funcionaba asumiendo un sistema de deberes, siempre buscando la perfección, que, por supuesto, nunca podía alcanzar. Si en el trabajo se producía una situación estresante, perdía los papeles y era incapaz de tomar decisión alguna. Mi respuesta automática era recabar el consejo de mi madre. Por supuesto, sus consejos no me ayudaban porque ella no vivía mi situación. Ella no era yo. Gracias a la terapia me di cuenta de que me autocensuraba (tomó aire, con dolor reflejado en sus ojos…) todo el tiempo.

Explicó el conflicto que sentía en su mundo interior con lo que se le exigía desde fuera a medida que crecía y se dirigía hacia la edad adulta.

Me comentó que, aunque había salido del armario después de la universidad, en su interior quedaba una enorme cantidad de emociones no expresadas por haber ocultado su identidad sexual durante toda su infancia. Dev describió la vergüenza que sentía.

–Vivía en un mundo totalmente heterosexual en el que la homosexualidad brillaba por su ausencia. Mi adolescencia fue toda una actuación. Tenía que impresionar a la gente porque lo que era *no era normal*, e incluso ocultármelo a mí mismo durante mucho tiempo.

No podía imaginarme cómo sería tener que ocultar una parte esencial de tu identidad. La palabra que me vino a la mente fue «veneno».

–Suena –le comenté– como si lo hubieran envenenado. Esa actuación que llevaba a cabo, ponerse la máscara de la vergüenza de ser diferente por miedo a ser juzgado, es sumamente conmovedora y dolorosa de escuchar.

Podía sentir su intensidad en mi pecho.

Mientras Dev hablaba miraba por la ventana o hacia la alfombra, accediendo a la crudeza de sus recuerdos, y al oírme reconocer lo duro que era, me miró y luego se volvió hacia Aengus, como buscando un oasis de estabilidad.

Aengus le dedicó una afectuosa inclinación de cabeza, transmitiéndole el mensaje: «Sí, así fue, pero ahora estás bien». Esto fue momentáneo, perduró unos pocos segundos, si bien poderosos, en la transmisión de seguridad: a menos que nos sintamos seguros, no podemos arriesgarnos a visitar nuestros lugares dolorosos.

A Dev le infundió suficiente confianza para describir la

adaptación de su madre a su homosexualidad, algo que le había costado mucho tiempo.

–Cuando nací –me dijo–, mi madre pensaba: «Mi hijo va a ser un ejecutivo de éxito, va a ir a Oxford, va a vivir a ese ritmo frenético». Y yo terminé sin saber quién era. Al principio, mi madre no apoyaba el hecho de que fuese gay. No era dura conmigo, pero vivíamos en una especie de limbo en el que no lo aceptaba. Yo decía algo y nos peleábamos. Luego ya no decía nada. Y ella esperaba que se me pasara: «Es una fase que estás atravesando». Recuerdo que en cierta ocasión dije que conseguiría un trabajo los sábados en una peluquería. Ella respondió con vehemencia que no creía que fuese una buena idea. Todas nuestras conversaciones giraban en torno a lo que era adecuado o inadecuado para un hijo. Sé que en parte se debe a mi ascendencia india, a querer encajar, a no ser juzgado. Ya somos diferentes, y ser más diferente la asustaba. No cedía. Por ejemplo, cuando estábamos de vacaciones y le dije que quería contárselo a mi hermano pequeño, me respondió: «No puedes, todavía no, es demasiado pequeño». Pero se lo dije. Estaba harto. Ya era mayor. Era su versión de lo que yo debía ser, de lo que podía contar a su familia y amigos, de lo que creía que la enorgullecería, pero no de lo que yo era en realidad.

Hablamos de la importancia de su fe hindú y de las tensiones de las que era consciente. Para algunos hindúes, la homosexualidad es inaceptable: va en contra de las enseñanzas de que es «natural» que hombres y mujeres se casen y tengan hijos. Otros creen que tiene cabida en la comunidad, pues afirman que algunos antiguos grabados de los templos muestran a hombres y mujeres manteniendo relaciones homosexuales. Como en todas las religiones, algunos se oponen a dichas relaciones, otros las apoyan activamente y muchos simplemente son neutrales, o, como en el caso del padre de Dev, las apoyan en silencio. Dev sabía que no podía controlar los juicios de los demás, y para él era importante volverse hacia sí mismo sin juzgarse, mantener su fe y sus creencias con compasión. Dev estaba entregado al flujo de sus recuerdos.

—Por supuesto, mi padre nunca hablaba de ello. Eso ya era difícil de por sí, pero a pesar de ser tradicional por naturaleza, en esto, sorprendentemente, sabía que me cubría las espaldas y que realmente no le importaba. Si le hubiese molestado, habría dicho algo. Nunca tuvimos una conversación, una charla padre-hijo… Habría sido horriblemente incómodo…

Dev centró su atención en su madre, en lo mucho que hizo por él, en su afecto y cariño, aunque siempre tenía una sensación de fracaso —«Casi nada de lo que hacía era suficientemente bueno»— que surgía por tener que ocultar un componente clave de su identidad. Un aspecto fundamental de nuestra identidad es sentir que nos quieren y que pertenecemos a algo. Dev sentía lo contrario.

—Mi homosexualidad no encajaba en sus planes para mí, y su resistencia me hizo mucho daño.

Eso significaba que no llevaba novios a casa y bloqueaba su capacidad para tener una relación.

—Nunca me gustaba nadie lo suficiente.

Conocer a Aengus lo cambió todo. Le dio confianza para desafiar a su madre. Entonces le dio a elegir: o conocía a Aengus, o Dev no volvería a casa ni en Diwali ni en ningún otro momento. Era demasiado para ella. Priya amaba profundamente a su hijo. Un día de invierno conoció a Aengus.

–Se quedó alucinada con lo increíble que era. Nunca volvimos a tener este problema. Lo adoraba y quería pasar tiempo con él.

Mientras escuchaba a Dev, me imaginaba que había miles de versiones de la respuesta de los padres ante la homosexualidad de sus hijos, no porque no los quisieran, sino porque sí los querían. Era una protección feroz para salvaguardarlos de los prejuicios a los que imaginaban que se enfrentarían. Por supuesto, esa respuesta no hacía sino perpetuar el estigma de ser gay y las relaciones entre personas del mismo sexo.

Y lo que es más importante, uno de los principios fundamentales para desarrollar niños y jóvenes seguros de sí mismos es conocer a nuestro propio hijo, descubrir y apoyarle como nosotros percibimos que es, no como esperamos que sea. *Thrivers: the surprising reason some kids struggle while others shine*, de la doctora Michele Borba, detalla la investigación y la opinión de los expertos que sustentan esta misma tesis.

La historia de Dev conformó lo que él era ahora, lo cual significaba que era vulnerable a las críticas y a ser un extraño. No era completamente él. Ahora que ya es mayor, se siente orgulloso de ser gay y más fuerte porque lo ha superado. También ha cultivado maneras de afrontar el estrés, de hacer ejercicio con regularidad, de dedicar tiempo a relajarse y de expresar abiertamente lo que siente. Ha llegado a conocerse mejor a sí mismo gracias a la terapia y su autoestima ha crecido, demostrando que lo importante no es lo que nos ocurre, sino cómo respondemos a ello.

Aengus había escuchado atentamente, enviando señales alentadoras a Dev. Desvié mi atención hacia él y le pregunté qué opinaba de la comunidad LGBTQ+ y la discriminación. Me sorprendió escuchar que Irlanda había sido el noveno país del mundo en legalizar el matrimonio homosexual.

Sus padres pertenecían a la generación que había transformado las actitudes hacia las cuestiones LGBTQ+ de abrumadoramente conservadoras a las más liberales del mundo. No habían tenido problemas con su sexualidad y habían expresado su opinión votando a favor de cambiar la ley referente al matrimonio homosexual. Aengus se sentía orgulloso por su sinceridad y valentía a la hora de ayudar a cambiar el mundo para él y el resto de la comunidad gay. Le impresionaba que la madre de Dev se hubiera atrevido a modificar su opinión. Cuando se casaron, él y Dev estaban muy unidos a sus respectivas familias.

–Recuerdo que en mi discurso de boda dije que nunca me habían hecho gracia los chistes de suegras. Nos adaptábamos a la vida del otro y a su familia con enorme satisfacción.

Esto nos condujo al tema que les preocupaba: la adopción. A diferencia de otras parejas, ellos no habían asumido automáticamente que tendrían hijos.

–Como gay –me dijo Aengus–, tener hijos no era una opción… Aunque las encuestas señalan una aceptación de la homosexualidad en general, mi experiencia personal fue que solía molestar a la gente cuando decías que estabas casado. Ser gay era malo y vergonzoso cuando se trataba de ser padre.

Ay, me daba cuenta de que, aunque llevaban vidas felices y abiertamente homosexuales, con una familia cercana y muchos amigos, seguía existiendo una barrera y un prejuicio contra el hecho de ser gay, y uno aún mayor contra el hecho de ser padre o madre homosexual, lo cual nos muestra lo lentamente que cambian las actitudes culturales y lo arraigada que está nuestra visión de lo que es «normal». Los que no pertenecemos a la comunidad LGBTQ+ debemos reconocer que ellos padecen nuestros prejuicios.

Dev me miró a los ojos mientras me describía las conversaciones que habían mantenido durante años. Sus primeras conversaciones empezaban así: «¿Te ves a ti mismo como padre?». Cuando acordaron que querían tener hijos, se preguntaban cómo lo harían. Habían estudiado las opciones viables y, sin juzgar nada en absoluto, sabían que la subrogación o la coparentalidad (cuando una mujer tiene a su hijo y comparten la crianza) no eran para ellos.

Sus puntos de vista estaban muy en consonancia. Ninguno de ambos albergaba un deseo especial de transmitir sus genes a su hijo, probablemente porque no se lo habían planteado cuando eran jóvenes. Investigaron mucho, asistieron a cursos y seminarios y sus ideas evolucionaron hasta que supieron que querían adoptar a través de las autoridades locales. Descubrieron que debían tener una casa adecuada para un niño, mostrar estabilidad y solidez en su relación, tener seguridad económica a través de su trabajo y su disponibilidad para ser padres. Cumplían todos esos requisitos.

A pesar de algunos temores y un poco de dilación, acababan de ponerse en contacto con las autoridades, las cuales les habían asignado una trabajadora social, Candice. Las familias de los dos miembros de la pareja estaban entusiasmadas.

—Ambas familias —señaló Aengus— estaban encantadas de que hubiéramos pulsado el botón.

A sus padres hubo de explicarles que no sería un camino de rosas, que habría obstáculos y que no sabían si los superarían. Si todo discurría como preveían, tampoco podían predecir a quién adoptarían: podría tener hermanos o ser un niño con discapacidad. Las posibilidades de adoptar un bebé eran escasas, y si aguantaban hasta conseguirlo, tal vez tuviesen que esperar hasta cinco años, cosa que no querían en modo alguno. También sabían que no adoptarían a un niño con problemas de ira preexistentes, y habían estudiado sus propias capacidades y limitaciones, un paso importante para la adopción.

Éramos conscientes de que su relación conmigo era más un espacio de reflexión que una terapia intensa, y acordamos reunirnos una vez al mes, siempre con la posibilidad de incrementar nuestras sesiones en caso de crisis.

En las últimas cuatro décadas, el número de adopciones en el Reino Unido ha descendido de 12.121 casos en Inglaterra y Gales, en 1978 (datos de la ONS), a 4.350 en 2017, a pesar del creciente número de niños tutelados: 72.760 en el año 2017. Las razones son variadas, y una de ellas es el aumento de la tasa de éxito de la fecundación *in vitro* del 7 % al 30 %. Las cifras sobre el éxito y el fracaso de la adopción son difíciles de cuantificar, por lo que cualquier estadística al respecto es una mera aproximación. Solo entre el 1 % y el 3 % de las adopciones de bebés fracasan, pero en el caso de niños mayores, los fracasos son numerosos: hasta el 30 % de los adolescentes adoptados vuelven a ser tutelados. Los malos tratos y el abandono que a menudo han sufrido estos niños dificultan que confíen en sus

94   Cada familia tiene una historia

padres adoptivos, por lo que su comportamiento puede resultar incontrolable.

Mientras Dev y Aengus hablaban conmigo, me di cuenta de que la adopción era su primera opción para formar una familia. Era un regalo para ellos. Habían negociado sus propias pérdidas en torno a la identidad y la sexualidad cuando salieron del armario. En aquel momento creían que no tenían ninguna posibilidad de ser padres, así que no albergaban expectativas.

Cumplir nuestras expectativas es un factor que influye en nuestro bienestar, mientras que las expectativas no satisfechas son fuente de dolor. Para muchas parejas e individuos, la adopción es el plan B después de no haber conseguido tener un hijo biológico. Han tenido que enfrentarse a múltiples sufrimientos por no lograr quedarse embarazados, abortar, o que el niño nazca muerto. Han tenido que aceptar la realidad de no ser padres de un niño sano, lo que inicialmente esperaban que fuera su derecho o la norma. Es un viaje duro. Determinados aspectos de la autoestima y la identidad resultan gravemente afectados, lo que conlleva un cúmulo de emociones, como la furia, el fracaso y la envidia.

Recordé una visita que había hecho a Adoption UK hacía unos años con el fin de hablar de la disponibilidad emocional para adoptar por parte de los padres en duelo. Examinamos las ventajas y repercusiones de un lapso de tiempo prescrito entre el fallecimiento de un niño y la idoneidad de los padres para llevar a cabo la adopción. Este no era en absoluto un juicio sobre su capacidad para constituir hogares felices y llenos de amor mediante la adopción, sino simplemente que el duelo por su sueño inicial de formar una familia requiere tiempo.

Durante ese primer año, me sentí impresionada y un poco intimidada por la minuciosidad de la investigación a la que tuvieron que someterse Dev y Aengus. No pude evitar pensar que quizá todos los padres deberían pasar por una versión de esa experiencia para reflexionar sobre su capacidad para ser padres, su capacidad para crear un hogar afectuoso, su acceso a un sólido apoyo de los demás y sus razones para querer tener un hijo. El proceso de reflexión, en el que echaban la vista atrás a su infancia, extraían de ella lo positivo y dejaban los aspectos que consideraban que no lo habían sido tanto, parecía un ejercicio sencillo pero revelador para cualquier futuro padre o madre.

Cada mes me enteraba de un nuevo obstáculo que Dev y Aengus habían tenido que superar. A Dev, con ecos de su necesidad de perfección en la infancia, le provocaba ansiedad, sopesaba constantemente su necesidad de ser honestos con el sabotaje de sus posibilidades si eran demasiado honestos.

Ambos desarrollaron una buena relación con Candice. A lo largo de ese año, ella se convirtió en la persona más importante de su vida. En cada reunión, como decía Aengus:

–Sentía que tenía que estar alerta. No sabía exactamente qué criterios buscaban, cuáles eran sus procesos de pensamiento y cómo comparaban a los posibles adoptantes. Cada reunión era un examen.

Algunos meses, cuando venían, podía sentir la intensidad de su desconocimiento colisionando con su anhelo. En una determinada sesión, Aengus pensó que había metido la pata porque le habían pedido que diera un ejemplo de la respuesta al estrés de sus padres.

—En una ocasión en que mi hermana y yo nos portamos muy mal, mi madre, exasperada, nos llevó a un centro de acogida de niños y nos dijo: «Si no os portáis bien, os voy a dejar en este sitio». Estuvimos sollozando toda la semana y, a partir de ese momento, nos comportamos como angelitos.

—¡Dios mío! ¡Un hogar para un niño! Estoy temiendo la próxima reunión. ¿Nos habremos equivocado? —preguntó Dev mientras lo miraba retorciéndose las manos.

Cada mes debían atravesar un nuevo campo de minas, y temían que les tocara a ellos, a veces cuando presentaban los cuestionarios cumplimentados, otras cuando no podían acceder a los documentos de su trabajo en el extranjero para demostrar que no tenían antecedentes penales. Al final todo se resolvió.

En una sesión, describieron el día surrealista en que Candice entró en su cocina y se pasó horas revisando todos sus extractos bancarios, preguntándoles detalladamente qué significaba cada cosa.

Aengus no dejaba de frotarse la nuca mientras hablaba, con muestras visibles de su tensión. En cada sesión reconocía el peso de lo que estaban viviendo y les aconsejaba comportamientos que podrían mantenerlos firmes. En ocasiones, paralelamente, me sentía impotente, y no deseaba transmitírselo a ellos.

Me di cuenta de que estaba muy implicada en su éxito, como suelo estarlo con mis clientes. Nunca soy una pantalla imparcial que refleja una interpretación de su experiencia. Mi objetivo es tener un pie firmemente anclado en su lado y el otro, en el mío. Quería hacerles saber lo mucho que creía en ellos y, al mismo tiempo, mantener la suficiente distancia para apoyarlos con eficacia. Tuve que comprobar que no había perdido de vista el equilibrio y recalibrarme mediante supervisión y mi medicina habitual de ejercicio y meditación.

A los once meses de su solicitud, Dev y Aengus irrumpieron en mi consulta. Con una sonrisa de oreja a oreja, se sentaron en sus respectivas sillas, siempre en el mismo lado: elegimos nuestro sitio y nos ceñimos a él para sentirnos seguros. Describieron el terror del panel de quince personas ante el que se habían sentado: el presidente, antiguos adoptantes, observadores y Candice. Dev relató su euforia:

—Podría haber sido el día más infernal de nuestra vida si alguien detrás de un escritorio nos hubiera dicho «No los aprobamos por esta o aquella razón»; podría haber significado que no tendríamos un hijo.

Por su parte, Aengus estaba demasiado emocionado para dejar que se centrara en lo negativo.

—Nos han aprobado. Me siento eufórico, estoy encantado. No podemos decírselo a nadie porque aún tenemos que ver cómo nos van a asignar un niño.

Yo también sentía alegría. Había sido un largo, emotivo y difícil viaje y nuestro alivio colectivo era palpable. Me pregunté si la aprobación de la adopción era similar a que te digan que estás embarazada en un embarazo deseado: has llegado al punto en el que convertirte en padre con un hijo vivo es una posibilidad real, pero todavía no es seguro. Hay un periodo de desconocimiento, bandazos de miedo y tiempo que soportar.

En su búsqueda de un niño para adoptar, Aengus y Dev describieron la experiencia surrealista de registrarse en lo que parecía una página de Facebook con cientos de niños y examinar los perfiles de cada uno. Ya habían propuesto a varios niños, pero no recibieron respuesta alguna de las autoridades locales.

Seis semanas más tarde, me dijeron que se habían interesado por R., una bebé de tres meses. Era una niña abandonada: su madre la había dado en adopción. Sabían que muchas otras familias habían solicitado su adopción, pero Dev y Aengus habían sido los elegidos. Esperaba ver su alegría, pero el estrés de la reunión del día anterior se les notaba en el cuerpo. Había durado noventa minutos y aún estaban afectados. La voz de Aengus era trémula:

–Hemos visto tres fotos de esta personita. Es preciosa… Es un milagro…

Se le inundaron los ojos de lágrimas. Estaba abrumado por la enormidad del acontecimiento. El futuro de Dev y el suyo propio cambiaba para siempre. No era nada fácil para ellos asimilar todo lo que estaba sucediendo.

A Dev y Aengus les habían dicho que, al principio, acogerían a la pequeña R., y diez semanas después solicitarían su adopción. Candice les dijo que debían tenerlo todo listo en dos semanas.

Me sentí aliviada de que hubieran aprendido e integrado buenos mecanismos de afrontamiento para mantener su resistencia emocional. Dev tenía sus sesiones regulares de yoga, natación y meditación, Aengus, sus paseos, carreras y visitas al gimnasio. Esos mecanismos se pondrían a prueba en las semanas y meses venideros.

Como pareja primeriza en la paternidad, se dieron cuenta de que muchos amigos y colegas les ofrecían consejos autorizados, seguros de sus puntos de vista, pero ambos se sentían cómodos sin saber: su flexibilidad les permitiría ser sensibles a las necesidades de la bebé R. Y, lo que es más importante, contaban con una fantástica red de apoyo formada por familiares y amigos a los que podían solicitar ayuda. Además, habían pedido a ocho familiares y amigos que formaran un equipo de asesores –cada uno de ellos con habilidades o conocimientos específicos– para padres primerizos. Se sentían plenamente confiados para solicitarles ayuda o consejo: era un equipo reflexivo e informativo. Quizá todos deberíamos contar con nuestro propio equipo de apoyo. Como reza un proverbio africano: «Hace falta un pueblo entero para criar a un niño», y así es.

Desde que trabajaba con Dev y Aengus me había dado cuenta de que mi actitud y mi apertura hacia la paternidad homoparental estaban atravesando una transición. Pensaba que no tenía prejuicios, pero eso no podía ser porque ahora me atraía leer artículos que antes me habían pasado «desapercibidos». Me interesó sobre todo que mi respuesta emocional fuera mayor. Ya no estaba vagamente interesada, ahora estaba hambrienta de más historias que leer y programas que ver. Estaba abierta a todo un abanico de conocimientos nuevos para mí.

Esto me llevó a reflexionar sobre las diferencias y por qué suponen una barrera para la conexión. Nuestra primera respuesta a la diferencia suele ser el miedo, y el antídoto es la exposición. Cuando miramos a una persona desde la distancia y la etiquetamos, podemos juzgarla negativamente. Pero, cuando nos acercamos a ella y vemos lo que realmente ocurre, disminuye la amenaza. Por motivos evolutivos, nuestra estructura psicológica percibe la diferencia como un peligro potencial: para nuestros antepasados, estar fuera de la tribu era una amenaza para la vida. Pero, en el último siglo, la sociedad ha cambiado a gran velocidad: vivimos en un mundo excepcionalmente conectado gracias a la globalización, la tecnología y los viajes. Nos enfrentamos a la diversidad y las diferencias inimaginables hace setenta años. Nuestros sistemas internos no se han adaptado tan rápido a esos cambios. Las diferencias siguen siendo provocadoras. A menudo optamos por permanecer en nuestra zona de confort, tras los muros de nuestra propia «normalidad», lo cual es reduccionista y da lugar a juicios debido a la ignorancia. Sé que es vital para mí, y quizá para todos nosotros, seguir siendo curiosa, explorar y aprender las innumerables formas diferentes de vivir y de ser: soportar la incomodidad aporta crecimiento. Me sentí muy agradecida por la expansión y la renovación energética que me proporcionó esta pareja.

Dev y Aengus cancelaron las siguientes sesiones porque estaban centrados en la adopción de su hija. Los eché de menos. Me enviaban mensajes de texto con breves actualizaciones, que mantenían el miedo a raya, pero hasta que no los vi a través de Zoom, debido a la pandemia, sentados uno al lado del otro en su sofá, con toda una parafernalia para bebés al fondo, no me enteré del drama que habían afrontado. Nos sonreímos ampliamente y no dejé de mirar la alfombra de juegos que tenían detrás. Quería escuchar su historia y me emocionó saber que en la habitación contigua dormía una niña. Su hija Rachel.

El día en que iban a conocer a Rachel, Candice llamó: la madre de acogida no se encontraba bien y había cancelado la cita.

Fue una gran decepción para ellos. Habían estado en vilo, casi sin dormir, pero habían conseguido comprar la cuna y el resto de cosas. También estaban preocupados. Enseguida pensaron que algo no iba bien. Como todos nosotros, se desahogaban entre ellos, se peleaban por pequeñas enfados domésticos: se enfadaban fácilmente mientras soportaban la terrible espera de noticias. La anticipación del parto es estresante, pero no hay duda de que el bebé nacerá. Mientras Aengus apoyaba el dedo en su barbilla, me dijo:

–Las autoridades locales atienden en primer lugar las necesidades del bebé, luego las de la madre biológica, y nosotros estamos un poco más abajo en la lista. Si la madre se lo hubiera pensado un poco más, todo habría terminado para nosotros.

Esto fue lo que fomentó su profundo temor durante la semana siguiente.

–Nos sentíamos –añadió Dev– completamente impotentes. Tuvimos que asegurarnos de seguir siendo completamente racionales con Candice, no perder los papeles con nadie, tan solo dar las gracias por mantenernos al día y luego esperar...

Sus mecanismos de supervivencia, que tanto les había costado conseguir, se pusieron en marcha.

Finalmente, les llamaron de la oficina convocarlos a una reunión con la trabajadora social de la bebé Rachel. Para su sorpresa y alegría, conocieron a Rachel. A diferencia de lo habitual, Rachel no estaba con su madre de acogida, sino con una amiga.

–En aquel momento –recordaba Aengus–, todo el caos se esfumó. Rachel estaba en un cochecito y nos centramos en ella. Fueron treinta minutos increíbles.

—Nos enamoramos de ella —expresó Dev— en ese mismo instante. Nos sonrió. Me agarró el dedo.

Ahora se nos saltaban las lágrimas al ver lo rápido y profundamente que se había adentrado en sus corazones.

—Tenerla en brazos —Aengus hablaba ahora en nombre de ambos— y jugar con ella fue maravilloso, y realmente sentimos que había una conexión entre ella y nosotros. Era amor, aunque ese amor se ha hecho, y sigue haciéndose, más profundo y poderoso, como nunca antes lo habíamos sentido ninguno de los dos.

Eso era amor paternal de verdad, el amor desbordante de un padre por un hijo. Lo había sentido personalmente, había oído y leído sobre él en el caso de los padres biológicos, y me conmovió enormemente escuchar que era igual de profundo en el caso de los padres adoptivos.

Al día siguiente, volvieron a ver a Rachel y se sintieron un poco molestos por su pañal mojado y su olor dulzón, pero encantados de estar con ella otros cincuenta minutos.

—Me sentí como un padre —dijo Aengus— y deseaba llevármela a casa.

La trabajadora social les comentó que el periodo de transición habitual se había acortado: podían llevarse a Rachel a casa al día siguiente, aunque no debían decírselo a la persona que había venido con ella. Les pareció extraño, pero la noticia los animó.

Dev y Aengus llegaron al centro de contacto ridículamente pronto con la nueva silla para el coche y el cochecito guardado en el maletero.

—Era el día más importante de nuestra vida, tan importante como nuestra boda.

Pero resultó traumático. La madre de acogida no llegaba y no se podía contactar con ella. Esperaron cada vez más angustiados en la oficina y no volvieron a casa hasta las nueve de la noche, cuando les dijeron que su caso había pasado a la categoría de «niña desaparecida» y que la policía la estaba buscando. De hecho, la habían secuestrado. Dev y Aengus estaban angustiados y Dev expresó su peor temor:

–El cuidador adoptivo podría tirarse por un acantilado con ella. Me sentía totalmente vacío. Esta niña no era legalmente nuestra, apenas la conocíamos, pero la sentíamos como nuestra.

Todos nos estremecimos al pensar en lo que podría haber sucedido. Pude ver la conmoción en sus cuerpos. Miré la manta para bebés que tenían detrás para recordar que estaba viva y bien.

A medianoche dos policías llamaron a su puerta. Eran amables y se dieron cuenta del significado de su presencia. Sonriendo, uno les entregó a Rachel y les dijo:

–Aquí tienen a su bebé.

Durante las semanas siguientes se desarrollaron dos escenarios simultáneos: criar a Rachel y convertirse legalmente en sus padres. Era una bebé feliz y sonriente, que les respondía. Creían que se lo ponía fácil. Yo me reía. Cuando no nos sacan de nuestras casillas, todos creemos que nuestros hijos son espectacularmente especiales. Con el tiempo, aprendieron sus señales de hambre, cansancio y a gestionar las noches en vela y la alimentación con biberón. Su crianza entrañaba una gran complejidad: sentían que era su hija, aunque legalmente no lo era. Se encontraban en una especie de limbo en el que no podían quererla más, pero temían que se la quitaran si la madre biológica cambiaba de opinión.

–Somos sus padres –dijo Aengus de manera muy solemne–, pero no somos sus padres.

Intentaron protegerse del posible daño «reservando su amor», pero ninguno de nosotros puede medir su amor para compensar el posible daño. Amar es arriesgado. Tuvieron que enseñarle a su asistenta social todo lo que hacían: anotar cada toma de biberón, la duración del sueño y el cambio de pañales, etcétera. Los padres primerizos suelen sentirse incapaces. Están aprendiendo un nuevo lenguaje y un nuevo conjunto de habilidades, pero al ser padres adoptivos primerizos, que están siendo observados y evaluados, ese proceso se acentúa y, como yo iba a comprender, Dev y Aengus ansiaban demostrar su capacidad para ser padres. Como señaló Aengus con mucha elocuencia:

–Ser evaluado te hace sentir otro. Te ponen a prueba: no somos una familia de verdad… Es agotador.

Adoptar es una empresa profundamente desafiante. A su manera, les exigía enormes reservas de energía para mantenerse firmes, sensibles y cariñosos. En paralelo a la crianza de su hija hubo un proceso judicial por parte del cuidador de acogida, que, en contra de todas las normas, había solicitado la adopción de Rachel. Afortunadamente, Dev y Aengus tuvieron éxito en su demanda. Más tarde, Aengus acudió a los tribunales y ganó la solicitud de adopción plena de Rachel.

–Me detuve en el viaducto y lloré por toda la tensión, por toda la preocupación, por todo el insomnio.

Me sonrieron a través de la pantalla. Ella era ahora legalmente su bebé, aunque había costado mucho tiempo.

Como alguien que había vivido la paternidad temprana dentro del marco tradicional, en el que nadie hacía preguntas indiscretas, me perturbaba el nivel de insensibilidad al que Dev y Aengus se veían sometidos cuando salían con Rachel.

—Cada vez —me dijo Dev mientras se retorcía los dedos— lo notábamos más, dos hombres con un bebé. La gente se nos quedaba mirando, y vivimos en una zona con mucha diversidad... Un anciano se quedó literalmente boquiabierto cuando nos vio. No dejaba de mirarnos. Me sentí incómodo. Podría haber sido positivo, pero mi cerebro no va por ahí... Algún que otro milenial te sonríe. Es un poco extraño.

Otros incidentes fueron igualmente preocupantes. El responsable de una guardería le preguntó a Rachel sin mirar a Dev, como si no existiera:

—¿Dónde está mamá?

Un farmacéutico también preguntó dónde estaba su madre y, cuando le explicaron que era adoptada, dijo:

—Qué pena.

Refiriéndose a su piel morena preguntó:

—¿Es inglesa?

Era extraño. Mientras recordaban su sensación de alienación, yo podía sentir la tensión en sus cuerpos, incluso a través de la pantalla: Aengus, con la mandíbula apretada, miraba al suelo, mientras Dev se llevaba la mano a la barbilla y observaba por la ventana. Sentí que tenían que distanciarse de sus recuerdos. La experiencia de que los mirasen fijamente por ser diferentes les resultaba especialmente perturbadora porque eran «en apariencia heteros».

Me educaron —explicó Aengus— para no expresar nunca

muestras de afecto en público, de manera que no era obvio que fuésemos una pareja gay. Por ejemplo, no nos cogemos de la mano en público. Con Rachel es como volver a salir del armario. Me siento visible de todas las formas posibles.

Estaba asimilando el significado de sus palabras y, por primera vez, tenía una idea clara de lo que significaba ser un padre gay en el mundo actual y de qué modo, como sociedad, miramos muy escrupulosamente y a veces juzgamos lo que categorizamos como anormal. Podía ver que había tocado un nervio expuesto en Dev y Aengus, y que les llevaría tiempo aceptar el dolor.

Ser padres homosexuales en un mundo que ha rendido culto en el altar a la madre y al hijo, a partir de la Virgen María, es una ampliación de nuestra perspectiva de la paternidad. Nuestros comportamientos no han estado a la altura de los cambios en muchos aspectos de la vida. Aunque el 50 % de la mano de obra está compuesto por mujeres, las madres siguen ocupándose de la mayor parte de la crianza. Una amiga de Dev y Aengus, que tiene éxito profesional, señala:

–Mi marido comparte el trabajo y acordamos ser padres a partes iguales, pero es increíble lo que no ve, lo que no hace para que todo siga adelante. Yo no firmé para esto.

–En el trabajo –señala Aengus– no veo a nadie que sea como yo en kilómetros a la redonda. Es bastante alienante.

Cuando Aengus les dijo a sus compañeros que no quería asistir a reuniones los viernes para poder estar más disponible para Rachel, lo obviaron porque no se le asignaba el papel de «padre». A sus compañeros les molestaba que diera por sentado que no podía asistir a las reuniones de las cinco porque tenía que estar en casa con su hija.

Encontrar el equilibrio entre la crianza de los hijos y el trabajo es el Santo Grial que sigue siendo difícil de alcanzar. Y es una cuestión de género. Las madres trabajadoras tienen menos probabilidades de ascender, ya que se considera que son responsables de sus hijos, lo que puede explicar en parte por qué el porcentaje de mujeres en puestos de alto liderazgo se ha mantenido bajo, pasando al 22 % en el año 2018. Los hombres con hijos son vistos como competentes a la hora de combinar la gestión del trabajo y la vida familiar, a menudo porque no están haciendo malabares, excepto, por supuesto, los padres como Dev y Aengus, puesto que no son vistos como los padres que crían. Todavía queda mucho trabajo por hacer por parte de los empresarios y el gobierno para que ambos padres puedan trabajar y, al mismo tiempo, sean padres. Dev dio en el clavo cuando comentó:

—No creo que la gente entienda los problemas que afrontamos. Entienden por lo que pasan las familias normales, pero la gente no entiende por lo que pasan las personas homosexuales que adoptan.

Había dos aspectos de convertirse en padres de Rachel que tenían que asumir, siendo el más importante de ellos su aceptación interna de que eran padres legítimos. Todos disfrutamos de un momento de comprensión cuando vimos un documental que mostraba que el cerebro de un padre gay se desarrolla como el de una madre cuando tiene un nuevo bebé, produciendo más oxitocina, la hormona del vínculo afectivo. Dev y Aengus describieron con entusiasmo su experiencia, que coincidía con la investigación: su oído se había agudizado para alertarles de los llantos de Rachel. Me preguntaba si saber eso les daba confianza o legitimidad, y la «legitimidad» se convirtió en la palabra con la que lidiaron el resto del tiempo que pasamos juntos.

El segundo aspecto era qué tipo de padres iban a ser. Dev describió su posición:

–Tenemos la ventaja de no tener ese modelo de cómo se hace, sin fórmula alguna. Hay una fórmula para el matrimonio y la paternidad heterosexuales, así que para nosotros es fantásticamente liberador, pero da miedo. Si tenemos que analizarlo, yo soy más bullicioso y Aengus es muy delicado, pero las diferencias son maritales. Un vecino me preguntó a quién acude Rachel cuando está enferma, y le dije que a los dos. Me señaló que su hija siempre iba a ver a su madre. Esa «norma» no existe en nuestra casa.

También estaban cambiando su perspectiva sobre el control. Para adoptar a Rachel, como aclaró Dev:

–La controlábamos a rajatabla. Queda un legado de ese control, que se pone de manifiesto en nuestra incapacidad para satisfacer nuestra necesidad de perfección en la realidad.

Ahora que era su hija, tenían que encontrar un nuevo equilibrio.

–No voy a gestionar todo hasta el mínimo detalle –comentó Aengus–. Quiero protegerla, pero no siempre puedo hacerlo. Son las preocupaciones normales de los padres, y es muy agradable darse cuenta de ello.

Suspiró, con una sonrisa.

Tenían razón. Eran las transiciones de la paternidad, el aferrarse y soltar, el querer el control para protegerse y reconocer sus límites, la danza de toda la vida de mantenerse cerca y, al mismo tiempo, dejar espacio.

Reflexionar sobre nuestro trabajo juntos me llevó a preguntarme sobre lo «normal» y lo «anormal», y si existe una línea divisoria entre ambos conceptos. Sentí un ramalazo de rabia por la insensibilidad y la ignorancia de la gente, y luego me di cuenta de que así era yo antes de conocer a Dev y Aengus. También pensé en el derecho que mucha gente cree tener a hacer preguntas indiscretas sobre los hijos de los demás. La experiencia de Dev y Aengus mostraba una dimensión adicional de intrusión con los niños adoptados: la gente sentía que podían decir cosas de Rachel que no dirían de un hijo biológico. A la pareja le decían: «Te la voy a quitar» o «¿Puedo compartirla?», como si Rachel fuera una mercancía en venta. Era difícil de explicar.

—Es un tipo de microagresión —señaló Dev— que siempre resulta difícil de detectar. Si lo cuestionas, la gente dice que estás siendo duro, que solo estaban bromeando.

Aengus lo describió como «una extraña sensación de supuesta comunidad o propiedad». Hablaron de ello con otros padres adoptivos, que lo reconocieron en su propia experiencia. Sonaba duro y un tanto molesto.

A lo largo de varias sesiones, Dev y Aengus reflexionaron y establecieron unos límites más claros para responder a la gente de forma educada pero protectora.

—En un momento dado —me comentó Aengus— estaba a punto de compartir más de la cuenta y me percaté de ello. Pensé: «No, estamos junto al tobogán. No voy a volver a verlos». Es algo insignificante, pero parece que algo está cambiando de una forma realmente positiva.

Era una señal de su creciente confianza como padres de Rachel: no tenían que justificarse ni responder ante nadie. Rachel era *su* hija.

¿Y su futuro con Rachel? Lo más importante para Dev y Aengus es ayudarla a prosperar. Quieren prepararla para el éxito. Aengus expresó su preocupación:

–¿Cómo asegurarnos de hacer todo lo posible por su futuro? ¿Cuáles son los problemas a los que tendrá que enfrentarse y qué podemos hacer para ayudarla?

Comprendieron que los niños adoptados pueden vivir en dos familias a lo largo de su vida. La primera es la realidad de su vida actual, y la segunda una vida de fantasía, con su padre y su madre «reales», que son idealizados. Para los niños adoptados puede haber una negociación continua entre verse abandonados o rechazados por sus padres biológicos y crear un vínculo de pertenencia con sus padres adoptivos. Para que los padres adoptivos participen y apoyen a sus hijos a lo largo de este turbulento proceso, hace falta un pensamiento de alta calidad e inteligencia psicológica.

He escuchado numerosas historias de padres adoptivos que esperaban que bombardear de amor a su hijo, sumergirlo en afecto, alejaría el dolor de la adopción. Pero se sienten destrozados cuando ven que no es suficiente. El amor no puede llenar el espacio de la pérdida. Necesitamos que el amor nos apoye mientras sentimos y expresamos nuestro dolor. Paradójicamente, eso puede liberarnos para atrevernos a amar de nuevo.

Sin embargo, este no era en absoluto el caso de Dev y Aengus. Habían hecho una gran bolsa de lona con una foto de Rachel en las rodillas de su madre. La llevaban a todas partes diciendo: «Barriguita mamá», para que tuviera un recuerdo somático de quién era su madre biológica. Querían demostrar que hacían todo lo posible por mantener el contacto con su auténtica madre. No paraban de pedir a la asistente social que se pusiera en contacto con ella y siempre les decían que no contestaba. También les molestaba no tener información sobre el padre de Rachel. Querían poder responder con sinceridad a sus preguntas cuando fuera mayor, pero no tenían respuestas.

Estábamos dando vueltas en círculo: imaginaban posibles escenarios de Rachel «desencadenados en su futuro», y luego chocaban contra el muro de lo que no sabían, lo cual solo servía para aumentar su preocupación por ella. Les pedí que nombraran lo que sí sabían. Su madre biológica había escrito un tercio del libro de la vida de Rachel, con fotografías suyas y de sus propios padres: parecían «una familia normal».

Dev y Aengus no habían podido continuar ellos mismos el libro porque, como dijo Dev con cierta ansiedad:

–La madre biológica de Rachel había escrito: «Tus padres te explicarán más sobre esto».

Pero ellos sabían que no podían. Sin embargo, habían escrito una carta a Rachel el día de su asignación y otra el día en que se legalizó su adopción. Les dije con firmeza que podían volverse locos con historias imaginarias, que tenían que encontrar la manera de estar en paz con lo que sabían y lo que no sabían sobre los antecedentes de Rachel. De inmediato se les vio revitalizados.

Me impresionó lo abiertos que estaban a nuevas ideas; a menudo, como padres, nos resistimos a la forma de pensar de los demás, creyendo que menosprecia la nuestra. Ellos eran

112   Cada familia tiene una historia

diferentes. Habían trabajado tanto en sí mismos durante las décadas en que salieron del armario que se sentían seguros y no a la defensiva. Les sugerí que crearan un ritual que representara la historia de adopción de Rachel y marcara el momento en que comenzaba su relación con ella, del mismo modo que observamos rituales para todas las demás transiciones de la vida: bautizar a un recién nacido, una ceremonia de matrimonio, una fiesta de dieciocho o veintiún años. Vi cómo cambiaba su energía.

–Podríamos enseñarle –dijo Aengus– a Rachel nuestro ritual cuando sea mayor, y quizá ella podría elaborar el suyo propio… Si es imposible comunicarnos con su madre, lo único que podemos hacer es mantener la cabeza alta porque hicimos todo lo que pudimos. También somos impotentes. No podemos predecir cómo se va a sentir Rachel.

Fue un gran alivio. Acordamos que podían apoyarla en su dolor por su madre biológica: no tendrían que ocultárselo.

La siguiente sesión fue liberadora. Era como si la semana anterior se hubieran plantado semillas en terreno fértil. Sus rostros sonrientes me miraron desde la pantalla e hicieron algunas bromas antes de empezar. Dev empezó a decir, prácticamente rebotando en su silla:

–Algo pasó en la última sesión, sobre responder a preguntas en torno a su pasado, y darnos cuenta de que teníamos que permitirle atravesar el proceso de duelo. No podemos darle soluciones. Hemos pensado mucho en ella. Incluso tenemos un ritual: algo para simbolizarlo y traerlo a casa.

Me emocioné al oír qué podría ser. Dev continuó, mirándome fijamente, como hacía siempre que requería toda mi atención:

–Es algo que va más allá de proporcionarle respuestas. Es, de alguna manera, soltar su historia pasada para seguir adelante, y no protegerla a ultranza, haciendo las cosas a nuestra manera. Sí, hemos vuelto a salir. Nos miran como diferentes. Pero en lugar de pasar tanto tiempo pensando en eso, o cediendo ante esas cosas, necesitamos aparcarlas. Tenemos que crear, dar forma y construir nuestra historia.

Yo sonreía en señal de acuerdo. Quizá todos nosotros podríamos hacer una versión de esto, dar forma a nuestra propia historia en lugar de creer que hay una narrativa perfecta en la que tenemos que encajar. Podríamos confiar en nuestras propias creencias y valores como padres, no compararnos con los demás, que es el camino a la miseria. Podríamos darnos permiso para ser «lo suficientemente buenos» y crear nuestros propios rituales familiares para significar nuestro vínculo y momentos especiales.

Hablaban juntos con entusiasmo, turnándose para expresar cómo se había desequilibrado la balanza. El pasado de Rachel les había pesado mucho, y pensaban continuamente en formas de promoverlo. No querían fingir que el pasado no había existido: vivían con él, pero no querían vivir mirando hacia atrás.

–Pensamos –dijo Aengus– en un cristal porque es…

–Es un marcador: ligero, mágico, espiritual –intervino Dev bulliciosamente.

–Ser espiritual –continuó Aengus– tiene connotaciones significativas. Este objeto [el cristal] es especial. Aporta algo a la casa y vivimos con ello, así que haremos un ritual a su alrededor. Lo verbalizaremos.

–Terminaremos –prosiguió reflexionando Dev– con un poe-

114   **Cada familia tiene una historia**

ma al final de la ceremonia. Es un punto final. Estamos aparcando algo, marcando el final. Ponemos un límite, un límite infranqueable e importante.

Otra pequeña señal del cambio de perspectiva de Dev fue que publicó en su cuenta privada de las redes sociales una bonita foto de él y Rachel cantando juntos. Había sido reacio a hacerlo y este pequeño acto demostró que reconocía su posición de padre. Ahora que había integrado internamente el nacimiento y la adopción de Rachel, podía superarlo y destacar que él y Aengus eran sus padres, padres *legítimos* que forjarían su futuro.

La experiencia de ser testigo de su evolución como padres fue para mí el aspecto más conmovedor y esclarecedor de nuestro trabajo conjunto. Creo que, para ellos, como para todo el mundo, convertirse en padres es uno de los aspectos más desafiantes de la vida: anhelado, significativo, importante, lleno de alegría y amor, e increíblemente duro: con toda su preocupación, agotamiento, desconocimiento, pasos en falso, temores y frustraciones. Era una danza que tenían que hacer como pareja para descubrir qué tipo de padres eran juntos, qué tipo de familia querían ser, al tiempo que estaban influidos por su educación, personalidad y entorno.

Para Aengus y Dev, la integración era compleja. Rachel era adoptada, lo que los obligaba a verse valorados continuamente y a modificar su comportamiento como padres cuando eran observados. Pero, una vez superado ese obstáculo, hubo otro proceso, como dijo Dev, «liberarnos para criarla», reconocer que la querían y que eran sus padres legítimos y que eran adecuados. Cuando pensé en ello después, me pregunté si existe una versión de esta progresión para todos los padres. Uno de los mayores regalos que los padres pueden ofrecer a sus hijos es la confianza, y sin duda los padres deben transmitir esa confianza no solo con palabras, sino también con mensajes silenciosos. La mayoría de los padres son capaces de dar lo mejor de sí cuando se conocen y confían en sí mismos, con todos sus puntos fuertes y sus puntos débiles.

Le pregunté a Dev si sentía que su angustia seguía en su cuerpo, y sacudió la cabeza con alegría, diciendo que su experiencia había sido suficiente. No se había dado cuenta de lo mucho que guardaba dentro de sí, pero al contar su historia, al conectar con sus emociones, se sintió más aliviado. Para un terapeuta es una satisfacción escuchar esas palabras: demuestra que la terapia funciona.

Dev y Aengus reflexionaron sobre el tiempo que habíamos pasado juntos. Haber recibido apoyo para mantenerse firmes durante la primera parte de nuestro trabajo fue importante, pero la segunda parte les había dado la oportunidad de reflexionar sobre su propia paternidad. Les había permitido encontrarse a sí mismos como equipo. Se preguntaron qué significaba ser una familia, algo que era mucho más que una relación consanguínea: cuando Rachel estaba con sus primos, creían que sentía una conexión más profunda con ellos que con sus amigos. Se sentían cada vez más liberados para ser ellos mismos.

–Mi madre –dijo Aengus con una amplia sonrisa– me mira y está muy orgullosa de mí, viendo que Rachel me quiere. Le encanta ver eso. Es tan bonito… Es uno de esos momentos, casi extracorpóreos, en los que te ves a ti mismo a través de los ojos de otra persona.

Ella creía en él como padre. Creer en otra persona es una magia poderosa. Es un propagador de confianza y ayuda al crecimiento de fuertes raíces en la persona que lo recibe.

Dev me sonrió, también rebosante de confianza:

–Es una buena sensación, nuestro propio crecimiento y cómo estamos cambiando, y al mismo tiempo verla cambiar a ella. Está llena de energía. Es totalmente nuestra hija. Ha adoptado nuestros modales. Camina con los brazos a la espalda, como yo y mi padre. Es precioso.

Mis últimas palabras fueron que Rachel tenía suerte de tenerlos como padres. El futuro no sería sencillo, pero sí alegre y lleno de amor. Confiaba en que todos ellos saldrían adelante.

La familia Thompson

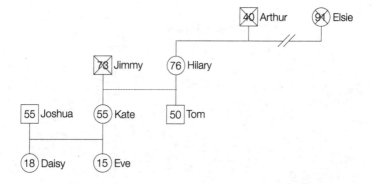

La familia Thompson
Cómo aferrarnos a nuestros hijos mientras los dejamos marchar

Caso

La línea materna de la familia Thompson está formada por Hilary, de setenta y seis años, Kate, de cincuenta y cinco, y sus hijas Daisy, de dieciocho, y Eve, de quince. Hilary llevaba treinta años casada cuando su marido, Jimmy, salió del armario y se separaron. Falleció hace cinco años. Hilary se ha jubilado de su trabajo como directiva. Kate era una periodista afamada, pero dejó de trabajar cuando tuvo hijos. Está casada con Joshua, de cincuenta y cinco años, un abogado de éxito que viaja mucho. Nuestro trabajo se centró en la relación entre Hilary, Kate y Daisy, y en su adaptación a la marcha de Daisy de casa para ir a la universidad.

Considero que un hijo que se va de casa es una pérdida en la vida que tiene las cualidades del duelo, aunque a menudo no se reconoce su complejidad. Tengo una aversión personal a la expresión «síndrome del nido vacío» debido a su insensibilidad.

120   Cada familia tiene una historia

La transformación de un niño en adulto afecta a todo el mundo en un espectro que va de leve a muy difícil. Los problemas aparecen cuando se ocultan, no se expresan ni se reconocen los aspectos más delicados de la separación familiar.

A los padres les asaltan a menudo la ansiedad, la tristeza, la soledad y la rabia por echar de menos a su hijo, al tiempo que sienten alivio por la reducción de las tareas y los cuidados cotidianos. También puede manifestarse una preocupación subyacente por la seguridad y la felicidad del hijo. Las relaciones estrechas significativas, sobre todo con la pareja, la búsqueda de otras fuentes de autoestima, la seguridad económica y la buena salud evitan que los padres se desmoronen durante esta transición. La relación con el hijo debe ser de apoyo, sin llegar a ser de dominio, contribuyendo a su desarrollo y descubrimiento. Las investigaciones demuestran que intervenir pronto en las transiciones vitales críticas protege contra los riesgos a largo plazo para la salud mental y otras consecuencias vitales.

Kate había acudido a mí porque buscaba ayuda para entenderse a sí misma ahora que su hija, Daisy, se iba de casa para asistir a la universidad, y estaba interesada en conocer si se estaban reproduciendo patrones y creencias familiares transgeneracionales. Aunque en la mayoría de los casos me gusta implicar a toda la familia en la terapia, el proceso de cambio es un asunto colectivo. En el caso de los Thompson, se trataba sobre todo de un problema que atañía a las mujeres –en torno a la maternidad y la liberación–, por lo que ellas ocuparon un lugar central en nuestras sesiones.

Acordamos que, si era necesario, Joshua y Eve se unirían a nosotros. Desde luego, se los mantendría al corriente de lo que ocurría: aunque no participaran en nuestras conversaciones, se verían afectados por ellas. Cuando la dinámica de un sistema familiar se ve reconfigurada por varios miembros, termina afectando al resto de los miembros de la familia. Sería contraproducente no informarles: los secretos guardados en terapia podrían crear tensiones entre ellos. Conocí a Joshua y Eve de manera informal en las sesiones, en ocasiones recurriendo a sus conocimientos técnicos, o cuando pasaban por delante de la pantalla, y Eve aparecía para saludar. Tenía la sensación de conocerlos a través de los demás, y parecía que se beneficiaban de la terapia sin verse obligados a participar en ella.

El parecido entre las tres generaciones era asombroso. Hilary tenía el pelo grueso y ondulado, con un corte recto y encanecido; era de piel pálida, notablemente despejada, y llevaba un espectacular toque de pintalabios rojo. Kate, con el pelo rubio largo y flequillo, vestía de manera elegante con una camisa blanca abotonada al cuello y largos pendientes plateados. Daisy, sentada entre su madre y su abuela, parecía un tanto insegura, apartándose a menudo el pelo que cubría sus penetrantes ojos azules. No llevaba maquillaje, pero sí pequeños pendientes de diamantes en las orejas y las uñas pintadas de negro y bien cuidadas.

Sus ojos chispeantes y su sentido de la diversión me atraían; podía imaginar que quería pasar tiempo con ellas como amigas, pero tenía que marcar los límites: yo era su terapeuta, lo que significaba que, aunque esperaba generar entre nosotras un cierto nivel de sinceridad e intimidad, debía mantener los límites entre nosotras. Nuestra relación estaba al servicio de ellas y de sus necesidades.

Habían decidido iniciar una terapia focalizada de corta duración como una especie de medicina preventiva. Querían utilizar las sesiones para asegurarse de que se comprendían mutuamente y sus diferentes formas de afrontar la situación, a fin de evitar descargar sobre los demás sus sentimientos turbulentos.

En el teatro de la vida, tanto si una mujer trabaja como si es madre a tiempo completo, la maternidad nunca es a tiempo parcial. El hecho de que Daisy creciera y se fuera de casa supondría una importante transición vital tanto para Kate como para Daisy, una transición que afectaría a todos los miembros de la familia.

Esta transición suele coincidir con muchos otros cambios. Es probable que la madre esté atravesando la menopausia y lidiando con unos padres que envejecen, al tiempo que elabora una nueva forma para la relación de pareja en el seno de la familia. Las madres a tiempo completo pueden verse despojadas de su estructura y propósito diarios; la pérdida no es menos profunda para las madres trabajadoras. Los padres tienden a expresar menos sus emociones, pero las sienten igualmente, llegando a lamentar más tarde lo que han perdido.

Para los jóvenes, el significado de salir de casa, con la esperanza de afrontar una nueva etapa en la vida, presenta también dos caras: emocionante y aterradora. Deben aprender a hacer malabarismos con las presiones académicas y sociales –entre las que se incluyen las citas– mientras se abren camino para convertirse en adultos.

Kate Thompson ya me había visitado diez años atrás, cuando estaba en crisis: su querido hermano pequeño, Tom, era cocainómano, lo que ella llamaba «su terrible adicción». Hicimos un buen trabajo que le permitió enfurecerse con él por las horribles consecuencias de su adicción: deudas, amistades rotas, la impotencia de no poder detener su consumo y las consecuencias para sus padres, que temían que muriera. Al final, se fue a vivir con Kate y pasaba la mayor parte del tiempo sentado en el sofá viendo programas de cocina y comiendo hasta volverse obeso.

Fue una época difícil, pero Kate estaba orgullosa de haberla superado. Su amor tenaz por su hermano, solicitando ayuda mientras manifestaba su amor por él, combinado con la alegría inocente de sus dos hijas, le había ayudado a curarse y le había dado una imagen de un futuro que quería para sí mismo. Juntos, ella y su marido habían llevado a Tom a Alcohólicos Anónimos (AA). Y diez años después, seguía limpio.

De aquellas sesiones recordé que Kate tenía una gran percepción de su propio proceso y una buena capacidad para establecer relaciones de confianza. Pero a menudo subestimaba sus puntos fuertes, por lo que le sorprendía descubrir la profundidad de su coraje y su capacidad para gestionar las dificultades.

Empecé preguntándole a Daisy cómo se sentía al marcharse de casa. Parecía indecisa, no sobre lo que sentía, sino por hablar con una extraña delante de su madre y de su abuela. Sonreí en un intento de hacerla sentir cómoda, pero decidí que si le decía «Supongo que se te hace raro hablar así conmigo», se sentiría aún más vergonzosa. Pensándolo bien, habría sido mejor empezar hablando con Kate y dejar que Daisy descubriera cómo era yo observándome relacionarme con su madre y su abuela.

Daisy nos contó que, debido al COVID, la semana anterior había padecido una crisis sobre si retrasar un año su ingreso en la universidad. Hablaba en voz baja, abriéndose paso entre sus pensamientos a medida que ganaba confianza, y nos dijo que, aunque estaba emocionada, quería mantener bajas sus expectativas. Estaría encerrada en una burbuja con otras seis personas, de manera que dependería mucho de lo bien que se llevaran entre ellas. Lo que más le preocupaba era la soledad, porque no habría ninguna de las reuniones y acontecimientos habituales de los estudiantes de primer año, y todas sus clases serían *online*. En cierta ocasión, mientras daba vueltas por Ikea, había tenido un ataque de ansiedad. Asentí enérgicamente: siempre he pensado que debería haber terapias gratuitas a la salida de cada Ikea.

Hilary, enérgica y segura de sí misma, intervino en la conversación y me dijo que el hecho de que Daisy asistiera a la Universidad de Oxford era un logro que su madre y su abuela jamás habrían soñado. Me fascinó escuchar la historia de Hilary. Aprendemos quiénes somos a partir de las historias y, a menos que dediquemos tiempo a examinarlas, podemos perdernos muchas semillas de sabiduría. La abuela de Hilary era una limpiadora de Glasgow que murió cuando su hija Elsie –la madre de Hilary– tenía cinco años, momento en el que el abuelo de Hilary desapareció, dejando a Elsie a cargo de su hermana mayor.

Elsie se enamoró de Arthur al principio de la guerra y se casó precipitadamente con un hombre al que apenas conocía. Era de «otra clase social, hablaba diferente» y nunca llegaron a vivir juntos. Hilary fue concebida cuando Arthur estaba de permiso, pero al final de la guerra la relación había terminado.

—Sabía de mi padre –dijo Hilary–, pero no le conocía… Me ha interesado, ha dejado una huella en mí. Cuando inscribió mi nacimiento, se equivocó de fecha: mi cumpleaños real es el doce y él puso el catorce. Entonces me di cuenta de que no conocer a su padre debía de ser más importante para ella que el hecho de que se equivocara de fecha de nacimiento, y decidí indagar más cuando fuera oportuno.

Hilary prosiguió su relato: incluso después del infructuoso intento de su madre en los tribunales de obtener de él una libra a la semana en concepto de pensión alimenticia, nunca había sentido rencor hacia su marido.

—Se aferró –me dijo Hilary– a sus ilusiones románticas sobre él durante el resto de su vida. En su lecho de muerte aún hablaba de aquel hombre…

Arthur había vivido brevemente con ellas cuando Hilary tenía diez años.

—Cuando se marchó –señaló– para siempre de mi vida, después de dos o tres meses, nunca sentí tristeza, sino que me sentí aliviada.

Para entonces ya era alcohólico. Tal como le describió Hilary:

—Mi pobre padre se aferraba a algo que nunca podía haber sido… Mucho después supe, por su certificado de defunción, que había trabajado de camarero en un hotel de Portsmouth y que se había suicidado con un horno de gas, el método de suicidio preferido en la década de los cincuenta.

—Su familia bebía –intervino Kate– y se suicidaban lentamente: su madre, su padre, su tía. Eran muy elegantes, y mi abuela se enorgullecía de su elegancia.

126 *Cada familia tiene una historia*

Señalé que tanto Hilary como su madre habían tenido padres ausentes, a lo que ella asintió. Era como si el vacío paterno durante dos generaciones fuese un espacio que Hilary era incapaz de nombrar. Pero Kate encontró las palabras para hacerlo, dirigiéndose primero a su madre:

—Mi abuela fue capaz de aferrarse al recuerdo romántico de tu padre mientras te alejaba de él. Su necesidad de amar y proteger a mi madre era más fuerte que su fantasía. Eso significaba que no permitía que Arthur tuviera una relación con mi madre.

Hilary apostilló, más bien como un punto y aparte:

—No podría haberle salvado. Solo tenía once años cuando murió.

Pude ver a Daisy escuchando con interés, aunque era una historia que ya había oído antes. Me preguntaba adónde había ido a parar la tristeza de Hilary por su padre cuando retomó la historia de su madre. Elsie había permanecido soltera hasta que Hilary se casó con Jimmy, momento en el que se buscó un marido. No exploré por qué Elsie había estado soltera todo ese tiempo, pero me planteé la hipótesis de que no tenía la energía emocional o la necesidad de alguien más hasta que se encontró sola; los maridos parecían secundarios a su propósito principal en la vida de ser madre.

Diez años más tarde, Hilary y su familia se marcharon de Inglaterra a Sydney por el trabajo de Jimmy, momento en el que, según Hilary:

—La vida de mi madre se esfumó… una parte de ella había desaparecido. Tenía muchos amigos en su urbanización, cogía el autobús para ir a su trabajo de cuidadora, pero durante los ocho años siguientes se fue disolviendo poco a poco… Durante esos años había mantenido a raya la terrible decepción y la pérdida, pero finalmente se volvió loca: le diagnosticaron esquizofrenia paranoide.

La psicosis de Elsie tenía dos personajes: una malvada mujer de clase trabajadora que le gritaba diciéndole cosas que le resultaban chocantes –por ejemplo, que era lesbiana–, y un coronel que era muy amable con ella. Hilary y Kate describieron la fuerza de esos personajes y Elsie los personificaba, imitando su modo de hablar y, aunque ahora se reían, estaba claro que había sido una época muy preocupante.

Hilary afirmó con empatía que la relación de su madre con Kate la había llevado al borde de la locura. Kate se mostró de acuerdo, si bien discrepaban sobre cómo se había producido aquello. Kate creía que, a los dieciocho años, su madre la había enviado desde Sydney a Londres para cuidar de su abuela. Sin embargo, Hilary lo negó con vehemencia, sosteniendo que había sido Kate quien había decidido hacerlo. Daisy se echó hacia atrás en su asiento para evitar el fuego cruzado, pero terminó tan rápido como había empezado. Me di cuenta de que la importancia de contar la historia de Elsie prevalecía sobre sus puntos de vista opuestos; parecía como si se tratara de una discusión que habían mantenido muchas veces y que no veían ninguna ventaja en prolongar. Con una sonrisa, coincidieron en el resultado: una vez que Elsie tuvo a Kate a su cargo…

–Simplemente mejoró. Hizo una historia sobre su locura, la metió en una caja y se fue, para no volver a hablar de ella nunca más.

Reflexioné sobre el hecho de que ser necesario –como padre o abuelo– nos infunde propósito y significado, uno de los

128   *Cada familia tiene una historia*

requisitos indispensables para el bienestar. Quizá la locura de Elsie la había abandonado cuando tuvo a alguien por quien estar cuerda. Las tres generaciones de mujeres se iluminaron al recordar a la mujer que las precedió.

—No pudiste —dijo Kate— mantener alejada a la abuela.

Tenía más recuerdos de ella que de su padre. Todas señalaron que se sentían seguras en su presencia física, totalmente adoradas por ella. Kate se llenó de energía al evocar la vívida imagen de su abuela: trabajaba como cuidadora, vivía en una urbanización rural, pero, según dijo:

—Tenía mucho glamour, por su forma de vestir. Llevó pintalabios rojo hasta su muerte, a los noventa y un años… Siempre iba perfectamente arreglada, con los labios pintados, pañuelo en la cabeza, un abrigo *mackintosh* de color beige y unas bonitas botas. Veíamos la serie *Coronation Street*, que era un lugar favorito para ella, le encantaba.

Ambas rieron. Me recordó el dicho «El cielo es ser recordado por los demás». El amor que Elsie les profesaba seguía vivo en ellas décadas después de su muerte. Coincidieron en que el mensaje que transmitió de generación en generación era que, para las madres, la familia es una institución sagrada.

Aunque la presencia de Daisy era pensativa y silenciosa, añadió:

—Me gustan las historias de la abuela. Tuvo una infancia tan rota. La abuela [Hilary] y mamá eran toda su vida y cuando se marcharon la volvieron literalmente loca. (Hizo una larga pausa). Mamá, tú no harás eso, ¿verdad?

—Soy testaruda —dijo Kate sonriendo a su hija—. Me aseguraré de estar bien. No tienes que preocuparte por mí. He tardado muchos años –me hizo un gesto con la cabeza para reconocer nuestra labor de terapia– en darme cuenta de que soy más poderosa de lo que creo.

–Yo no soy como mi madre –intervino Hilary–. Yo le doy mil vueltas a las cosas. Ojalá pudiera meter las preocupaciones en una caja. Hay algo a favor de envolver las cosas y guardarlas.

Kate discrepó con ella y le dijo que ambas tenían la capacidad de superar las dificultades y seguir siendo felices y optimistas. Que ella nunca se amargaba.

–Puedes pasar –añadió– por momentos muy oscuros, pero los superas y vuelves a empezar. No lo haces con la fantasía, como la abuela –luego, dirigiendo la atención hacia sí misma, dijo–: soy una superviviente sin ninguna duda. Tengo que decir que soy un hueso duro de roer.

La creencia de que formaba parte de una estirpe de mujeres fuertes era una afirmación muy importante para Daisy. También necesitaba saber que sus padres mantenían una relación sólida. El miedo a que sus padres no se las arreglen sin ellos puede mantener a los adultos jóvenes atados al hogar. El divorcio en parejas de más de cincuenta años se ha duplicado en los últimos veinte años, a menudo precipitado por la marcha del último hijo, lo que disuelve el pegamento que ha mantenido unida a la familia y disipa el ruido y el ajetreo que pueden enmascarar una relación agónica. También en este particular, Kate podía tranquilizarla.

No es de extrañar que el trabajo terapéutico con tres personas sea un malabarismo psicológico mayor que la terapia individual. Se obtiene más información, hay que gestionar las di-

130 Cada familia tiene una historia

ferentes relaciones y las perspectivas adicionales. Eso puede suponer que pasemos por alto puntos importantes. Hasta la siguiente sesión no me acordé de preguntarle a Hilary dónde había puesto el dolor por su padre y por qué Kate tenía más recuerdos de su abuela que de su padre, al que había echado mucho de menos desde su muerte.

Hilary trató mi pregunta con ligereza, diciendo que no lo echaba de menos porque no lo había conocido. Kate, en cambio, describió el duelo por su padre como «una terrible soledad, una aguda tristeza».

Estábamos ahora sin Daisy, que se había marchado a la universidad. Planteé la cuestión de la ausencia del padre y de cómo había afectado a su relación con los hombres.

–Vengo de una larga línea de mujeres –dijo Kate con cierto ímpetu– que se han visto decepcionadas por los hombres. Empezando por la madre de mi madre, todas fueron abandonadas. Mi madre es más positiva con los hombres que yo, quería a su tío, aunque estaba bastante amargada después de que papá se fuera.

Hilary respondió que siempre le habían fascinado los hombres, a los que denominaba «los otros», pero que se había sentido una asesina cuando Jimmy había salido del armario como gay: para forzar la ruptura de su matrimonio de treinta años, había sido mordazmente cruel.

Para Kate y su hermano, Tom, lo difícil no era que su padre fuera gay, sino el dolor y la horrible furia que la separación alimentaba en sus padres y ya no disponer de un hogar familiar al que volver. Hilary asintió pensativa, no a la defensiva, permitiendo que se expresara la verdad. Se llevaba la mano a la frente mientras hablaba deliberadamente, dejando que las palabras encontrasen su lugar:

–Tuve que renunciar a las justificaciones que me había dado durante años. Me había preguntado si era marica. Incluso le pregunté si quería vivir otra vida, y me respondió que no.

Es interesante que Hilary terminase con un marido tan esquivo emocionalmente como su padre, aunque por motivos distintos. Es una paradoja de la que soy testigo a menudo: mientras las personas no sean conscientes del impacto de su pasado, muchas veces se encuentran a sí mismas volviendo a representar elementos de este, en lugar de tomar decisiones conscientes que funcionen mejor para ellas.

–Así que seguimos –continuó Hillary– un poco más. No me dejó hasta que cumplí los cincuenta. Fue duro. No quería renunciar a tener una familia, no quería ser madre soltera como mi madre.

Permanecimos en silencio mientras asimilábamos sus palabras. Eso en sí mismo ayuda a mantener sanas a las familias: permitir que cada miembro exponga la verdad de su propia experiencia subjetiva, y que los demás reconozcan esa verdad.

Siguieron hablando de Jimmy. Podía oír el grito emocional en la voz de Kate. La pérdida de su padre era especialmente dura en esta sesión porque había pasado los últimos días desempaquetando sus cajas, algo a lo que no había podido enfrentarse durante años. Nuestras conversaciones sobre los padres le habían infundido fuerzas para acercarse a él en su recuerdo, lo que le rompía el corazón. Empecé a hacerme una idea de Jimmy. Se había criado en un hogar brutal y asolado por la pobreza, donde la furia y la violencia eran peligros cotidianos. Se había esforzado por no infligirla a su propia familia, pero de vez en cuando estallaba y, como decía Hilary, «todos andábamos de puntillas para no hacerle estallar».

–Mi padre era autodidacta –explica Kate–, y en él, y en nosotros, estaba grabado el deseo de progresar. Siempre buscaba nuevas oportunidades. Nunca se detuvo, pero creo que nunca cosechó el éxito que deseaba.

Además, estaban de acuerdo en que debió de ser duro para él luchar contra su sexualidad durante todos esos años. Oí que Jimmy había llegado a un punto en el que ya no podía ocultar que era gay. Kate creía que le había traído una nueva comunidad de gente y una nueva forma de vivir, pero nunca había llenado el agujero del abandono que había sentido desde niño.

En aquellos primeros años tras salir del armario, Jimmy emprendió un viaje en solitario para descubrir su nueva forma de ser. Por fortuna, una vez establecida su nueva identidad, se había acercado más a su familia durante los pocos años previos a su muerte.

¿Cómo afectó todo esto a sus relaciones con los hombres? Se rieron mientras Kate decía:

–Mi madre es muy coqueta, todavía ahora, y eso no es algo que yo haga también. No tengo muchos amigos hombres. A menudo no entiendo a Joshua. Creo que pueden ser los hombres ingleses, ya que crecí en Australia. Me siento más cómoda con los hombres australianos, donde puedo ser más yo misma porque sé leer las señales.

Joshua se parecía a su padre en el sentido de que era un buscador, siempre demandando más atención. Se ausentaba durante un tiempo y luego volvía requiriendo más atención; pero era muy divertido y un cuidador excelente.

–Conduciría hasta el Polo Sur por nosotros, pero tiene la sensación, como mi padre, de que le falta algo, una inquietud. En las raras ocasiones en que estaban solos, la colmaba de atención, lo que los mantenía unidos. Mirando por la ventana, Kate reflexionó:

–Hay algo adictivo en esas personalidades, pero no termino de entenderlo.

Tiene razón: la recompensa variable, el no saber nunca cuándo obtendremos lo que anhelamos, nos mantiene enganchados, buscando, deseando, obteniendo, y esos momentos de satisfacción vuelven a reactivar el ciclo. También existe una interesante perspectiva psicológica que sugiere un comportamiento repetitivo inconsciente: esta es la teoría del terapeuta de parejas y autor Harville Hendrix, según la cual buscamos en nuestra relación la esperanza de completar los asuntos pendientes de nuestra infancia. A menudo no lo conseguimos y solo reproducimos el mismo dolor.

La perspectiva de género de esta familia me pareció especialmente interesante. Hilary era emocionalmente inteligente y parecía saber que su marido era gay, aunque lo ocultase. Pero el hecho de que él lo negara durante tantos años podría haber minado su confianza en su capacidad para juzgar a los hombres o leer a las personas. Tal vez fue la forma en que su marido se volvió contra ella, lo que le hizo parecer incognoscible. O quizá no quería saberlo. Ver a los hombres como «otros» también parecía ser su manera de eludir las dificultades de relacionarse con ellos. Los hombres han hecho lo mismo con las mujeres a lo largo de la historia: verlas como «otras» para no relacionarse con ellas como semejantes. La otredad nace del miedo –miedo

134   Cada familia tiene una historia

a la diferencia, a la impotencia–, pero puede superarse con la curiosidad: querer conocer y que te conozcan por lo que eres, incluido el misterio. Esto se le había escapado a Hilary y, en menor medida, a Kate.

Hilary apoyó la cabeza en la mesa, sacudiéndola de un lado a otro. Y, cuando le pregunté qué sucedía, se limitó a decir:

–¡Hombres!

Kate se inclinó hacia la pantalla.

–¡Sí, hombres! No podría sobrevivir sin mis amigas. Mi matrimonio se mantiene gracias a la intimidad que mantengo con mis amigas.

Estaba reconociendo la verdad de que una sola persona nunca puede satisfacer todas nuestras necesidades. Los novios, el trabajo, la vida fuera del matrimonio son componentes esenciales de una relación satisfactoria. Madre e hija se miraron mientras se preguntaban en voz alta cómo su relación con los hombres se reproduciría en Daisy, y estuvieron de acuerdo en que, aunque no lo sabían, confiaban en que ella tuviera más conciencia y confianza en satisfacer sus necesidades de las que ellas habían tenido nunca. Asentí con la cabeza, sonriendo: ese era su regalo para Daisy.

Existe un delicado equilibrio entre lo que es útil y productivo que los familiares compartan con el terapeuta y lo que debe hablarse por separado. Esto es especialmente cierto entre diferentes generaciones. La franqueza y la comunicación honesta son los cimientos sobre los que se construye la confianza en una familia, pero eso no significa que haya que promover una especie de honestidad promiscua en todo momento. ¿Cómo sabe un padre que se está pasando de la raya? Es difícil determinarlo. Por ejemplo, es importante que un niño o un joven vea a sus padres angustiados, para que sepa que está bien mostrar angustia, pero ¿cuánto es demasiado? Permitir que nuestro hijo nos consuele cuando estamos tristes es hermoso, pero depender de él para que nos apoye emocionalmente es ir demasiado lejos. La crianza requiere calibrar, enseñar y modelar constantemente el comportamiento, en lugar de invertir el papel de hijo/padre.

Kate y yo discutimos si era prudente que hablara delante de Daisy de lo disgustada que se sentía por su marcha. Estábamos de acuerdo en que Daisy necesitaba saber –y le gustaría saber– que su madre la echaría de menos, si bien no debía arrastrar toda la carga de lo destrozada que se sentía Kate por ello. Estuve de acuerdo: en muchas familias, los padres adoptan la postura pasivo-agresiva de la víctima: «No te preocupes por mí», lo que significa en realidad: «Por favor, preocúpate por mí».

Kate y yo mantuvimos un par de sesiones individuales. Cuando se conectó, saludó débilmente y de inmediato se echó a llorar, con sollozos profundos y desgarradores. Se limpiaba la nariz a intervalos, miraba hacia abajo con los dedos apretados contra los ojos y murmuraba:

–Oh, Dios –dijo mientras una ola de tristeza recorría su cuerpo, se quedó callada unos momentos, respiró, levantó la vista con una tímida sonrisa y añadió–: es agotador.

Sí, lo era: permitir que su tristeza se moviera a través de ella era una inmersión física y psicológica, aunque la llevaba a descubrir lo que ocurría bajo la superficie. Kate se tomaba su tiempo para encontrar las palabras, a veces mirándome directamente a los ojos y a menudo de reojo. Me enteré de que Kate

136   Cada familia tiene una historia

y Joshua habían llevado a Daisy a la universidad, intentando mostrar alegría en el coche, escuchando una lista de reproducción optimista. Kate luchaba contra las lágrimas; Joshua hablaba sin cesar; Daisy estaba sentada en silencio en la parte de atrás. Su despedida fue apresurada.

En el viaje de vuelta, Kate había guardado un silencio sepulcral y Joshua había oscilado entre la comprensión y el enfado. Había insistido en lo orgulloso que se sentía de que Daisy fuera a una universidad prestigiosa, en lo brillante que era para ella, en lo bien que se lo pasaría. Kate no lo discutió, aunque no pudo evitar sentirlo como un duelo. Le enfadaba que él no sintiera la tristeza tan intensamente como ella.

Se descubrió a sí misma reprochándole a Joshua que sabía que habían ido cediendo poco a poco el control sobre Daisy durante su adolescencia, en los momentos difíciles en los que Daisy había presionado por su libertad, las discusiones sobre el tiempo de pantalla y cuándo volver a casa, pero que su marcha ahora era un dolor de otra clase. Se trataba de algo más que lo que había ocurrido durante los últimos años. Kate sintió profundamente la pérdida de su hija dependiente, con la abrumadora tristeza de que marcaba el final de su maternidad práctica, cuando se había sentido validada y poderosa en el papel de madre. Entonces conoció su propósito.

–Creo que lo más importante que podía hacer era criar a mi hija. No hay nada tan importante como eso, y en mi vida no hay nada comparable. Como nos dijo mamá a las dos, criar a un hijo es una tarea sagrada.

Podía sentir en mi pecho la importancia de lo que estaba diciendo, y tuve que apartar mis propios pensamientos autocríticos de que nunca me había dedicado plenamente a ser madre de esa manera.

Por un momento, se sentó en su silla y encontró su ira, que se resistía a descubrir. Agitando las manos delante de ella, como si estuvieran calientes y quisiera enfriarlas, dijo con fiereza:

—No sabía que estaba ahí... Estoy enfadada. Quizá sea demasiado fuerte. Enfadada, sí, y también envidiosa de que ella salga al mundo, descubra y explore cosas nuevas mientras yo estoy en el otro extremo de mi vida...

Me impresionó su capacidad para darse cuenta de lo que a menudo intentamos negar: que sentimos envidia de nuestros maravillosos jóvenes adultos. Pero revelárselo a sí misma significaba que no se desquitaría con su querida hija. No era un sentimiento que se pudiera «solucionar», sino que había que permitirlo, incluso hacerse amiga de él, para que transmitiera valor a su propia vida.

Mientras hablábamos, Kate alternaba la profundidad de su pérdida con el orgullo y la sensación de haber conseguido ser la madre que había sido. Me dijo que, cuando miraba a Daisy, sabía que había hecho un buen trabajo, que era una niña extraordinaria, sensible, curiosa, audaz, cariñosa e inteligente. Enjugándose una lágrima de felicidad, dijo:

—Miro a Daisy y a Eve con asombro porque son personas que han salido y saldrán al mundo, y son más completas y equilibradas de lo que jamás soñé que podrían ser. Harán del mundo un lugar mejor.

Yo también la miré con orgullo. He oído tanta culpabilidad por parte de los padres: era refrescante y un placer escuchar que una madre realmente creía que había hecho un buen trabajo. Pensé que, si escucháramos más voces como la suya, quizá todos estaríamos más abiertos a celebrar las victorias de la maternidad.

El equilibrio en la crianza entre madres y padres rara vez es equitativo. En una sesión posterior, Kate reconoció:

–Joshua ha sido un padre brillante, pero que nunca estuvo tan cerca de ellas [las dos hijas] como yo. No podía implicarse en la misma medida que yo: estaba fuera ganándose la vida para mantenernos. Tenía un gran compromiso con la idea de una familia, pero le molestaba el yugo que suponía el trabajo diario. No puede sentir la misma pérdida, aunque se siente triste.

»A veces –siguió diciendo–, la miraba como si estuviera loca, cuando la encontraba en la cama llorando desconsoladamente, o cuando conducía a su lado en el coche y se le saltaban las lágrimas. Él quería hacerla sentir mejor y, de algún modo, le irritaba no ser suficiente, que ella no le permitiese consolarla.

Tradicionalmente, son los padres los que animan a sus hijos a irse de casa; a Kate le molestaba, como a muchas madres. Ellas hablaban y pasaban los fines de semana juntos con Eve, pero sin duda había un rincón en cada uno de ellos que era diferente cuando se trataba del crecimiento de los hijos. Kate también intentaba centrarse en su nueva identidad. Era un tira y afloja interno. Por un lado, necesitaba reconocer lo que había conseguido.

–Tuve el honor de ser esa persona para ellas, y ahora tengo que mantener una relación diferente. Buscaré sin cesar un papel tan vital como ese, y sé que nunca lo encontraré. No sé quién soy.

Y sabía que Eve no tardaría en marcharse. Odiaba el tópico del nido vacío, pero la casa estaba más silenciosa que nunca y se sentía perdida. Por otro lado, tenía momentos de esperanza:

–Tengo la idea de que, sea lo que sea, llegará; algunas personas parecen redefinirse a sí mismas sin esfuerzo, pero yo me tomaré mi tiempo. Habrá algún tipo de renovación –y luego, riendo, añadió–, joder, no será la jardinería.

Ambas reímos.

Muchos abuelos y padres de hoy miran a esta generación de jóvenes adultos y dicen cosas como «Cuando yo tenía tu edad tenía un trabajo, estaba casado...»

Sin embargo, el profesor Jeffrey Arnett, psicólogo estadounidense, cree que los jóvenes no son plenamente adultos hasta pasados los veinte años. El periodo intermedio lo denomina «edad adulta emergente». Y lo propone como una nueva fase de desarrollo, provocada por los enormes cambios sociales que han tenido lugar en el mundo occidental en las últimas siete décadas: el movimiento feminista, la disminución del poder de las instituciones del matrimonio y la Iglesia, la prolongación de la vida útil, el crecimiento de la educación universitaria para apoyar el cambio de la economía industrial a la tecnológica y, por supuesto, el coste cada vez mayor de la vivienda. Arnett considera que los jóvenes hacen bien en pasar estos años disfrutando de la libertad que probablemente nunca volverán a tener: probando cosas nuevas, explorando sus identidades, hallándose en un estado de cambio permanente antes de establecerse en una edad adulta más segura.

Quería saber si los Thompson se ajustaban a las normas de desarrollo intergeneracional. Una mujer de principios de los 60 esperaba estar casada y tener hijos a los veintiún años. Hilary, como la mayoría de su generación, se había ido de casa a los diecisiete. Había empezado su vida bailando claqué y haciendo «cosas increíblemente frívolas», sin ningún plan sobre lo que quería. Se casó a los veinte y dio a luz a Kate a los veintiún años. El feminismo se había impuesto cuando Kate era una joven adulta, ampliando sus posibilidades.

Según Hilary, Kate siempre había sido independiente.

—Cuando era un bebé le di jarabe de rosa mosqueta, y nunca olvidaré la mirada que me echó, diciéndome «soy yo misma» desde muy pequeña.

Kate argumentó que sentía que su madre actuaba como si no tuviera poder en momentos inapropiados y que podía ser pasivo-agresiva, lo que provocó un «¡Ay!» por parte de Hilary. Hicieron su danza habitual: una demostración de dureza, nombrando su irritación, expresando sus sentimientos y terminando riendo. Pero el punto de Kate era importante: los padres tienen que mantener su poder; dárselo a sus hijos los abruma, incluso invierte el papel de los padres.

—Te he defraudado algunas veces, y lo lamento —reconoció Hilary.

—Sí —dijo Kate asintiendo enérgicamente—, no eras genial entonces, pero no creo que yo hubiera sido una buena madre a los veintiún años.

Había estallado en cuestión de minutos, y era un patrón tan arraigado de «ruptura y reparación» que, hasta que se lo señalé, no se habían dado cuenta de la seguridad que les infundía. «Ruptura y reparación» es la expresión psicológica que describe lo que suele ocurrir en las relaciones: hay desconexión y luego, a través del reconocimiento, reconexión. No son las rupturas las que causan heridas permanentes, sino la ausencia de reparación, sobre todo por parte de una madre hacia un hijo angustiado. Kate sonrió a su madre y le dio un suave golpe en el brazo, y le dijo:

–Es cierto, nunca nos hemos peleado.

Kate retomó la historia de su transición a la edad adulta. Se había marchado de casa a los dieciocho años y se había ido a Londres a ayudar a su abuela, mientras vivía con su novio en una casa ocupada. Madre e hija recordaban esa época con cierta conmoción, pues Kate se dio cuenta de que se había ido al otro lado del mundo, sin pensar en cómo se sentirían sus padres, y no había tenido contacto con ellos durante meses.

–Dios sabe que corría peligro. Tuve mucha suerte –comentó Hillary.

Kate describió aquellos años como un periodo caótico en el que había afrontado verdaderos peligros, sobre todo por parte de los hombres, pero también se había protegido de alguna manera al no pensar demasiado en profundidad. No se había preocupado mucho por quién era y, más bien, se lo inventaba sobre la marcha. Este es un punto interesante pero complejo que no percibí en su momento. No pensar demasiado la había defendido del miedo desestabilizador del peligro que corría, pero conllevaba sus propios riesgos inherentes. Podría haber reflejado una falta interiorizada de autoprotección y de cuidado. No existen las respuestas fáciles: la vida no es en absoluto sencilla, y el equilibrio entre riesgo y seguridad es delicado. En cierto modo, requiere que negociemos individualmente nuestra propia ruta entre ambos.

142   **Cada familia tiene una historia**

Ambas se preguntan si los mileniales se preocupan demasiado y no tienen las «agallas» para lanzarse a la vida. El trabajo de Kate como periodista había sido aterrador: estaba en una montaña rusa, lidiando con jefes difíciles y luchando por encontrar su lugar, pasando de bajones de confianza a momentos de triunfo. A menudo tenía la sensación de que se salía con la suya por los pelos. Pero no le importaba reconocer su éxito y se miraba a sí misma con nostalgia, como si fuera una desconocida.

–He perdido el impulso hacia el éxito. Me encanta la maternidad, pero ha mermado mi confianza para hacer otras cosas.

Los estudios demuestran lo difícil que es para las mujeres que han abandonado por completo el mundo laboral volver a él posteriormente. Es más fácil empezar de nuevo a tiempo parcial antes de retomar el trabajo a tiempo completo. Pero, para Kate, esta no había sido una opción. No quería hacer malabarismos ni que la diatriba de la mala madre y la mala trabajadora diera vueltas en su cabeza, aunque reconocía que tenía la suerte de contar con la posibilidad de elegir. Al pensar en ello, se percató de que volver a desarrollar su identidad laboral sería una gran montaña que escalar y que le exigiría mucho valor.

Hilary terminó la sesión con una ocurrencia, que no sabía si era una patada o un empujón de ánimo:

–Si yo lo he hecho, tú también puedes.

–Eso fue hace décadas, mamá –replicó Kate–. Ahora el mundo es completamente distinto.

No solo los padres se ven afectados cuando un hijo se va de casa, toda la infraestructura familiar experimenta una sacudida. Kate se había dado cuenta de que, tras la marcha de Daisy, Eve quería redefinirse con independencia de su hermana: cambiar de colegio, seguir su propio camino. Es interesante cómo pueden forjarse las identidades de los hermanos en relación con los otros, ya sea como rivales, opuestos o discípulos, y cómo pueden quedar atrapados en ellas, incluso cuando ya no encajan. Kate hizo una pausa y añadió:

–Tal vez yo sea como Eve y aspire a un cambio... De repente he pensado que estaría bien disfrutar de un entorno diferente.

Me inquietaba un poco lo que sucedería después. Me la imaginaba marchándose a Nueva York, siguiendo el camino de su padre. Mostré mis prejuicios: mi respuesta instintiva es querer que las familias se mantengan unidas.

No tenía por qué preocuparme.

–De mis padres aprendí a cómo cambiar –continúo Kate–. Tuvieron periodos de depresión, que es quizá lo que yo siento ahora, pero tenían entusiasmo por la vida. Siempre volvían a un estado de ánimo muy alegre que nos protegía mucho a mi hermano y a mí. Se adentraron en la oscuridad y salieron a la luz, y sé que yo también puedo hacerlo.

Kate habló de ello con tanta confianza como tristeza, y en ese momento ambas supimos que encontraría la manera de seguir adelante. Sería doloroso y probablemente la llevaría más tiempo del que deseaba, pero tenía un futuro que podía vislumbrar, basado en la imagen que sus padres habían modelado para ella. Es la forma en que viven los padres, mucho más que lo que dicen, lo que arraiga en sus hijos. A menudo he visto a padres que decían a sus hijos: «Lo único que quiero es que seas feliz», pero ¿cómo va a saber el hijo lo que significa ser «feliz» si no lo ha visto?

144   Cada familia tiene una historia

Aunque Kate estaba ahora en mejor situación, aún quedaba trabajo por hacer para reconfigurar el funcionamiento conjunto de la familia. Vi a Hilary y Kate sin Daisy, que estaba inmersa en su vida universitaria. Habían ido a Oxford a visitarla.

–Sentí que todos mis antepasados –dijo Hilary con tono reverencial– caminaban detrás de mí, mi abuela, la señora de la limpieza de Glasgow, así como mi madre, la cuidadora de Tooting, y les dije: «Mirad, mirad». Podía sentir que Daisy había cambiado de alguna manera. En tres semanas había cambiado. Se notaba que había empezado a vivir por su cuenta.

Mientras hablaba, sentí la importancia de lo que expresaba, y Kate, asintiendo con la cabeza, dijo:

–Fue un poco desconcertante. Sin duda nos miraba de otra manera.

Observé que, a medida que Daisy iba madurando, su madre y su abuela se tornaban más pequeñas dentro de ella y que ya no las necesitaba del mismo modo. Sin embargo, estaba impregnada de la fuerza de las generaciones anteriores. Kate se mostró de acuerdo, reconociendo, con una mezcla de abatimiento y alegría, que tenían que encontrar una manera diferente de relacionarse entre ellas. Kate jugaba con sus anillos, como si estuviera probando la idea de que, de algún modo fundamental, ella también estaba liberada y que había hecho buena parte de su trabajo.

Pero se sentía confusa, lo cual es, por supuesto, la definición del proceso de cambio: es un ir y venir entre liberarse y aferrarse. Las últimas semanas no habían sido sencillas. En ocasiones, Daisy la había llamado llorando, preocupada por sus estudios o porque necesitaba algo, cosa que Kate resolvía de inmediato.

Pero luego había días en los que no sabían nada de ella. Y Kate, imaginando situaciones desastrosas, recurría al rastreador de su iPhone para asegurarse de que seguía en la ciudad. Para mí, esto era una intromisión en la intimidad de Daisy, pero había sido acordado previamente entre ellas y le daba a Daisy la seguridad de saber que su madre podría encontrarla en caso de necesidad. Con evidente excitación, Hilary comentó que Daisy la había telefoneado.

–Estaba fuera de una tienda y quería consejo sobre qué comprar. Fue uno de mis momentos de mayor orgullo.

Supuse que Kate se habría sentido celosa, incluso herida: la rivalidad por el amor y la atención entre generaciones, así como dentro de una misma generación, puede ser un agente destructor secreto de la vida familiar. No era el caso de los Thompson.

–Eso es señal de que sabe cuidarse sola –respondió Kate–. Recurrió a mi madre porque Joshua y yo somos más complacientes, pero mamá sigue siendo un ancla que la quiere incondicionalmente. Me siento bien por ello.

Mientras Hilary sonreía, pude notar cómo se le dilataba el pecho. Entonces le pregunté a Kate si su madre, Elsie, había sido importante del mismo modo. Por mucho que Hilary se hubiera deleitado con la conexión de Daisy, no hizo que todo girara en torno a ella: se dirigió a su hija con interés y calidez.

Ese pequeño momento demostró de qué modo los patrones familiares pueden reconfigurarse, mientras permanece la profundidad del amor entre ellos. Kate se rio, como solían hacer las dos cuando mencionaban a Elsie.

–La abuela estaba loca como una cabra, pero yo me sentía reconfortada con ella. Me encantaba ir a su casa. Puedo ver a posteriori lo estupendo que ha sido tenerla… Aunque no pudiera hablar con ella, ¡nos comunicábamos mucho!

Hilary frunció el ceño, preocupada por si ella también hablaba demasiado. Kate le hizo saber que no era así. El diálogo demostró que no necesitamos ser perfectos, ni mucho menos: podemos estar «locos como una cabra», siempre y cuando seamos fundamentalmente cariñosos. Cuando ese amor procede de un lugar de buena voluntad, se confía en él y resiste muchos errores.

Con el paso de las semanas, Kate recurrió a Eve en busca de consuelo, disfrutando de ser su madre. Veían la televisión juntas y preparaban cenas acogedoras, pero al describir todo esto, se le llenaron los ojos de lágrimas recordando que Eve también se marcharía. Hilary le acarició el brazo y conectaron de inmediato con una comprensión mutua de lo que significa tener hijas que crecen y se marchan. Fue como si aquel contacto hubiera encendido una nueva red en la mente de Kate. Con una explosión de energía, se dirigió a mí y me habló de hacer un curso de *counselling*, una posibilidad que no le parecía un salto tan grande desde su trabajo como periodista. En cuestión de minutos, se había permitido expresar su tristeza, sentirse apoyada por el amor de su madre y buscar nuevas formas de comportarse.

Es demasiado fácil subestimar lo duradera y alegre que puede ser la relación entre padres e hijos adultos. Curiosamente, el comportamiento de Daisy en la universidad era similar al de su madre. Llamaba llorando, la consolaban y se animaba. Kate se preguntaba cómo gestionaría Daisy su confianza intelectual rodeada de tantos compañeros inteligentes. Hilary creía que la universidad no era solo una medida de la capacidad académica de Daisy, sino también de su habilidad para ser lo suficientemente disciplinada como para estar a la altura de lo exigido. Hablaron con vigor de su movilidad social desde un origen pobre hasta Oxford, la ciudad de las «torres de ensueño». Kate inclinó la cabeza hacia la pantalla, como para enfatizar este importante mensaje.

–Mi abuelo por parte de padre era adoptado, analfabeto, minero y vivió toda su vida en la pobreza. Pero mi padre tenía el deseo de salir adelante y tuvo las agallas de hacerlo. Superó su miedo. Fue autodidacta, levantó un negocio de la nada y nos llevó a Australia para materializarlo. Mis padres, aunque complicados, siempre me infundieron seguridad y tenían una fuerza vital extraordinaria, y –añadió vacilante con lágrimas en los ojos mientras miraba a su madre, que le sonreía– tú eres igual... Tú me la has dado y Daisy también la tiene. Ella tiene esa fuerza.

Se dieron un abrazo. Hilary, expresando esa fuerza de carácter, habló de su adicción al Scrabble *online*, y de que un hombre un año mayor que ella iba a convertirse en uno de los líderes más poderosos del mundo.

–¿Y si Biden necesita una siestecita por la tarde? –esa era su forma de plantear lo que le preocupaba–. Mi próximo capítulo es mi muerte.

Le molestaba que la gente dijese: «Eres tan viejo como te sientes», como si envejecer fuese una enfermedad. Le molestaba la gente como Jane Fonda: quería ver caras viejas, no que las desterraran como si fueran algo despreciable.

–Quiero –señaló con rotundidad– sentir mi edad. He vivido muchos años y he adquirido cierta sabiduría. Tiene que haber algo que me permita aprovecharla.

Kate, muy triste, empezó a hablar, pero las lágrimas bloqueaban sus palabras. Hilary le acarició el brazo mientras seguía con sus propios pensamientos. Frunció los labios y se llevó una mano a la barbilla. Dijo que no tenía miedo a la muerte, pero quizá sí a morir. Era miembro de Diying with Dignity y no quería una muerte lenta e insoportable con Alzheimer. Quería que la incinerasen y que enterraran sus cenizas, las de su madre y las de su perro (que guardaba en macetas en la cocina; nos sorprendería saber cuánta gente no esparce sus cenizas), bajo un árbol en el bosque. Se volvió hacia Kate con cierta impaciencia.

–Tú sabes todo esto, y tienes todas mis cosas, como el poder notarial, el funeral –dijo como si discutiese los detalles de una receta de pollo.

–No soporto –le respondió Kate con la cara enrojecida– la idea de que te mueras. Puedes ser algo molesta a veces, pero eres la única persona con la que puedo ser yo misma. Compartimos el mismo idioma, nos reímos mucho. Toda la historia de mi vida está contigo.

Hilary parecía contenta, pero también un tanto incómoda. En ocasiones, oír lo que uno más quiere escuchar resulta doloroso, y solo se puede asimilar después, momento en que yo sabía que se sentiría reconfortada. Me pareció que, aunque Hilary estaba emocionalmente disponible, procedía de una generación que contenía sus sentimientos más profundos. Fue una conversación difícil pero importante, porque ayudó a proteger a Kate de futuros remordimientos por lo que desearía haber dicho y abrió el camino a futuras conversaciones.

Cuando Daisy regresó durante las vacaciones de Navidad, tuvimos varias sesiones. El COVID iba en aumento. Tras sentirse arrojada a la edad adulta, Daisy se encerró en casa. Hubo tensiones inevitables entre Joshua y Kate acerca de las normas. Joshua estaba ansioso, comprobaba constantemente las noticias y las estadísticas; tenía reuniones ruidosas en Zoom. A Daisy le resultaba difícil estar con sus padres. En el momento en que Kate y Eve tuvieron algunos síntomas, Daisy se fue a casa de su abuela. Hilary estaba encantada de tenerla.

Las emociones de Kate se reflejaban en que hacía girar nerviosamente su pendiente.

—Me encanta tenerla de vuelta, ver su rostro… cuando la abrazo.

Daisy me miró directamente y luego se dirigió a su madre con delicadeza y confianza:

—Ya te dije que me sentí abandonada cuando terminó el curso y volví a casa, pero lo he superado. En aquel momento estaba enfadada. Podía haberme quedado en la universidad, que era más divertido.

Kate se sonrojó y añadió:

—Parecía que no querías comunicarte mucho con nosotros. Me ponía nerviosa cuando no me mandabas mensajes. Era extraño. Pasé dieciocho años sabiendo exactamente dónde estabas, qué hacías, día y noche. Fue difícil para mí. Ahora tengo el teléfono encendido toda la noche, preocupada por ti.

Daisy replicó que Kate siempre tenía el móvil encendido.

No –respondió su madre–. Lo hacía cuando tú estabas fuera, pero nunca en otras circunstancias –Kate se quedó boquiabierta. Daisy se ablandó–. Veo que es triste para ti.

Era consciente de que, cuanto más ansiosa se sentía Kate, más tenía que esforzarse Daisy para mantener los límites entre ellas, pero luego Kate se equilibraba y ambas volvían a estar bien. Con más confianza, Kate afirmó que, sin Daisy, la familia estaba menos unida: ya no se sentaban a comer juntos; echaban de menos su diversión y vitalidad. La ventaja era que, aunque Eve echaba de menos a su hermana, le encantaba tener a su madre para ella sola. Como señaló Kate:

–Una vez que desapareció todo ese comportamiento de rivalidad entre hermanas, relacionarse con ella se volvió más fácil.

Pude ver cómo se desenvolvían en la nueva dinámica familiar, cómo hablaban de lo que sentían, abierta y honestamente. Nunca se insistirá lo suficiente en la importancia de comunicar lo que sentimos y necesitamos: cuando se hace con claridad, se disipan el dolor y el resentimiento. El resentimiento es el veneno silencioso de las familias. Lo he visto con mucha frecuencia en madres e hijas:

–Te he dado mi vida y ahora no te importo –dice la madre con voz dramática.

–Yo no pedí nacer. Has sido tú quien lo ha querido –responde la hija enfadada.

A medida que ese patrón se va incrustando, con todos sus matices traicioneros, la grieta se ensancha y el amor se convierte en odio, siendo sumamente doloroso para todos.

Las mujeres Thompson, al expresar sus opiniones, encontraron un nuevo equilibrio. Kate aprendió que, la próxima vez, se comunicaría de otra manera, con tarjetas y paquetes. Estaba transmitiendo su mensaje: necesitas tu propio espacio y yo siempre estaré aquí.

El hecho psicológico de aferrarse a los padres y desapegarse de ellos es intenso y obliga a la adaptación. Detrás de las palabras, las emociones son invisibles, aunque turbulentas. Aprender a vivir separados pero conectados, a mantener los límites y permitir la diferencia es una tarea compleja, como lo es la reintegración después de la separación. Daisy quería irse de casa, flexionar sus músculos intelectuales y encontrar su nueva identidad sin ser la hija o la hermana de nadie. Al mismo tiempo, una parte de ella deseaba verse celebrada, apreciada y, lo que es más importante, tenida en cuenta. Para Kate, la marcha de Daisy supuso una punzada de abandono, un rastro del miedo a dejar de ser amada. Tal vez esto le dificultó mostrar su alegría por el regreso de Daisy.

Pensándolo bien, me pareció adecuado que Daisy se fuera a vivir con Hilary, que podía mimarla de un modo que podría haber parecido infantil si hubiera sido su madre quien lo hubiera hecho. La relación con los abuelos es menos intensa. En palabras de Hilary:

–He hecho mi trabajo de madre y he cometido errores. Creo que la maternidad es una responsabilidad enorme que a menudo se toma demasiado a la ligera. Kate se lo toma muy en serio. Estoy orgullosa de ella. Ahora tengo la perspectiva para ser una buena abuela. Ser abuela implica menos ansiedad, menos responsabilidad, mucho menos trabajo. Es menos doloroso.

Sí, la maternidad es dolorosa: allí donde más amamos más nos duele. La casa de Hilary era el lugar donde Daisy debía

152   *Cada familia tiene una historia*

estar en ese momento. Contar con el amor seguro de una abuela es un regalo que a menudo pasa desapercibido para el nieto. Desde una perspectiva transgeneracional, Kate había adorado a su propia abuela y se alegraba enormemente de ver que su hija se beneficiaba de una relación similar.

A medida que continuaba el confinamiento y Daisy regresaba a casa, su ansiedad iba en aumento. Sin contar con el apoyo de sus compañeros, la intensidad de su trabajo académico le resultaba cada vez más difícil, y se sentía emocionalmente confusa sobre su identidad, a caballo entre su nuevo yo de estudiante y su antiguo yo de niña en el hogar. Sus nuevas alas habían sido cortadas bruscamente. Parecía más pequeña cuando comentó:

–Me siento triste la mayor parte del tiempo. Me siento asfixiada en casa… pero segura.

Se disculpó por haber llorado, enjugándose las lágrimas en cuanto aparecieron, y dijo:

–Estoy perdida. Es como mirar el mundo a través de un plexiglás… Y sé que tengo suerte.

Hilary y Kate le aseguraron que sus sentimientos eran normales y sanos. La mantuvieron a salvo mientras todo lo demás se tambaleaba. Su relación no podía solucionar las consecuencias de la pandemia, pero, al apoyarla, hicieron lo mejor que estaba en su mano, confiando en que, cuando el mundo volviera a abrirse, ella estaría en condiciones de retomar las riendas de su vida.

Como escribe el doctor Gabor Maté en *Hold On to Your Kids*, «Los adultos que basan su crianza en una relación sólida son padres intuitivos… Actúan desde la comprensión y la empatía». Y eso fue lo que observé en las tres generaciones de mujeres Thompson. Las palabras de Hilary se hacían eco de ello:

–La familia es el poderoso centro de gravedad. Saben que son nuestros y que nosotros somos suyos.

Esa es la definición de pertenencia, una parte vital de nuestra salud mental.

Los Thompson no acudieron a mí con una crisis familiar que afrontar. Las tres generaciones de mujeres que conocí mantenían lazos afectuosos y resistentes con los que explorar el cambio agridulce de una hija que abandona el hogar y trata de encontrar su identidad adulta.

La terapia reveló gran parte del trabajo que hay que hacer cuando se afronta este cambio en la vida. Los padres deben mantener el delicado equilibrio entre dar al joven adulto espacio para respirar y experimentar por sí solo, permitiéndole al mismo tiempo sentirse firmemente arraigado y sin cargarle con la culpa o la preocupación por sus padres o su relación con ellos. También supone la actualización del contrato entre los padres y con los hermanos que quedan: ¿cómo será ahora nuestra nueva relación a medida que se renueve nuestra dinámica familiar? Y el cambio de identidad de los padres, que deben esforzarse por llenar el vacío en sus propias vidas y encontrar un nuevo sentido, orgullo y autoestima.

En el caso de los Thompson, esta última cuestión fue el mayor reto de Kate. Para prepararse, necesitaba recordar la piedra de toque del poder femenino que procedía de su madre y de su recordada abuela, a fin de adquirir la fuerza y el valor que la liberarían para afrontar un futuro distinto, así como para permitir a su hija avanzar sin tener que vigilarla constantemente por encima del hombro.

Quizá esto explique mi aversión a la expresión «nido vacío». El nido de una familia sana nunca estará vacío, sino rebosante del espíritu de las relaciones pasadas entre padres e hijos, que permitirá a cada nueva generación alzar el vuelo.

La familia Taylor y Smith

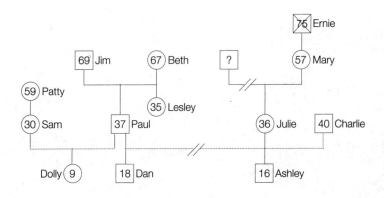

La familia Taylor y Smith

¿Cómo pueden las familias con hijos de matrimonios anteriores encontrar la armonía cuando su relación se basa en un conflicto preexistente?

Caso

Los Taylor y los Smith eran Paul Taylor, carnicero, de treinta y siete años, su expareja Julie Smith, asistente personal, de treinta y seis años, y sus dos hijos, Dan, de dieciocho, y Ashley, de dieciséis. Llevaban separados diez años. Julie tenía la custodia de los niños, que visitaban a Paul los fines de semana y en vacaciones. Paul vivía con Samantha y habían tenido una hija juntos, Dolly, de nueve años. Julie vivía con su pareja, Charlie. Había habido problemas económicos complicados que causaron un estrés extremo, pero se habían resuelto en buena medida cuando los niños crecieron y Julie pudo volver a trabajar. El motivo del counselling *fue que Ashley había «perdido el control» mientras pasaba las Navidades con Paul y Sam. Fue el punto de ruptura de años de conflicto y angustia entre ambas familias. Dan se había ido a vivir a Berlín: Paul*

158 Cada familia tiene una historia

y Julie temían que, si no encontraban una forma de resolver estos conflictos intransigentes, Ashley también se marcharía.

Todas las familias tienen una historia. Cada familia tiene su historia de amor y conexión, así como de heridas y dolor, pero las historias de algunas familias son más complejas que las de otras. La historia de los Taylor y los Smith se ubica en el extremo más complejo del espectro.

En nuestra primera sesión, la tensión entre las tres personas que estaban frente a mí, que evitaban mirarse entre sí y mirarme a mí, me pareció como un bloque de hierro en el pecho. Tuve que recordarme a mí misma que debía respirar. Paul Taylor me miraba con el ceño fruncido. Tenía los hombros anchos, era corpulento y llevaba el pelo castaño alborotado, que a menudo se echaba por detrás de las orejas. Su rostro rubicundo llenaba la pantalla. Intuí que bajo el ceño fruncido había una persona dulce que a menudo se sentía fuera de sí y cuya fuerza física contradecía su sensibilidad. A medida que hablaba, me di cuenta de que su sonrisa juvenil y sus ojos verdes tenían un cierto encanto seductor. Le pregunté qué esperaba al venir a verme. Me dijo que llevaba diez años separado de Julie.

—Estoy tan mal como cuando nos separamos, y es la Navidad la que me hace polvo. Odio la Navidad.

Julie asintió, apretó los labios y murmuró, con una mirada intimidatoria:

—Yo también odio la maldita Navidad.

Sus numerosos collares tintineaban mientras hablaba. Paul se tragó su respuesta. (No pude oír bien sus palabras, pero supuse que eran en el sentido de que aquello era lo único en lo que estaban de acuerdo). Pensé que el odio es una carga muy pesada: bloquea cualquier otro sentimiento. Lo sentía por ellos y esperaba que al menos pudiéramos reducir su intensidad.

Me enteré de que había habido una gran discusión durante la comida de Navidad en casa de Paul y Sam, cuando Ashley se había enfadado mucho porque la madre de Sam lo había tratado como si fuese «invisible». Julie se mordía las uñas y me fijé en el precioso tatuaje de una mariposa que tenía entre el pulgar y la muñeca. Llevaba el pelo negro azabache recogido en una sola trenza que dejaba ver su mandíbula angulosa y su piel de marfil, con múltiples pendientes de plata adornando sus orejas. Era llamativa, y su lápiz de ojos negro completaba su estilo tan particular.

Cuando supe que solo tenía treinta y seis años y dos hijos de dieciocho y dieciséis años, me quedé pensativa. No es algo que viese muy a menudo: cuando trabajo en una unidad de maternidad del NHS, veo a mujeres de treinta y seis años anhelando tener su primer hijo.

Esperaba que, como Paul y Julie eran relativamente jóvenes, tuvieran una mayor capacidad de adaptación que una pareja mayor, un principio clave para los buenos resultados en la vida de las personas. Sabía que tendría que mantenerme firme ante la aparente ferocidad de Julie, mostrarme empática y no juzgar la supuesta «debilidad» de Paul, pero tenía que corroborar mis sospechas. Sabía que tenía prejuicios contra el tipo de hombres con los que, si bien me gusta estar, siempre toman el camino de la menor resistencia y no aceptan la responsabilidad de sus actos, con la esperanza de que las cosas «se arreglen» por sí mismas. Por supuesto, nunca lo hacen y se producen más daños.

160 Cada familia tiene una historia

Reconocí lo mucho que habían sufrido y les dije que esperaba crear un entorno que fomentara una manera menos dolorosa de trabajar juntos. Al oír esto, vi que ambos suspiraban: era una pequeña descarga de tensión frente a su dolor. No deja de sorprenderme lo poderoso que es que se admitan nuestros sentimientos. El sufrimiento sigue siendo una vergüenza omnipresente, como un fracaso personal.

Mi esperanza era que, al utilizarme como la persona a través de la cual narrarían su historia, empezarían a ponerse menos a la defensiva y a abrirse más a la experiencia del otro. La única forma en que Julie había aprendido a expresar sus sentimientos era a través de patentes negativas, mostrándose hiriente e insultando. Paul también había aprendido a cerrarse en banda. Esto significaba que la experiencia de cada uno quedaba invalidada por la del otro, excluyendo necesariamente aspectos enteros de su narrativa. No obstante, había una posibilidad de reparación: podían cocrear una narrativa compartida que permitiese las diferencias y la complejidad de su relación. Al no convertir al otro en el «malo», podrían forjar una nueva colaboración como padres.

Desde que Dan, su hijo mayor, se había trasladado a vivir a Berlín hacía seis meses, apenas había mantenido contacto con ninguno de sus padres. A pesar de su persistente hábito con la marihuana, se había marchado con la esperanza de consolidar su carrera musical. Observé que en su comportamiento había encontrado una vía de escape física y emocional. Quizá su marcha de la familia siendo tan joven les había ayudado a decidir hacer algo diferente para mejorar sus relaciones.

Su hermano pequeño, Ashley, era pálido y moreno, como su madre, e iba en pijama. Eran las once de la mañana y acababa de despertarse. Los ojos verdes y brillantes de Ashley, igual que los de su padre, expresaban su nerviosismo, o tal vez su inquietud. La expresión de su boca me decía que estaba enfadado. Imaginé un mundo de desazón en su interior.

Nos gustaría que nuestras emociones fueran sencillas y fáciles de identificar, pero la mayoría de las veces sentimos muchas de ellas a la vez. Sabemos que nos sentimos horribles, si bien somos incapaces de describir lo que sucede. Probablemente, y a pesar de los diez años transcurridos, Ashley seguía dolido por la separación de sus padres: enfadado por lo que significaba para él, confundido por el fuego cruzado, furioso por su impotencia y por no tener la vida familiar que deseaba, compitiendo por la atención con su hermanastra, Dolly; todo ello mientras crecía e intentaba descubrir su propia identidad.

Había hablado en una sesión preliminar con Paul y Julie si sería beneficioso para Ashley formar parte de este proceso. Existía el riesgo de que, presenciar las peleas de sus padres, le volvieran a hacer daño. Sin embargo, Paul y Julie querían especialmente que estuviera presente. Después de la gran pelea de Navidad, fue Ashley quien solicitó la terapia. Influido por sus compañeros, comprendió la importancia de la salud mental y supo que necesitaba que las cosas cambiaran. No podía soportar que sus padres siguieran odiándose.

Aunque sus padres reconocían que Ashley podía recibir terapia individual, sabían que su angustia se centraba en ellos y querían formar parte del proceso de reparación. Pensé que su respuesta mostraba un nivel impresionante de inteligencia emo-

162   Cada familia tiene una historia

cional. Solicité consejo a mi supervisor y estuvimos de acuerdo en que, siempre que estableciéramos unos límites adecuados, podría ser curativo para todos.

Hablamos de Sam, la pareja de Paul desde hacía diez años. Paul y Julie estaban de acuerdo en que podían hacer terapia sin ella: tenían que resolverlo entre los dos, y con suerte ella también se beneficiaría. Charlie, la pareja de Julie, era importante. Se llevaba bien con Dan y Ashley, y como él y Julie no tenían hijos juntos, un factor de complicación, no necesitaría nuestra atención en este momento.

De Paul deduje que Sam se había movido inicialmente por un terreno resbaladizo hasta encontrar su lugar. Como madrastra de Dan y Ashley, no solo estaba negociando su nueva relación con su pareja, sino también descubriendo cómo convivir con ellos. ¿Cuál era su papel? No podía criarlos directamente, ya que no eran sus hijos, pero estaban en su casa, a su alrededor, causando problemas, aunque solo fuera los fines de semana. Sam probablemente sentía que se entrometían en su relación con Paul: el domingo era su único día libre y ella tenía que compartirlo con ellos. Una vez que Sam dio a luz a Dolly, la amenaza de Dan y Ashley parecería aún mayor. Al igual que con Julie, la escasez de dinero y de tiempo de Paul eran retos muy reales.

Aunque a menudo encontramos formas de acomodarnos a exparejas y padrastros, probablemente haya una parte de nosotros que desee aniquilar cualquier amenaza a nuestra relación. Somos animales y, en la naturaleza, un nuevo macho mata a la progenie de su hembra. La Max Planck Society informa de una nueva investigación, según la cual «entre los mamíferos, las hembras son más propensas a cometer infanticidio cuando

La familia Taylor y Smith **163**

las condiciones son duras y cuando tener descendencia es particularmente costoso para ellas». Creo que esta respuesta se halla profundamente arraigada en nuestra biología, aunque la bloqueamos y actuamos de forma inconsciente.

Suelo empezar la primera sesión preguntando al cliente:

–Cuando estaba enfadado de niño, ¿quién era la persona a la que acudía y quién es en el momento presente?

También le pregunto qué hace para calmarse cuando está estresado.

Julie parecía molesta cuando hablaba. No quería ir directamente a su lugar vulnerable.

–La persona a la que no recurría demasiado, pero a la que realmente quería era mi abuelo. Ahora es mi pareja, Charlie. Mi perro Raffa también es mi consuelo, tenerlo en mi regazo, acariciarlo y sacarlo a pasear. Soy amante de los perros. De niña pasaba horas y horas con nuestro perro Ghillie.

–Creo que de niño –añadió Paul– no acudía a nadie en particular, a veces a mi madre y otras a mi padre. Dependía de lo que fuera mal. Ahora es Sam. Cuando estoy estresado y, si soy sincero, cuando no lo estoy, sigo jugando *online*, lo que ya hacía cuando era niño.

Tenía curiosidad por saber si Ashley diría «Mi madre y Raffa». Sentía que tenía miedo de que si, se le permitía hablar más, saldrían de él palabras y sentimientos con los que no sabría qué hacer.

Sus respuestas, aunque breves, fueron un portal a través del cual pude conocer su mundo interior. Estamos programados para conectar con los demás: cuando la vida es buena, la conexión nos ayuda a prosperar, y es especialmente necesaria cuando la vida es dura. Nunca hay que subestimar la importancia de los animales de compañía para consolar a los dueños afligidos. En la mayoría de los casos, ese compañero silencioso –su afecto predecible, su buen humor y la falta de complejidad–, nos apoya y reconforta. Aunque todos contaban con una o dos personas y un perro al que recurrir, el suyo era un mínimo apoyo.

Julie habló con vehemencia de lo que había precipitado su cita. Ashley se había marchado de la comida de Navidad en casa de su padre.

Me volví hacia Ashley y le pregunté qué había ocurrido. No habló durante un buen rato, permanecía con la cabeza gacha mientras jugaba con su manga. Julie lo observaba con frustración, dejando escapar grandes suspiros. Por fin habló entrecortadamente, en voz tan baja que era difícil escucharle, pero no quise cohibirle diciéndole «Habla». Me di cuenta de que su dificultad para encontrar su voz podría reflejar lo callado que había estado durante todos estos años, tragándose palabras y emociones que nadie estaba dispuesto a escuchar.

–Parece una tontería –me comentó–, pero Nan no me dio dinero en Navidad, aunque la vi darle dinero a mi hermanastra, Dolly. No sé… Tuve que marcharme.

Nan era la madre de Sam, Patty. Julie, por su parte, no pudo aguantar más lo que bullía en su interior:

–Esa Nan es un mal bicho, igual que su hija.

Julie señaló a Paul a través de la pantalla.

–¿Por qué no puede arreglar esto? Solo tiene a los niños cada dos años y cada maldita vez Sam y su madre los tratan como ciudadanos de segunda clase. Son tus hijos, por el amor de Dios. Haz algo. Conocen a Dan y Ashley desde que eran pequeños, ¿qué les pasa?

Paul permaneció callado. Con los ojos inmóviles. Su silencio avivó más la frustración de Julie, que giró bruscamente la cabeza mientras cuchicheaba:

–Oh, Dios, siempre eres el mismo. Nada, nada, no haces ni dices nada.

En este punto de su historia, me interesó observar cómo afrontaban los distintos miembros de la familia los sentimientos incómodos. Julie se enfadaba y, en lugar de ayudar a Ashley a procesar sus emociones, exigía a Paul que solucionara las cosas. Julie se sentía impotente y solo era capaz de culpar a alguien. Ashley exteriorizaba sus emociones porque su madre no le había enseñado a procesarlas: se enfadaba o se cerraba en banda, pero confiaba en su madre. Julie hablaba por Paul, mientras este guardaba silencio. Quizá había aprendido de Julie –o de pequeño con sus padres– que esa era la opción menos incendiaria.

Paul y Julie no habían encontrado la manera de comunicarse con éxito cuando estaban juntos, y su capacidad para hacerlo había disminuido con los años, haciendo que las estrategias de parentaje compartido fueran inexistentes. Su relación se reducía a insultos, furia y desconfianza antes de iniciar cualquier conversación. Para mí estaba claro que lo que ocurría entre Ashley, Patty y Sam no tenía que ver solo con ellos, sino que era una extensión del conflicto de los padres de Ashley y del doloroso vínculo de lealtad en el que se encontraba Ashley: si se acercaba a Sam, sentía que era desleal con su madre. Pero si se ponía en contra de Sam, se llevaba mal con ella.

La salud de una familia depende de la calidad de la relación entre cada uno de sus miembros, vivan juntos o no. El conflicto parental en familias separadas, y cómo afecta negativamente al parentaje compartido, es el mayor predictor de malos resultados para los hijos. Cuando asumí esto, me di cuenta de que era poco probable que emprendiéramos una terapia que incluyera expresiones conmovedoras de sentimientos con grandes cambios psicológicos: no había seguridad emocional, ni siquiera necesidad de ella. Si simplemente pudiéramos mejorar la forma en que Paul y Julie se comunicaban entre sí –tomando decisiones con y para sus hijos, sin grandes estallidos–, sería un gran paso en la dirección correcta. Era esencial que se liberaran de su propia culpa y de la culpa del otro. Yo, por mi parte, pensaba en la mejor manera de conseguirlo.

Julie era un enigma. Los cimientos afectivos que le habían proporcionado sus padres estaban fragmentados y eran inseguros. Su padre había abandonado a la familia cuando ella era pequeña, y su madre era una bebedora compulsiva. Uno de los mecanismos de afrontamiento que Julie había desarrollado era ser dura y atacar, sin permitirse expresar su vulnerabilidad. Y ese era el aspecto de sí misma que me había mostrado hasta ahora. Su relación con Paul se desarrolló exactamente como su infancia había predicho: había elegido a alguien que no podía darle lo que ella quería, y por eso vivía en un estado de drama constante y precariedad. Me pregunté si en algún momento Julie necesitaría abordar el trauma: había dejado en ella una herida indeleble de abandono, pero la terapia familiar no era el lugar adecuado para hacerlo.

Y, sin embargo, al madurar había superado en gran medida esa adversidad. No había caído en la adicción, una forma habitual de sobrellevar una infancia traumática, y bastante más probable en el caso de Julie, dado que su madre era alcohólica. Además, había tenido la determinación e incluso la confianza para obtener una formación y conseguir un trabajo decente. Y ahora estaba con Charlie, un compañero al que quería.

Empecé la siguiente sesión revelando mi perplejidad. Julie soltó una risa, una carcajada contagiosa y bastante estridente, y vi que Paul y Ashley sonreían como respuesta.

—Ja, como dijiste, tenía un montón de mierda. Realmente no sé.

Le pregunté si había habido personas o experiencias significativas en su vida que considerara positivas.

—Bueno, como dije anteriormente, estaba mi abuelo. Murió cuando yo tenía siete años. Vivía a muchos kilómetros de distancia, pero algunas de mis vacaciones las pasaba con él... Me encantaba. Era exmilitar, estricto, fumaba en pipa, pero era muy blando. Le encantaba su huerto y yo me metía en él, le ayudaba, cavaba, escardaba. Aún me gusta el olor de la tierra en mis manos.

En su rostro se reflejaba la ternura cuando todo su ser se trasladaba a aquellos recuerdos felices. Me recordó cuántas versiones o partes de nosotros mismos podemos albergar: la nieta amada a menudo se ocultaba tras la versión más feroz de sí misma, que había tenido que desarrollar para proteger su vulnerabilidad. Pero seguía ahí. Podía acceder a ella y, al hacerlo, a su apertura y disponibilidad emocional. En mi cabeza se encendió una lucecita: esa era la fuente de su capacidad para atreverse a amar a sus hijos y a Charlie.

168 Cada familia tiene una historia

Solo hace falta una persona en nuestra vida para que se convierta en un factor protector y fundamental para nuestros resultados: un profesor, un jefe, un mentor que crea en nosotros. Aunque cuantas más personas haya es mejor, con una es suficiente. La otra persona que había moldeado a Julie era el gerente del supermercado donde trabajó. Él había visto algo en ella, creía en ella y la animó a volver a la universidad tras el nacimiento de Dan, y luego otra vez, después de su separación. Había sido insistente en su llamamiento para que progresara en su vida y, afortunadamente, ella había accedido a que creyera en ella.

Ser hijastro es difícil. Recuerdo muy bien a una joven que me decía:

–Tuve que vivir con una desconocida que ni siquiera me gustaba, que vigilaba lo que comía y cómo me vestía, ¡y que me robó a mi padre! Luego mi padre me dijo que fuese amable con ella.

Este es también el resumen de la experiencia de Dan y Ashley. Aunque Julie, como expareja, había tenido que permitir que sus hijos se marchasen a otro hogar, había sufrido su ausencia durante el fin de semana, y si bien quizá de manera más o menos consciente quería que fueran felices, probablemente no era consciente del impacto que tenía en ellos el hecho de que ella necesitara que le fueran leales, y por lo tanto que estuviesen en contra de Sam, lo que les causaba conflicto.

Sabía que era un terreno conocido en las familias políticas, donde siempre había alguien excluido y furioso. Quería cambiar los patrones tóxicos entre ellos y reconocía que sería difícil: las intervenciones que se producen tarde tienen menos probabilidades de éxito. Esperaba que desarrollaran una nueva forma de comportarse juntos, basada en una mejor comprensión de lo que ocurría, para permitir que, en lugar de las luchas habituales, los límites permeables y el respeto mutuo facilitaran la cooperación entre los diferentes hogares.

Afortunadamente, no veía a nadie como bueno o malo, lo cual, si bien es la base de mi formación, ¡no siempre resulta posible! También me influyen mis propias experiencias subjetivas, que portan consigo prejuicios y reacciones intensas. Quería ir más allá de la representación mitificada de las familias políticas, una trampa en la que sentía que estaba cayendo, en la que el padre es débil o está ausente, mientras que la madre es a la vez una víctima y una arpía acosadora. La madrastra es personificada como una bruja malvada, y el padrastro es frágil en el mejor de los casos, y un matón en el peor.

Sus dificultades eran, en cierta medida, los problemas a los que todos nos enfrentamos cuando nos sentimos amenazados, las dolorosas emociones que genera el hecho de que en el fondo necesitamos ser amados y pertenecer a algo.

Pensé que sería útil para todos nosotros no abordar directamente la crisis, sino tomar distancia, y que la familia me proporcionara el contexto de lo que les había traído hasta mí. Esperaba que contar su historia les proporcionase la oportunidad de confiar en mí y, tal vez, de escucharse mutuamente como nunca antes lo habían hecho. En ocasiones, hablar abiertamente de lo sucedido es tan importante como encontrar respuestas a las preguntas. La mayor parte de la experiencia de esta familia yacía oculta bajo normas y creencias tácitas. Esperaba que la escucha colectiva sacase a relucir lo que había sido invisible hasta entonces.

170 **Cada familia tiene una historia**

Si no podemos ver las cosas desde la perspectiva del otro, las relaciones tienden a no funcionar. Julie, por ejemplo, atrapada en su sufrimiento, era incapaz de escuchar el punto de vista de los demás. Saberse escuchados y comprendidos, si no por los otros al menos por mí, interrumpió los patrones habituales de escucha e interacción de la familia. Les proporcionaba una sensación sentida, es decir, una experiencia en su cuerpo de sentirse escuchados, y también ilustraba lo que yo esperaba que fueran capaces de hacer los unos por los otros.

Al principio me resultó difícil comprenderlo porque Julie interrumpía a Paul con excesiva ferocidad. Ella tenía acumulados diez años de rabia que quería sacar, y él se veía obligado a enfrentarse a lo que había pasado diez años tratando de evitar. Tuve que interrumpirlos a menudo, a medida que se cruzaban las palabras, y les enseñé técnicas básicas de escucha: les pedí que reflexionaran sobre lo que habían oído decir al otro. Y, si bien no les gustó de entrada, aprendieron rápido y la tensión disminuyó.

Tengo entendido que se conocieron y empezaron a salir cuando Paul tenía diecinueve años y Julie dieciocho, poco después de la muerte del abuelo de ella. Hubo un momento conmovedor entre ellos cuando Paul habló con nostalgia de aquellos primeros días que estuvieron juntos.

–No podía creer que fuera mi novia. Estaba locamente enamorado de ella. Era impresionante.

Julie asintió y se mordía el labio mientras él hablaba. Se había quedado embarazada de Dan por accidente y ninguno de los dos había querido abortar. Paul se había mudado a casa de la madre de Julie y habían «salido adelante durante unos años».

Al oír esa frase tuve la imagen de una casa familiar construida sobre cimientos no demasiado sólidos. Como pareja, no habían tenido tiempo de poner cimientos sólidos, dado que eran muy jóvenes y por la rapidez de su embarazo. No tuvieron tiempo de descubrir quiénes eran realmente, qué les gustaba hacer, sus diferencias, sus similitudes y, sobre todo, si encajaban bien el uno con el otro.

Mary, la madre de Julie, se ocupaba en gran medida del cuidado del pequeño, lo que le permitió a Julie volver a la universidad y trabajar en el supermercado. Paul, por su parte, trabajaba en la carnicería de su padre. Era un negocio familiar, en el que su madre trabajaba a tiempo completo, llevando las cuentas, aunque no se ocupaba de sus nietos, una fuente temprana de conflictos. Paul describe a su familia como «tradicional».

–Nos gusta seguir las reglas. Para mis padres, el matrimonio y la familia lo son todo. Mi padre me ha enseñado a ser autosuficiente y a trabajar duro.

Las dificultades aparecieron cuando Julie se quedó embarazada de Ashley. Su madre estaba furiosa por la carga añadida en gastos y cuidados que supondría otro bebé. En un arrebato de ira, les gritó que se fuesen de su casa.

Paul y Julie encontraron un pequeño piso de alquiler, donde nació Ashley. Tener otro hijo y ninguna madre que la ayudara significó para Julie dejar de trabajar. Cuando Julie describió aquella época, tensó la mandíbula. Empezó a hablar:

–Fue entonces cuando perdí mi… –Vio la mirada sorprendida de Ashley, se detuvo, se encogió de hombros y continuó–: Perdí quién era entonces… Perdí mi yo. Paul trabajaba todo el tiempo, pero apenas ganaba por encima del salario mínimo. Yo no tenía dinero y dos niños pequeños que me absorbían la vida… literalmente.

Percibí una brutalidad en su tono que me produjo un escalofrío. Dudo que haya una madre que no haya compartido los sentimientos de Julie, pero los suyos no habían cambiado con el tiempo: eran una lente fija a través de la cual veía a Paul.

–No fue tan malo –intervino Paul, tratando de suavizar las cosas y mostrando media sonrisa en su rostro.

–Para ti no lo era –resopló Julie–. Aún tenías una vida.

Fue un momento interesante, que ilustró un aspecto de la dinámica entre ambos. Julie bullía de resentimiento: había tenido que sacrificarse mucho para ser madre y, aunque quería a sus hijos, había pagado un precio injusto como madre, mucho mayor que Paul. No era solo el aburrimiento y la monotonía del cuidado de los niños, era el factor «perpetuo» de la crianza: el trabajo invisible que le robaba años de su vida, le hacía perder su identidad laboral y la incapacitaba para ganar su propio dinero.

Julie no es ni mucho menos la única madre que piensa de ese modo. El informe sobre el estado de la maternidad en el foro en línea *Motherly's 2019 State of Motherhood Survey Report* reveló que «la mayoría de las madres (61 %) afirman encargarse ellas mismas de la mayoría de las tareas y responsabilidades domésticas, mientras que el 62 % declara tener menos de una hora al día para sí mismas en la que no tengan algún tipo de obligación que atender».

Para Julie, la impotencia la atrapaba cada día y se había convertido en una fuente de angustia. Paul no podía permitirse

La familia Taylor y Smith **173**

enfrentarse a la fuerza de sus sentimientos y, al eludirla, quería mejorar la situación, pero, por supuesto, no conseguía sino incrementar su resentimiento. Mientras tanto, Ashley asumía su lucha, sintiéndose herido pero también enredado en ella, lo que no le dejaba ningún lugar al que ir. El desgaste psicológico de Ashley, que apoyaba la cabeza en el codo, era algo en lo que deberíamos centrarnos durante las semanas siguientes.

Según entendí, las peleas aumentaron con los años, sin resolverse nunca, y el distanciamiento entre Paul y Julie fue en aumento. Esta es la versión de Paul:

—Siempre estaba en el trabajo a las seis y media de la mañana. Estaba de pie todo el día y era un trabajo agotador. Como mi padre se hacía mayor, yo levantaba la mayor parte del peso. Llegaba a casa sobre las seis de la tarde y Julie esperaba que le ayudara con los niños... Hacía lo que podía. Trabajaba seis días a la semana y estaba hecho polvo. Pero nada era suficiente para ella. No ganaba lo suficiente, no ayudaba lo suficiente, no le prestaba suficiente atención. Quería que mis padres me cedieran parte del negocio... Mientras tanto, sus gastos se habían descontrolado. Cuando volvía a casa, veía que llevaba algo nuevo, que yo sabía que no nos podíamos permitir, pero si le decía algo, se lanzaba contra mí.

Mientras Paul hablaba, veía a Julie girar la cabeza hacia otro lado y llevarse la mano a la boca, teniendo que contenerse físicamente para no expulsar el grito que se agolpaba en su pecho. Consiguió condensarlo en dos palabras:

—Eres patético.

Me resulta difícil lidiar con la agresividad cruda: como terapeuta, no es mi lugar ideal. Sin embargo, mi trabajo consistía en

174 **Cada familia tiene una historia**

encontrar la manera de reconocer lo que veía que sucedía y responder con empatía para que pudieran empezar a ser empáticos entre ellos y consigo mismos. Les dije que Julie veía a Paul como débil y, la otra cara de la moneda, que Paul veía a Julie como una persona déspota. En consecuencia, fisiológicamente, siempre estaban en alerta, listos para luchar o defenderse, lo que bloqueaba su capacidad de sentirse lo bastante seguros como para confiar y conectar. Eso significaba que nunca habían encontrado la manera de cooperar. Una buena comunicación, es decir, saber escuchar y hablar, es la base de una buena cooperación.

Los verdaderos retos de la paternidad, las obligaciones, el tiempo y el dinero se convirtieron en armas arrojadizas, en lugar de en las dificultades mutuas que debían afrontar juntos. No hablaban de ello con sinceridad; no encontraban formas de presupuestar, buscar soluciones o expresar amabilidad cuando se agotaban. Llegué a decir que era duro escuchar cómo dos personas que al principio se habían enamorado la una de la otra habían llegado a odiarse de ese modo. Lo que en un determinado momento les había atraído –la fuerza de carácter de ella, la suavidad de él– se había convertido en la raíz de su ruptura, mientras sus circunstancias habían hecho estragos con lo que quedaba.

Tras años de lucha y sufrimiento creciente, se habían separado. Julie espetó, presionando con el pulgar la palma de la mano para alejar el dolor:

–Nos separamos.

Paul bajó la cabeza. No era un hombre al que le resultara fácil decir lo que sentía, pero su sensación de fracaso seguía acuciándole y latía a través de su lenguaje corporal. La separación puso fin a su contacto diario pero no a su lucha. Mary-Kay

Wilmer, exeditora de la *London Review of Books*, lo resume del siguiente modo: «Los matrimonios terminan, pero los divorcios nunca lo hacen». Como Paul y Julie no estaban casados, él tenía que hacerse cargo legalmente de los niños, pero Julie no. Para complicar la situación, Paul se había enamorado de Sam y se habían ido a vivir juntos casi de inmediato. Al cabo de un año, ella se quedó embarazada y nació Dolly. Ahora Paul se veía arrastrado económica y emocionalmente entre Julie y Sam.

—Me dejó tirada –dijo Julie, expresando su angustia– cuando se juntó con Sam y tuvo otro hijo. Prácticamente no nos daba dinero. Me quedé sola con los dos niños y estábamos desesperados. Iban a verle cuando terminaba de trabajar los sábados, pero Sam era una zorra… Había veces que le gritaba: «Hazlo tú, intenta vivirlo tú».

—Bueno, en fin, me voy –dijo asintiendo–. Recuerdo noches en las que me hervía la sangre y no podía dormir mordiéndome el puño.

—Yo también sentía esa furia. La rabia, sumada a la impotencia, me aguijoneaba el pecho.

Julie vivía sola y cuidaba de Dan, de ocho años, y Ashley, de seis. Podía trabajar algunos turnos en el supermercado durante el curso escolar, aunque no lo suficiente para pagar todas las facturas. Mary, la madre de Julie, la ayudaba de vez en cuando, pero no podía confiar en ella.

Ashley, cuyo silencio había estado poderosamente presente en todas estas conversaciones, dijo ahora una verdad que yo no había oído tan claramente antes.

—Crecimos en la pobreza. Mi madre luchaba por alimentarnos. Recuerdo días en los que no podíamos hacer la compra.

176 Cada familia tiene una historia

Siempre estábamos sin blanca. Miró a su madre, con lágrimas en los ojos. Estabas estresada todo el tiempo…

Detrás de esas palabras podía ver imágenes de Julie agotada y preocupada, intentando mantener la calma, pero constantemente desconcertada por la responsabilidad de ser madre sola, el escalofrío de la pobreza persiguiéndola.

La definición de Samuel Johnson de «perplejo» es «estar perdido en lugares sin camino». Julie no tenía a nadie a quien aferrarse, ningún lugar a donde ir y ninguna idea de cómo afrontar el lugar en el que se encontraba. De vez en cuando era capaz de abrazar y estar emocionalmente presente para sus hijos, pero más raramente de lo que ella hubiera querido. Paul enrojeció aún más, parecía avergonzado y dijo:

–Lo siento.

En ese momento sentí la posibilidad de un cambio en su conexión con Julie, pero ella no había asimilado su sinceridad y seguía ardiendo de rabia.

–Así debe ser.

Paul retrocedió.

Para evitar la división entre lo bueno y lo malo, reflexioné, con la voz más compasiva que fui capaz de evocar, sobre cómo ambos habían sufrido profundamente durante este doloroso periodo.

Las parejas separadas esperan que la vida sea más armoniosa una vez separados. Pero el tira y afloja por los escasos recursos de amor, dinero y tiempo puede ser abrumador. El informe del Instituto Tavistock Institute of Human Relations pone de relieve el papel fundamental que desempeña la calidad de la relación entre una pareja separada y cómo influye en la ayuda económica acordada entre ambos, así como la diferencia que supone que las familias separadas vivan o no en la pobreza. La relación en general y la ayuda económica determinan las consecuencias para los padres y sus hijos.

Una estadística de la ONS afirma que en 2019 había 1,8 millones de familias monoparentales, de las cuales el 90 % eran mujeres. Las madres tienen más probabilidades de caer en la pobreza después de la separación simplemente porque no pueden trabajar cuando están cuidando a sus hijos. El informe del Women Budget Group de 2018 constató que «casi la mitad (48 %) de los hogares monoparentales viven en situación precaria, en comparación con un cuarto (24 %) de los hogares con pareja. En la gran mayoría (86 %) de estos hogares, el progenitor único es la madre». La división entre las tareas no remuneradas de cuidado y el trabajo remunerado de las madres es un problema que no se ha resuelto a pesar de las décadas que las mujeres llevan luchando contra él.

Bajo esa estadística se esconde una realidad imperturbable que requiere respuestas sistémicas y políticas, pero no las hay y los individuos acaban creyendo que están fracasando. A menudo, una pareja separada intenta llevarse amistosamente por el bien de los hijos, lo cual es válido, pero ignora que eso mejorará su propia vida. Odiar a tu ex, pelearte con él, tanto mentalmente como en la realidad, resulta agotador y desestabilizador para todos.

Les hablé a los Taylor y a los Smith de estos datos: quería que supieran que no eran un fracaso. Según mi experiencia, los clientes se sienten valorados cuando su experiencia está respaldada por la investigación. Les hablé despacio porque quería que asimilaran lo que les decía.

–Hicieron todo lo que pudieron en un sistema que les perjudica. Creo que, si yo me hubiera encontrado en su situación, mi respuesta habría sido la misma.

No suelo aportar mi punto de vista subjetivo, pero en este caso me pareció que facilitaría su autocrítica por defecto.

Julie parpadeaba mucho. Estaba acostumbrada a defenderse de los ataques, y verse valorada incondicionalmente la estremeció, en el buen sentido.

–Ajá –dijo Paul suspirando–. No lo había pensado de esa manera.

Aunque Ashley permanecía en silencio, su rostro apareció con más presencia en la pantalla. Fue un pequeño momento de ajuste que esperaba aprovechar.

Ahora voy a rellenar los huecos de su historia. Me enteré de que Julie pasó cinco años como madre soltera, años difíciles para todos ellos. A menudo se veía desbordada por las exigencias de satisfacer las necesidades de Dan y Ashley. Había continuas peleas con Paul sobre sus derechos de visita y el dinero. Durante los tres primeros años vivió en alojamientos provisionales y se mudó cuatro veces, lo que provocó más rupturas. Cuando estaba en su punto más bajo, otro padre del colegio de Dan la puso en contacto con Gingerbread, la organización benéfica para familias monoparentales.

–Me salvó la vida.

Se unió al grupo y, con su apoyo, fue capaz de mantenerse firme y llegar a un acuerdo con Paul sobre una pensión alimenticia justa para los niños. No hay que subestimar la importancia que tuvo para Julie.

Conmovedoramente, en un raro momento de vulnerabilidad, miró a Ashley y le dijo:

–Nunca pude ganar como madre. Tuve momentos en los que me sentía en lo más alto. Me sentía cerca de los dos, incluso feliz, y luego pasaba algo. Uno de vosotros se ponía enfermo y yo no podía trabajar, o vosotros estabais contentos y yo lo estropeaba por estar estresada.

Ashley sonrió mientras bajaba la cabeza, con los ojos inundados en lágrimas. Sentí el calor de su encuentro: no hacía falta que añadiera nada.

Julie, congelada en su soledad, había intentado salir de vez en cuando sin éxito. No tenía a nadie que cuidara de ella mientras debía atender sin descanso las demandas de otras personas.

–Estaba cansada de estar sola.

Fue entonces cuando le pedí que hiciera una pausa. ¿Podría decirme qué ocurría en su cuerpo?

–No lo sé. Suspiró. Me sentía un poco desnuda. Vacía, sí, eso es, agotada. –Dejé que sus palabras calaran hondo y ella siguió conectándose a través de su memoria corporal–: Recuerdo que me sentía completamente sola, como si estuviera en una isla, yo y mis hijos contra el mundo. Estaba apagada. Oh Dios, recuerdo estar sola en una reunión de padres y profesores, con miedo, sintiéndome un fracaso total.

En ese momento sentí una nueva conexión con Julie: percibí su fragilidad bajo su rabia. Quería estar en la misma habitación que ella y acercarme con cariño, pero en lugar de eso intenté impregnar mi voz con ese cariño.

180 **Cada familia tiene una historia**

–Sí –le dije–, realmente puedo sentir su frío aislamiento, sola durante tanto tiempo. Me siento más cerca de usted. Cuénteme más.

Su enfado me había mantenido a distancia, lo cual no era en absoluto culpa suya, sino también mía. Miré a Paul y Ashley, con los ojos embargados de emoción.

–Cuando los niños crecieron –continuó Julie–, la vida se hizo un poco más fácil. Estaba menos preocupada. Me formé y conseguí un trabajo fijo como asistente personal, lo que me dio confianza y un dinero seguro. Empecé a creer que podía pasármelo bien, y poco a poco lo conseguí. Tenía treinta y un años cuando conocí a Charlie. Me costó mucho tiempo que alguien me gustara lo suficiente y confiara lo bastante en él como para volver a intentarlo. Pero mi vida ha cambiado, ha mejorado mucho. Él me quiere. Es un padrastro increíble y mis hijos le adoran.

Ahora sentía curiosidad. En primer lugar, el poder curativo del amor: ¿había conseguido su relación con Charlie sanar las heridas infligidas por sus padres y por Paul? Solo en parte. Su amor había restaurado su confianza. Sin embargo, aunque Julie era considerablemente más feliz, el horrible ciclo con Paul no había cesado. La ira que sentía hacia él significaba que él se inhibía para evitarla, y Dan y Ashley pagaban el precio.

Me interesaba lo atrapados que podemos estar por sentimientos tóxicos hacia una persona en particular, y cómo pueden desencadenarse más rápido de lo que nuestra mente consciente es capaz de influir en nuestra gestión de ellos. Esto significaba que el odio y el desprecio hacia Paul la invadían, aunque ahora estaba más asentada y feliz, y Paul cumplía su papel cerrándose en banda o inhibiéndose. Estamos genéticamente programados para evitar el peligro y protegernos. El miedo, como el de Julie, activa una alarma en nuestro cerebro para luchar, huir o quedarnos paralizados. Julie luchó y Paul se marchó. El problema era que estaban atrapados en un bucle. Tendría que encontrar la manera de ayudarlos a liberar esa vieja angustia.

Permítanme hacer una observación sobre el duelo y esa expresión tan manida y a menudo mal entendida del «proceso de duelo». Julie estaba en duelo por la pérdida de la relación y la vida familiar que tanto anhelaba. Recordar y centrarse en la pérdida es fundamental en el proceso de duelo. Pero hay dos formas distintas de recordar y experimentar dolor. Una de ellas, como en el caso de Julie, implica bucles emocionales repetitivos en los que se quedan bloqueadas las personas afectadas. Suele estar en la raíz del duelo complejo.

Por otro lado, el recuerdo que nos ayuda a integrar las experiencias, asimilar la pérdida y avanzar en nuestra vida tiene lugar cuando se nos ayuda a sentir el dolor del cambio y permitimos que, con el tiempo, nos transforme emocionalmente para sanar. El proceso es el tira y afloja entre los polos del pasado y el presente, el cual nos lleva a adaptarnos a la nueva realidad.

Mientras reflexionaba sobre la supervisión de los Taylor y los Smith, supe que cualquiera que haya estado en una relación habrá imaginado una versión de la historia de Paul y Julie. ¿No hemos querido muchas veces eludir los conflictos y, aún más a menudo, no hemos montado en cólera y hemos querido atacar a los que más queremos? Ya sea como pareja que vive junta o separada, ¿la pelea más habitual no es por el dinero y por quién cumple o no con su parte de las tareas? Tal vez sea un estereotipo inoportuno, pero… ¿no suelen ser las mujeres las que compaginan la maternidad y el trabajo, o bien dejan de trabajar para ser madres? Muchos hombres se sienten agobiados por la necesidad de pagar las facturas y por ser padres comprometidos. Esto influye en el modo en que las parejas ejercen la paternidad, en su capacidad para ser padres cariñosos y puede encender la competencia por el amor y la atención de sus hijos, que naturalmente se intensifica cuando se separan y forman una nueva pareja. Conduce a esos sentimientos comunes que supongo que todos hemos experimentado alguna vez, la furia o la ira resonante de bajo nivel que contamina cualquier otra emoción y bloquea toda posibilidad de conexión.

Nos gustaría creer que el viejo dilema se ha resuelto en el siglo XXI, cuando la mitad de la población activa son mujeres, pero no es así. El problema central de Paul y Julie había sido el dinero. No era una preocupación exagerada, sino un problema muy real. Por supuesto, sus respuestas se veían influidas y obstaculizadas por las dificultades psicológicas de su pasado que necesitaban afrontar.

Cuando exploré con mi supervisor la manera de trabajar con ellos, acordamos que, al principio, tenía que aprovechar sus puntos fuertes, lo que podría permitirles abrirse al cambio más adelante. Ahora estaba bastante segura de que la marcha de Dan a Berlín había sido la verdadera motivación para que trataran de aliviar su conflicto. El mejor punto de partida era el amor que sentían por sus hijos, así como el hecho de que quisiesen lo mejor para ellos. Julie tenía una pareja con la que se sentía segura, lo que podría ayudarla a gestionar las emociones que

La familia Taylor y Smith   **183**

Paul desencadenaba en ella. Había superado el abandono de su padre, su madre alcohólica, su separación de Paul y había encontrado el amor con Charlie. Por eso, a pesar de toda su furia, era fundamentalmente resistente, era capaz de seguir creciendo y de cambiar. Las investigaciones demuestran que los dos primeros años de una nueva relación de compromiso tras una separación son los más duros y cuando la nueva pareja tiene más probabilidades de romper. Paul llevaba diez años con Sam, lo que demostraba su capacidad para mantener una relación estable. A pesar de la aparente complejidad de la situación, había lugar para la esperanza.

Les comenté a Paul, Julie y Ashley que la suya era una historia difícil con muchas partes complicadas. Ya habíamos efectuado un trabajo importante para encontrar juntos una narrativa coherente. Cuando Paul y Julie empezaron a salir, no tenían raíces psicológicas sólidas ni redes de apoyo. La amargura de su separación se había intensificado por la falta de tiempo y de recursos económicos y emocionales, lo que provocó que todo el mundo sufriera. Para evitar que todos nos perdiéramos en los fosos de la culpa y el enfado, les pedí que estuvieran de acuerdo conmigo en que el centro de atención sería Ashley y, en su ausencia, lo sería Dan. Ashley permaneció en silencio, pero Paul y Julie asintieron, y sentí calidez hacia ellos.

Un factor que predice los buenos resultados de las familias en transición es el apoyo y la orientación, algo de lo que ni Paul ni Julie habían disfrutado nunca. Ahora tenían el valor de salir de su zona de confort y solicitar ayuda por el bien de sus hijos.

Busqué un contexto que pudiera ayudarnos a crear una visión compartida en la que los cuatro pudiéramos trabajar juntos.

184   Cada familia tiene una historia

Hasta ese momento, no habían tenido objetivos comunes que todos valoraran. Fue importante reconocer que se habían alejado de una historia «bloqueada» en una sola perspectiva, en la que ellos eran las víctimas enfadadas, para acercarse a una narrativa más abierta y colaborativa de la familia que reconocía múltiples perspectivas y permitía «ver» su propio dolor. Creo que esta es la clave para cambiar la dinámica familiar: sacar a la gente de los malos hábitos de pensamiento y de los patrones de comportamiento destructivos, permitiendo al grupo establecer objetivos más amplios y consensuados. Esperaba que esto mejorara su sistema familiar y que todos lo reconocieran no ya como un acontecimiento aislado, sino como un proceso continuo. Tal vez influyera en Dan para que volviera al redil.

Me ha resultado útil el trabajo de Patricia Papernow sobre la arquitectura de la familia reconstituida. Sugiere que, ya sea el padre biológico o el padrastro o la madrastra, siempre hay alguien dentro o fuera de la nueva familia. Los niños se debaten entre la lealtad a uno u otro progenitor. Toda la familia debe cambiar y adaptarse para permitir espacio y aceptación hacia los nuevos miembros con el fin de que encuentren su sitio.

En primer lugar, esto supuso algo de psicoeducación para Paul, Julie y Ashley. Creo firmemente que ninguno de nosotros puede empezar a entender lo que ocurre en su interior hasta tener una idea de lo que es probable que esté ocurriendo. Era importante que reconocieran que, dada su situación, lo que experimentaban era absolutamente normal. No tenían ningún defecto. Me gustó la expresión «arquitectura de la familia reconstituida» porque era explícita cuando gran parte de su experiencia era incipiente. Repasé por encima cada uno de los retos, apoyándome en la experiencia de Papernow, y les proporcioné un enlace a su artículo para que lo leyeran con calma.

Encontrar un sentido de pertenencia cuando las familias reconstituidas comparten el espacio físico es un verdadero reto. Por ejemplo, Ashley quería comer en la cocina donde trabajaba Sam. Las tensiones aumentan hasta que la ira desemboca en un ataque; la falta de pertenencia desencadena picos de miedo y furia. Además, cuando alguien nuevo entra en la sala, otro se queda fuera: esta imagen me llenó de energía. Explicaba en gran medida el impenetrable «estancamiento» existente entre ellos.

El dolor que sienten los niños cuando sus padres biológicos se separan, y ellos quieren ser leales a ambos, parece un nudo físico imposible de deshacer. Cuando Dan y Ashley pasaron de su primera familia a su familia adoptiva, experimentaron una «pérdida en vida» a todos los niveles: su confianza en el amor a sus padres, sus creencias, su seguridad, su sentido de «familia plena», su vida cotidiana e incluso su identidad. La pérdida conlleva todas las experiencias del duelo. Aunque los lazos de lealtad son normales, el conflicto parental los agrava de manera insoportable. En mi opinión, Ashley y Dan seguían sufriendo por la separación original porque no habían tenido la oportunidad de expresarlo.

—Ahora entiendo —asintió Ashley— por qué experimentaba esa opresión en el pecho cuando estaba con papá. Me sentía mal por haber dejado a mamá.

Me sentí aliviada al escuchar la angustia de Ashley, que hasta ahora parecía haberse visto acallada por otras narrativas

186 Cada familia tiene una historia

más ruidosas. Que todo el mundo tuviera la oportunidad de escuchar su experiencia era curativo.

La pareja separada tiene que ponerse de acuerdo sobre cómo criar a sus hijos, quién hace qué y cuándo, o quién paga qué cosas. Con Julie y Paul esto había causado caos y angustia. Se mantuvieron en la postura de «Tú estás equivocado. Soy yo quien tiene razón». No había espacio para el acuerdo, y esto inevitablemente afectaba a la forma en que respondían a sus hijos. Ser demasiado indulgente o demasiado estricto es un problema bastante común. Papernow escribe: «Un gran número de investigaciones concluye que los niños de todos los tipos de familia obtienen mejores resultados cuando los padres practican una crianza autoritaria. Los padres autoritarios son a la vez cariñosos (afectuosos, receptivos y empáticos) y moderadamente firmes (establecen con calma expectativas apropiadas para el desarrollo y controlan el comportamiento)». Por la cara de Ashley, vi que había habido mucha autoridad en su vida pero poco afecto, aunque sus padres lo querían de verdad.

Forjar una nueva forma de comportamiento exige resolver múltiples diferencias. Pensaba que no sería fácil. Papernow sigue diciendo: «Construir una nueva cultura familiar es una tarea clave para el desarrollo de las familias reconstituidas. Sin embargo, lo que una parte de la familia siente como "su hogar" puede resultar extraño, e incluso ofensivo, para la otra». Pensaba que la debacle navideña era un ejemplo perfecto de cómo las cosas pueden salir mal. Quizá podamos desentrañarlo y forjar una cultura mejor.

Existe la eterna dificultad de que las exparejas, como Julie, formen parte de la nueva familia. Si lográsemos que eso funcionara, sería una señal de éxito. Significaría que ambos hijos mantienen buenas relaciones con los principales adultos de su vida y se sentirían apoyados por todo el grupo. El conflicto es claramente corrosivo para los hijos, sobre todo cuando uno de los progenitores pone a un hijo en contra del otro, de ahí el proyecto de la Parental Alienation Law Child Abuse Bill, del año 2020. Merece la pena esforzarse para poder ejercer un coparentaje con buena voluntad hasta que los hijos sean adultos. Aunque, a medida que los hijos crecen, el daño no se torna menos tóxico.

Era suficiente para esa sesión. Me di cuenta de que todos estábamos agobiados por la tarea que nos esperaba. Sugerí que esa tarea planteaba diferencias y dificultades que debían expresarse, debatirse y, en la medida de lo posible, resolverse o al menos comprenderse. Sonreí mientras me dirigía a ellos.

–Nos proporciona –continué diciendo– un mapa que podemos utilizar para descubrir nuevas perspectivas. Tal como yo lo entiendo, si somos capaces de superar los primeros retos, los demás seguirán de forma natural –y añadí, con algo menos de convicción–: por supuesto, no puedo predecir adónde nos conducirá todo esto…

Ashley llevaba uniforme escolar e inclinaba la cabeza hacia un lado: no le parecía sencillo. Paul y Julie estaban aliviados, con los hombros caídos, respirando agitadamente, quizá un poco nerviosos. Esperaba que leyeran el artículo de Papernow entre una sesión y otra y que lo comentaran con sus compañeros, tal vez que escribieran algunas notas sobre cómo se relacionaba con ellos. Pensé que hacerlo fuera de la sesión les daría un sentido de autonomía, que podrían hacerlo en su tiempo libre

188 *Cada familia tiene una historia*

con el apoyo de sus parejas y empezar a entender lo que había estado ocurriendo bajo la superficie durante años.

En la siguiente sesión les pedí que me dieran su opinión sobre los papeles de persona de «confianza» y de «extraño». Julie permaneció callada y miró a Paul. Este se mostraba indeciso. Me volví hacia Ashley y le pregunté si tenía algo que añadir. Parecía avergonzado. De repente me fijé en que su pantalla se había quedado en blanco, y llamó:

—¿Está ahí?

Después de unos instantes, en los que me había reprendido a mí misma por centrarme solamente en él, asustándolo hasta cierto punto, habló en voz baja y tranquila y dijo que tenía un ejemplo, pero que no podía hablar de ello al ver que sus padres lo miraban. Pensé en lo inteligente que era al ser consciente de ese hecho.

—¡Ja! Papá, ¿recuerdas que hace unos años Dan y yo queríamos llevarte a Pizza Express por tu cumpleaños y tú aceptaste? Entonces, cuando Dan y yo aparecimos, Sam y Dolly estaban allí, sonriéndonos, y tú simplemente te encogiste de hombros… La elegiste a ella y no a nosotros… otra vez… No sé exactamente si eso es un ejemplo, pero sé que ambos estábamos molestos. Os queríamos para nosotros.

Intuí por conversaciones anteriores que Sam estaba demasiado celosa y enfadada para quedarse en casa: no soportaba ser la intrusa y permitir que Paul viera a sus hijos solo. Pude ver que Julie estaba a punto de hablar. Le pedí que hiciera una pausa y esperé a Paul.

—Oh Dios. Oh Dios —su cara se sonrojó y pugnó por encontrar las palabras adecuadas viéndose obligado a enfrentarse al dilema en el que había estado atrapado durante una década–. Siempre estuve atrapado entre vosotros. No sé... Tu madre estaba loca, furiosa conmigo.

Miré a Julie y le indiqué una respiración profunda, difícil para ella, pero respiró y se mantuvo en silencio.

–Lo que hice estuvo mal. Sam me decía que no le daba lo suficiente a ella ni a Dolly. No lo sé y sigo sin saberlo.

Se llevó los puños cerrados a los ojos, como queriendo contener años de angustia. Aquí era donde yo podía intervenir para validar el apuro en el que se encontraba. Le dije lo más sencillamente posible que sí, que sentía el dolor de estar dividido entre las dos familias que amaba. Tenía que permitir el dolor y el amor que sentía por ellas: no podía detener el dolor esperando que su amor fuera suficiente.

Percibí en los ojos de Julie que tenía sentimientos encontrados. Ella podía percibir su dolor, pero todavía quería darle un puñetazo por todos sus defectos. En ese momento me sentí la protectora de Paul y no quería escuchar lo que ella iba a decir. Me preocupaba que su ira por defecto se estrellara contra la vulnerabilidad de Paul, pero tuve que dejarla hablar. Lo planteé de un modo un poco formal.

–Julie, ¿qué has oído de Ashley y Paul?

–Es una cagada –dijo sacudiendo la cabeza y con los pendientes tintineando.

Pensé que iba a atacarle, pero no lo hizo.

–La hemos cagado tanto... Qué desastre –continuó–. Tú intentando complacer a todo el mundo. Los años de lucha... Qué maldito accidente de coche. No puedes conducir demasiado... Y en cierto modo, yo tampoco.

Sentí una oleada de satisfacción. Julie estaba reflexionando, más allá de sí misma, y podía percibir a vista de pájaro lo que les ocurría a ella y a Paul. Sería un agente clave en su reconfiguración de cómo ser una familia.

Expresé su situación conjunta.

–Ha sido una sesión dura e importante. Por primera vez han escuchado que su separación los ha puesto a prueba más allá de lo que podían soportar. Ha significado que ambos se han comportado de manera bastante destructiva. Y, para ser honestos, cualquiera actuaría del mismo modo. Todos han tenido mucho con lo que lidiar. Los sentimientos dentro de ustedes son muy graves: abandono, soledad, furia, celos, tristeza, vergüenza, por nombrar solo algunos. La continua ruptura entre todos ustedes ha sido insoportable en ocasiones y ciertamente enloquecedora. Ashley, quiero reconocerte en especial el valor que has tenido para hablar, y creo que tus padres han entendido muy bien lo que decías hoy.

Encendió la cámara y me saludó con una tímida sonrisa. La sesión había concluido.

Esperaba que pudiéramos aprovechar esa sesión, pero temía que algo se la llevara por delante: era un proceso frágil. Empecé por pedirles a todos que se presentaran para ver cómo estaban. Paul había llegado tarde y parecía avergonzado. Julie se mostraba enérgica: era una persona muy activa por naturaleza, quizá como un *bulldozer*. Ashley permaneció fuera de la pantalla durante el resto de nuestras sesiones, lo que pareció funcionar bien: era un poco como escuchar a los adultos desde detrás de una puerta cerrada, pero con la posibilidad de intervenir cuando fuese necesario. También significaba que sus padres podían centrarse el uno en el otro sin que él se viera implicado en la situación.

–Quiero arreglar –dijo Julie mirando decidida a la pantalla– que Ashley y Paul se vean. Voy a ser franca. Paul, no estoy en tu contra.

Esto era importante: algo había cambiado claramente en su percepción de él.

–Mira, Ashley te necesita. Él sabe que estás con Sam, aunque no le gusta, o no confía en Sam…

Deseé poder ver la cara de Ashley y me pregunté si había acordado de antemano con su madre lo que diría ella. ¿Eran sus palabras o las de Ashley? ¿Estaba siendo manipuladora o directa? No estaba segura, pero tenía que dejarse llevar.

Paul se miraba las manos. Sentí una opresión en el pecho. Estaba irritada. Quería que estuviera presente emocionalmente. Dejé pasar la sensación.

–Paul, te veo un poco perdido, ¿o es que acaso estás disgustado? ¿Qué te ocurre?

Más silencio.

–No puedo ganar –respondió lentamente–. Sam está enfadada conmigo. Salí pleno de la última sesión y, de alguna manera, sintió que la había traicionado. Julie piensa que su malevolencia contra ella es injusta, y cuando intenta hablar conmigo, explota.

–Imagino –le comenté– que eso ya ha ocurrido numerosas veces en el pasado. Ambos quieren resolver un problema, pero se enredan: usted se siente desgarrado, Paul, y Julie quiere luchar por sus hijos. Vamos a hacerlo de manera diferente ahora.

192 Cada familia tiene una historia

Entonces les pedí a Julie y Paul que simplemente reflexionaran sobre lo que habían entendido que era la tarea de ambos. Se mostraron de acuerdo en que era concertar una cita para que Paul viera a Ashley. Le pregunté a Ashley qué es lo que quería y escuché la respuesta a mis preguntas anteriores.

–No estoy en contra de Sam. Sé que quiere a papá, pero me da miedo. Me caería mejor si fuera buena conmigo. Pero quiero ver a papá por mi cuenta de vez en cuando… –Hizo una pausa–. Estaba pensando que él puede ver a Dolly y Sam solo, así que todo lo que quiero es algo de lo que ellos ya tienen. Creo que es justo.

Ashley era maduro para su edad, probablemente más de lo que debería, ya que había tenido que criar a su madre, tratando de hacerla sentir mejor cuando ella no había sido capaz de soportarlo, pero su franca claridad cambió la sesión.

No podía ver su rostro y tuve la sensación surrealista de estar hablando a través del agujero de una madriguera, pero me sentí más cerca de él cuando dijo «Gracias».

Con bastante dulzura, sus padres saludaron a su pantalla en blanco y también dijeron «Gracias».

Julie, siguiendo el ejemplo de su hijo, preguntó a qué horas Paul podría ver a Ashley a solas durante el mes siguiente, incluso fue creativa y se preguntó que, si quedaban una hora para jugar a la pelota, luego podrían volver y cenar todos juntos. Le sugerí a Paul que combinara su tiempo con Ashley con un «tiempo especial con Sam». Podría ser una cita nocturna. Tenía que encontrar la forma de hacerle saber a Sam lo importante que era para él mostrar compasión y comprensión por su sentimiento de «abandono» cuando él iba a ver a Ashley.

Podría ayudarla a confiar en su importancia y en el valor de su relación para él. Mientras hablaba, podía sentir que Julie resoplaba por lo bajo. No quise abrir una nueva vía para que se desahogara, de manera que puse punto final a la sesión y les dije que todos eran diferentes y tenían necesidades distintas. La clave estaba en permitir suficiente espacio para sus diferencias, en lugar de luchar contra ellas.

Paul parecía aliviado. Era fundamentalmente un buen hombre que quería ser un buen padre y un buen compañero, pero no había sabido cómo.

Cuando estaba escribiendo mis notas sobre la sesión me di cuenta de que el hecho de que Sam se angustiara al sentirse «abandonada» se debía probablemente a una herida temprana de su infancia. Esperaba que, en el futuro, una vez que Paul y Julie trabajaran mejor juntos, pudiéramos dedicar un poco de tiempo a analizar el origen de la vulnerabilidad de Sam, lo que podría permitir a Julie y a los chicos tener más compasión hacia ella, aunque se aferrara a Paul con tanta fuerza.

Tuvimos varias sesiones neutrales en las que no ocurrió gran cosa, lo cual me pareció una victoria enorme. Lo que buscábamos era la neutralidad, utilizar la terapia como una oportunidad para comprobar la situación, mantener abiertas las líneas de comunicación y abordar los pequeños problemas antes de que se convirtieran en grandes peleas. Les aseguré que veía que todos querían encontrar una alianza lo suficientemente buena en su sistema familiar.

De todo lo anterior emergieron algunas reglas básicas: no

se pelearían, ni hablarían mal el uno del otro ni de su pareja delante de Ashley, Dolly o Dan, hablarían más y se enviarían menos mensajes de texto, porque los mensajes de texto a menudo provocan malentendidos. Si habían acordado un plan y si alguien quería cambiarlo, se aferrarían al plan original si no se podía encontrar otra alternativa. Le pedí a Ashley que se preguntara si le quedaban heridas residuales del incidente navideño, y se limitó a negar con la cabeza.

–No, ya no existen.

Nuestras conversaciones habían liberado muchas cosas.

Les hice saber que los pequeños pasos de adaptación y acomodación de los unos con los otros tenían enormes consecuencias. Eso les gustó. A veces establecía una conexión entre lo que estaba ocurriendo y la arquitectura de la familia reconstituida, ayudándolos a normalizar lo que sucedía y recordándoles rápidamente la lista de control, los retos que les había puesto al principio y a los que podían recurrir si se sentían confusos.

Ahora que la buena voluntad y la comunicación habían mejorado lo suficiente, había que abordar una de sus mayores dificultades: el dinero que estaba incluido en los artículos «Family Tasks» y «Forging a New Family Culture» de Papernow porque era esencial encontrar formas prácticas de abordarlo y de desarrollar nuevas actitudes.

Empecé con mi opinión sobre el dinero. El dinero es un tema tabú, fundido con el silencio. Pero donde reina el silencio, crece un miedo ilimitado. No sabemos cómo hablar del dinero ni cómo influye y moldea nuestra identidad o afecta a nuestras familias. El dinero puede utilizarse como poder, estatus, control y confundirse con el amor. Podemos mantener una relación contradictoria o ambivalente con él. Quizá haya vergüenza por no tener dinero, e incluso por tenerlo. Todos mantenemos algún tipo de relación con él, que estará determinada por nuestra educación y nuestra posición en la vida. Recuerdo que un cliente me dijo lo siguiente:

–No me interesa el dinero

–Solo porque tiene suficiente –le respondí–. Es un lujo no tener que pensar en el dinero.

A menudo ocurre lo contrario cuando el dinero está en el centro de todo: en una mentalidad de escasez, nunca hay suficiente. En las familias reconstituidas, suele ser la fuente de los principales conflictos. Se producen batallas en todos los ángulos de la dinámica «dentro-fuera», en la que alguien está furioso porque no recibe lo que cree que es su derecho. «No es suficiente» es el grito, o «¡No es justo!». El dinero puede desafiar nuestras necesidades humanas más profundas de seguridad, amor y de sentirnos útiles.

Empecé preguntando a Paul y Julie cuál había sido la actitud de sus padres y abuelos respecto al dinero. A su manera, ambos dijeron que nunca habían hablado de ello.

Mientras pensaba, Paul se rascó el brazo.

–Recibí varios mensajes. Uno era que nunca había que pedir prestado, ceñirse siempre al presupuesto y trabajar duro. Pero provenía de una especie de miedo que supongo que era de mis abuelos, que vivieron la guerra y tenían una actitud de «Cuidado, es peligroso. Nunca hay suficiente». Ahora estamos todos mucho mejor, pero aquellos días en que Julie y yo estuvimos juntos, y luego con Sam, me sentía aterrorizado todo

196   Cada familia tiene una historia

el tiempo. Había una especie de martillo loco tamborileando dentro mí. Julie era inalcanzable y yo no sabía qué hacer por no tener suficiente, así que me escondía... Sí, eso es lo que hacía. Me escondía. –Entonces, como si una red de comprensión se hubiera forjado en su interior, su cara se iluminó y asomaron lágrimas en sus ojos–. Me escondía y eso fue lo peor para todos. Dios mío. Si hubiera podido hablar de ello, pero estaba avergonzado. Era un hombre fracasado... (las lágrimas corrían por su rostro). Lo siento tanto... Fui un idiota... Un idiota...

Todos sentimos una conexión y una liberación.

Hablé suavemente, apreciando la honestidad de Paul y lo curativa que parecía. Por una vez, Julie no habló. Asintió, suspiró y miró a Paul con amabilidad.

Dejé un poco de espacio para asimilarlo y luego me dirigí a Julie. También necesitábamos su opinión sobre el dinero. Estaba sumida en sus pensamientos mientras se examinaba las uñas. Tenía entendido que habían sido «pobres de solemnidad» y que su madre había intentado bloquearlo con la bebida, de modo que el ciclo tóxico de los préstamos, el miedo y la escasez siguió sin ininterrupción.

–Supongo que el dinero me enfada. Sí, el miedo y la ira... Parte de eso lo volqué en ti, Paul, y parte se debió a como eras. Todavía puedo enfadarme si pienso que no hay suficiente. Pero, gracias a Dios, ahora tenemos más estabilidad.

Ashley se interesó por ello y dio la cara.

–Nunca jamás voy a endeudarme. Nunca jamás quiero pasar por lo que mamá pasó.

Paul y Julie le miraron con cariño, dándole la razón.

A partir de ahí, la organización práctica fluyó con facilidad.

El conocido «sistema de los tres botes» suaviza algunas de estas dificultades. Ambos contribuyen a partes iguales a un bote para pagar los gastos de Ashley y Dan, divididos entre facturas domésticas, ropa y extras como celebraciones de cumpleaños y vacaciones. Ambos podrían permitírselo, pero si sus ingresos difirieran mucho, un sitio web del gobierno calcula la proporción que debe pagar cada progenitor. El segundo y el tercer bote son para sus propias familias. Discutirían los extras de Dan y Ashley y llegarían a un acuerdo caso por caso.

En buena medida, el veneno que había entre ellos se ha agotado. El relato inicial de su historia estableció una narrativa con la que podíamos trabajar. No cabe duda de que seguían existiendo cicatrices y moratones que podían inflamarse de nuevo, pero la naturaleza hostil de su relación se había estabilizado.

Tenía curiosidad por saber si habían tenido éxito en sus relaciones posteriores. Julie respondió:

—Yo lo quería más. Quería estar con Charlie mucho más de lo que quería estar sola, y lo más importante para mí era que sentía que él podía cuidar de mí… Significaba que yo no era tan explosiva, y cuando me mostraba de ese modo, él sabía cómo calmarme… a menudo burlándose de mí.

Al decir esto, una cálida sonrisa se dibujó en su rostro.

Las investigaciones demuestran que una persona con vulnerabilidades de apego, como Julie, puede desarrollar un apego aprendido a través de una relación con otra persona con la que tenga un apego más seguro, como Charlie. El hecho de que también disfrutase de seguridad económica contribuyó a ello. Asimismo, había leído un estudio que sugería que la forma en

198 Cada familia tiene una historia

que uno percibe su relación y piensa en ella influye más en su calidad que las características de los individuos, ya que representa hasta el 45 % de la satisfacción dentro de la relación, mientras que los rasgos de personalidad de la pareja suponen el 5 % y los propios, el 19 %. La autora principal del estudio, Samantha Joel, afirma en la revista científica *Inverse*: «En realidad, sugiere que la persona que elegimos no es tan importante como la relación que construimos». Se lo comenté a Julie y me dio la razón con cierta tristeza en su voz:

–Sí, he sido capaz de entregarme a Charlie, de alguna manera he querido compartir con él, de una forma que no sabía cómo hacerlo con Paul…, y él lo desea tanto como yo. Me dice que me quiere, que desea arreglar las cosas. Confío en él. Paul y yo nunca tuvimos una oportunidad.

Vi el rostro de Ashley: parecía triste, tragaba saliva. Fue duro para él escuchar que su madre nunca había sido capaz de querer a su padre. También pensé que, por difícil que fuera, era bueno para él escuchar eso. Había sido su experiencia, pero no dejaba de preguntarse qué había salido mal. ¿Sería culpa suya? Los hijos suelen culparse por la separación de sus padres. Ahora tenía un relato más claro para entenderlo por sí mismo.

El trabajo que hicimos juntos fue importante, facilitado por el hecho de que la familia no estaba en crisis y que ambas partes disfrutaban de seguridad financiera. Al elegir verme y escucharme, su comprensión tanto de sí mismos como del otro había experimentado un crecimiento. Habían elegido la terapia: su voluntad de participar en ella contribuyó a que se produjese el cambio.

Y generó empatía mutua, lo que permitió una conexión más

estrecha a medida que bajaban sus defensas. Trabajamos con su historia de sufrimiento y encontraron la manera de expresar gran parte de su angustia. Al liberar la tensión, abrieron un nuevo terreno para sanar y reconstruir su parentaje conjunto y su relación como pareja separada. Con el conocimiento y el mapa de la arquitectura de la familia reconstituida, tenían una visión sobre la que construir. Dan y Dolly necesitaban integrarse en lo que se había procesado.

El significado que otorgaban a sus relaciones recién configuradas no solo reflejaba, sino que modelaba cómo se comportarían en el futuro. Coincidimos en que, gracias a la terapia, la relación de los hijos con sus padres sería diferente, y que eso podría ser suficiente, o que podría haber más sesiones más adelante que los incluyeran.

Nuestro trabajo prosigue. Acordamos reunirnos mensualmente para mantener vivo el diálogo, engrasar los engranajes hasta que confiaran en que estaba arraigada su nueva forma de ser. Entonces revisaríamos y decidiríamos lo que necesitarían en el futuro. Creo que las relaciones requieren un mantenimiento continuo, de manera que podía imaginarme reuniéndome con ellos, cada pocos meses, en un futuro previsible. Esto es medicina preventiva, la mejor medicina de todas.

La familia Browne y Francis

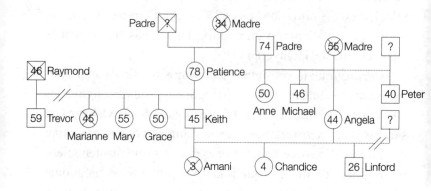

La familia Browne y Francis

Cómo vivir con las consecuencias de la pérdida. De qué manera influye y cambia la dinámica familiar

Caso

La familia Browne y Francis está formada por Patience, una mujer negra de setenta y ocho años, originaria de Antigua, cuyo exmarido, Raymond, había fallecido, su hijo menor, Keith, de cuarenta y cinco años, su compañera Angela Francis (también de ascendencia negra y de Antigua) y el hijo de ella de una relación anterior, Linford, de veintiséis años. Keith y Angela tienen una hija, Chandice, de cuatro años. Cinco años antes, su primera hija, Amani, falleció a causa de un tumor cerebral a los tres años. La hija mayor de Patience, Marianne, había muerto de cáncer hacía doce años. Nos reunimos para explorar los efectos a largo plazo de la muerte de Amani, que había causado rupturas en ambos lados de su familia.

Antes de que la pandemia desbocara nuestras vidas, decidí salir de la zona de confort de mi sala de terapia, en el centro de Londres,

202 Cada familia tiene una historia

para buscar nuevas perspectivas. Recorrería la distancia geográfica y psicológica que separaba mi mundo del de mis clientes.

Una mañana de diciembre, temprano, me encontré sentada en un flamante sofá verde de un piso de Peckham, mirando a tres generaciones de una misma familia. Patience, la abuela, estaba sentada tranquilamente, con la columna vertebral erguida, después de haber pedido una taza de té suave. Llevaba un vestido azul marino bien ajustado y zapatos lustrosos. Sus ojos estaban tranquilos mientras observaba a los que la rodeaban. Su hijo, Keith, y su pareja, Angela, iban de un lado a otro trayendo bebidas para todos y charlando jovialmente. Los conocía del trabajo de psicoterapia que habíamos efectuado años atrás, lo cual significaba que había comodidad y calidez entre nosotros. Linford, alto y atlético, estaba comiendo una magdalena y parecía sorprendentemente amable, teniendo en cuenta lo temprano que era. Chandice se encontraba en la guardería.

La muerte de Amani había sido un terremoto que devastó a toda la familia, dejando heridas permanentes. Para la mayoría de nosotros, la familia es la relación más importante con la que contamos, así como la más complicada. Bajo presión, las líneas divisorias preexistentes en las familias pueden fracturarse: la tragedia a menudo desencadena comportamientos defensivos, haciendo que las personas se distancien entre sí. Quería entender cómo los miembros de este grupo tan unido habían prosperado y crecido juntos, aunque se habían formado cismas familiares: Keith y Angela habían mantenido muy poco contacto con sus hermanos desde la muerte de Amani.

En primer lugar, me propuse rastrear las raíces familiares de ambos. Keith me explicó que él y Angela tenían una herencia similar. El bisabuelo materno de Keith, John Browne, un irlandés que vivía en Londres, había ido a Antigua y se quedó allí para siempre. Con solo diecisiete años, Patience, nieta de John, hizo el viaje inverso. Patience nos contó que, apenas un mes después de que Raymond y ella empezaran a cortejarse, él le dijo que se iba a Inglaterra y, con cierta audacia, le pidió que se reuniera con él allí. Tres días después, ella había tomado una decisión.

—Dije que sí, y en enero de 1959 ya estaba aquí.

Mientras Patience hablaba, todos soltaron una risita y pude ver en el rostro de Patience un eco de aquella joven romántica.

—Vine porque estaba locamente enamorada de él. Pienso en el pasado y creo que ese hombre realmente me amaba. Nunca había viajado en un avión ni en un barco. Volé a Nueva York y luego embarqué en el Ormonde hacia Inglaterra. Tardé diez días en llegar. Estaba muy mareada, pero finalmente llegué bien. Hacía mucho frío. Raymond me recibió en la estación con un abrigo. Nunca había visto la nieve. Lloré día y noche, repitiendo «Quiero irme a casa. Quiero irme a casa». Pero luego me dije «Deja de añorar Antigua. Esta es mi casa ahora».

Patience seguía viviendo a la vuelta de la esquina de la habitación que habían alquilado por primera vez a una mujer irlandesa sesenta y un años. Como aprendí con el tiempo, esto era característico de la personalidad de Patience: tenía valor y, una vez que se decidía por algo, contaba con la determinación suficiente de llevarlo a cabo. Sin embargo, eso significaba que su vida también podía adolecer de cierta rigidez. Creaba fuertes vínculos con las personas y los lugares, que a su vez la apoyaban en los giros que daba su vida.

204 Cada familia tiene una historia

El linaje de Angela era similar. Su tatarabuelo, Bob, era un inglés que había prosperado en Antigua.

–Cuando dices mi nombre –me indicó–, la gente asume automáticamente que eres de una determinada manera. Estoy orgullosa de ello.

Sus padres habían llegado a Inglaterra en los años cincuenta, cuando su padre tenía dieciséis años y su madre dieciocho. Los padres de Keith y Angela se habían conocido de jóvenes en un baile del sábado por la noche. Me interesaba que, como pareja, tuvieran raíces tan similares: sus identidades tendían un puente entre Antigua y el Reino Unido, y tenían un sentido seguro de pertenencia en el lugar donde vivían, así como entre ellos. El humor era la música que sonaba en cada una de sus interacciones. Nunca había estado con una familia que se riera tanto. Cuando uno de ellos hablaba, se inclinaba hacia los demás como si los invitase a sonreír, una invitación que era aceptada instintivamente. Pero el humor también puede utilizarse a modo de desviar la atención, como forma de evitar la incomodidad de las conversaciones difíciles, e incluso puede sentirse como un tipo de menosprecio. Estuve atenta para determinar si sus risas eran defensivas, pero me parecían auténticas, sinceras y estaban conectadas.

La trágica muerte prematura de Amani había traído a Keith y Angela a mi puerta años atrás. Pude ver lo mucho que habían cambiado: entonces, sus ojos eran charcos de dolor; sus pantalones de chándal caídos y su sudadera gris gritaban silenciosamente su sufrimiento. Ahora, con la barba bien afeitada y zapatos de diseño, parecían llenos de vitalidad y alegría. Sonreían, volviéndose para mirar directamente a Angela mientras describían cómo, a medida que su dolor y preocupación habían ido remitiendo y sus vidas habían mejorado, el espíritu de Amani crecía en ellos. Cuando muere un hijo, los padres suelen aferrarse a la intensidad de su sufrimiento porque así mantienen cerca al hijo fallecido. Pero, para Angela y Keith, Amani estaba más viva en ellos a medida que su dolor remitía, lo que los liberaba para buscar más alegría en sus vidas.

Se habían animado lo suficiente como para irse de vacaciones, por primera vez a Antigua, y Keith creía que el viaje del invierno anterior había sido decisivo en ese sentido. Ahora el impulso era más fuerte porque sentía que Amani los apremiaba y les decía: «Salid y divertíos». Cuando Angela tocó mi brazo, con lágrimas en los ojos, me di cuenta de que no lo tenía tan claro.

—A veces estoy bien. Otras, me siento culpable.

En ese momento, me pareció que Keith era la fuerza central de la familia, su energía irradiaba a todos los demás. Quería ver si estaba en lo cierto, si su curación se reflejaba en el resto de la familia.

Le pregunté a Patience cuál había sido su experiencia al presenciar el dolor de su hijo mientras ella lloraba la muerte de su nieta. Patience se sentó erguida, con las manos cruzadas sobre el regazo, mientras recordaba su alegría porque Keith por fin había sido padre. Luego bajó la voz y se hizo una pausa: hacía falta coraje para pronunciar el nombre de Amani, asociado a tanto dolor. Me di cuenta de que su origen debía de tener un significado especial para ellos: se traduce como «paz» en kiswahili.

Patience se contuvo mientras volvía a sumergirse en su tragedia. Unos meses después del nacimiento de Amani, se había dado cuenta de que no estaba tan alegre ni despierta como debería estarlo un bebé de su edad. Keith exclamó de pronto que su madre era enfermera. La indignación que Patience seguía sintiendo, tantos años después, reverberaba en su voz mientras describía las innumerables visitas al médico de cabecera y al servicio de urgencias en las que habían llevado a Amani, y en todas las veces que le habían aconsejado que le diera Calpol. No hablamos de esto en ese momento, pero es importante señalar que el informe MBR RACE-UK Embrace de 2018 (Knight *et al.*, 2020) puso de manifiesto que las mujeres negras tienen cinco veces más probabilidades de morir en el periodo posparto que las demás. De ello se hizo eco un artículo publicado en el año 2020 en el *British Medical Journal*, en el que se pedía el fin del racismo sistémico en la Seguridad Social británica.

Keith y Angela siguieron llamando a diferentes puertas hasta que, por fin, consiguieron una cita con un especialista que, al ver a Amani, les diagnosticó de inmediato que le ocurría algo grave. Tras un escáner cerebral, recibieron la devastadora noticia de que Amani padecía un tumor cerebral. Mientras Patience hablaba, Angela, que había estado llorando en silencio durante toda nuestra conversación, empezó a temblar. Comprobé si era demasiado para ella, pero negó con la cabeza: quería que Patience continuase.

El tratamiento de Amani en el hospital durante los tres años siguientes fue brutal. Aunque hubo momentos de remisión, nunca se recuperó completamente. Como la mayoría de las familias, habían esperado contra todo pronóstico que sobreviviera, temerosos de que cualquier disminución de su esperanza y fe pudiera acelerar su muerte. Patience habló despacio:

–Hacia el final de su vida no podía andar, hablar ni hacer nada por sí misma. Cuando falleció, pensé que iba a morirme con el corazón roto. La sostuve en mis brazos y me babeó la rebeca. Nunca la he vuelto a lavar. Odiaba verla en el tanatorio. Solo tenía tres años... Pensé que nunca lo superaría. Era mi angelito. No quería vivir sin ella. Pero tuve que hacer de tripas corazón. A veces, la veo en mi casa, mirándome y hablándome. Siempre la recordaremos, nunca la olvidaremos.

Mientras Patience hablaba, su desolación resonaba en la habitación. Angela sollozaba. Me di cuenta de lo crudo que era para Angela, y me dijo:

–Puedo reproducir cada minuto que ella describe. Puedo verlo como una película. Cuando falleció, pensé: «¿Quién soy ahora? ¿Por quién lucho ahora?».

Cuando pensé en esto después, me interesó que Angela luchara contra su pérdida de propósito y su profundo sentimiento de culpa. Patience estaba afligida no solo por la muerte de su nieta, sino por la pérdida de su identidad como abuela protectora, al tiempo que seguía afligida por la muerte de su propia hija. He observado en mis clientes que la culpa de la madre por la muerte de un hijo puede ser más profunda que la del padre.

Keith tomó la palabra, intentando que la conversación volviera a ser positiva, como lo había sido cuando los vi a él y a Angela en los meses posteriores a la muerte de Amani. Nos contó lo inteligente que era, cómo la adoraba el personal de enfermería y cómo luchaban por cuidarla. Angela irrumpió con orgullo para señalar:

–En su funeral hubo una gran afluencia de personal del hospital; acudieron cuatrocientas personas.

Sentí la fuerza del orgullo de Keith, sin sentimiento de culpa, por su hija y por cómo Amani vivía en él de manera tan intensa.

Durante toda la conversación, Linford, el hermanastro de Amani, permaneció en silencio, como congelado en su asiento. Les sugerí que los hermanos son a menudo los dolientes ocultos de una familia, que pueden enfadarse porque el hermano enfermo acapare toda la atención, pero también sentirse culpables, pues saben que es injusto culparles a ellos. Linford dijo enérgicamente que quería que su madre se centrara en Amani, que él estaba bien siendo independiente, pero que a medida que Amani enfermaba…

–Se me hizo un poco difícil. Me encontraba solo. Mamá nunca estaba en casa. Y Keith venía cuando podía… El día en que sucedió acababa de ganar un partido de fútbol. Estaba de subidón. Recibí la llamada, dejé caer el teléfono y me desmayé. –Linford describió las semanas en las que había estado saturado de dolor–: Puedo enfadarme. Pero es inútil enfadarse. Me digo a mí mismo que no voy a hacer nada violento.

Angela intercedió y habló con Linford en presente, pero intuí que también se refería a la época en que falleció Amani.

–Nunca se comunica conmigo. A lo mejor lo estoy agobiando.

Linford la miró y negó con la cabeza. Se rieron a carcajadas. En ese momento se tornó evidente la profundidad de su entendimiento: una pregunta había aflorado y había sido respondida, con miradas encontradas, risas y escasas palabras. Llevé a Linford de vuelta a su dolor.

–Con el tiempo me dije «¿Qué puedo hacer?». Y poco a poco me fui relajando.

Necesitaba comprobarlo: me parecía demasiado simple. Aceptó, a regañadientes, y dijo que, cuando se enfadaba, lo resolvía mentalmente y hablaba con sus dos amigos más íntimos.

Yo estaba sentada cerca de Angela y delante de Keith, y me di cuenta de que, a medida que Linford hablaba, sus cuerpos se ponían rígidos, la tristeza se convertía en ira. Sentí que entrábamos en un territorio plagado de dificultades, que salíamos del epicentro del dolor para adentrarnos en su interior. Más preguntas revelaron que, a diferencia de Linford, había una ira efervescente que todavía no habían apaciguado. Angela tenía dos hermanos, Michael y Peter (cada uno de ellos de distinto padre), y una hermana, Anne. Keith tenía un hermano, Trevor, y dos hermanas, Mary y Grace.

Cuando le diagnosticaron el tumor a Amani, los hermanos de ambas partes habían estado en contacto. Pero, cuando ella enfermó y murió, desaparecieron. En el caso de Angela, hubo un aparente pequeño desacuerdo con su hermana, Anne. Su hermano, Michael, había llegado a decir en presencia del cadáver de Amani que quería que se terminasen las desavenencias, pero Anne impidió cualquier reconciliación. Desde entonces, Angela los había visto varias veces en actos familiares y ellos habían intentado hablar con ella, pero los había ignorado. Cuando le pregunté si quería retomar el contacto, me dijo:

–No, la verdad es que no. Están destinados a ser mi familia, crecimos juntos… Les envié un mensaje enorme explicándoselo todo. Mi padre y mis hermanos respondieron que querían que se terminase la pelea, pero nada ha cambiado. Keith les escribió una carta pidiéndoles que se reconciliaran…, y nada. Mi vida es buena ahora. No quiero malgastarla enfadándome por cosas que no puedo cambiar.

Le dije a Angela que estaba confusa: por un lado, no quería hablar con sus hermanos, pero, por el otro, al enviar ese mensaje parecía anhelar una solución. Keith y Angela intentaron explicarse, pero yo no conseguía desenmarañar sus mensajes contradictorios. Llegué a la conclusión de que probablemente ambas cosas eran ciertas: estaban furiosos y, al mismo tiempo, no querían la ruptura. Más tarde, durante la terapia, Angela comentó que creía que su padre era «un mal padre», que se ocupaba solamente de sus propias necesidades y evitaba los conflictos. Me pregunté si, de haber intervenido para intentar resolver la ruptura, el resultado habría sido distinto. Creo que, si se confía en los padres de hijos adultos, eso encierra mucho poder.

Aquel día me marché con cierto optimismo, confiada en que desentrañaría en sesiones posteriores la ambivalencia de las relaciones entre los hermanos de Angela, e incluso imaginando que, tal vez, sería capaz de mediar en la reconciliación. No me veía a mí misma como ninguna salvadora, pero posiblemente sí como algo muy parecido, lo cual siempre es un error para un terapeuta, y sobre todo en este caso, con la complicada capa del complejo blanco-salvador.

Con el tiempo, sin embargo, me he dado cuenta de que estaba equivocada: mientras escribo esto, no hay ninguna reconciliación en ciernes. Angela hablaba a menudo de su hermana y sus hermanos. Me contó que su hermano Michael se había peleado con su propia hija y que ahora apenas la hablaba, pero que también le impedía acercarse a ella. Angela habló con energía:

–No quiero saber nada más de ellos. Son un dolor de cabeza: son groseros, odiosos y frustrantes –añadiendo luego con gran tristeza–: desde la muerte de mi madre, es Anne quien manda sobre mis hermanos. Tienen que elegir entre nosotras. Ella les corta la comunicación si están en contacto conmigo.

–Se parece a su madre –añadió Keith– y la odian por eso.

–No puedo hacer nada con mi cara –respondió Angela–, mi hermana se parece a mi padre.

Esa es una de las trampas de la familia: es la única relación que, por mucho que queramos, no podemos abandonar. Nuestra familia forma parte de nosotros genéticamente y de lo más profundo de nuestro ser, nos veamos o no. Tal vez, por ahora lo más adecuado sea que Angela y sus hermanos no se reconcilien: hay demasiado dolor que superar. Pero no puede liberarse de ellos del mismo modo que podría poner fin a la mayoría de las demás relaciones. En las desavenencias familiares, siempre queda una herida perdurable.

Sin embargo, las familias pueden reconciliarse, y de hecho lo han conseguido, tras terribles heridas y conflictos tan aparentemente insolubles como este. Tenía la esperanza de que, cuando hubiera más energía emocional para reconocer la parte que cada persona ponía en el conflicto y para apreciar la experiencia de los demás, esto permitiría la posibilidad de una reconexión.

La familia de Keith era igualmente compleja. Keith era el hijo menor y el favorito de Patience.

–Los quiero a todos, pero te encariñas más con uno que con

otro por lo que son… Keith es muy bueno conmigo. Es como mi mano derecha. No sé qué haría sin él.

No confiaba en los demás de la misma manera. Keith describió distintos incidentes de celos por parte de sus hermanos, sobre todo cuando Patience les hizo saber que quería que la enterraran junto a Amani, no junto a su marido o su hija, y que deseaba que Keith se encargara de todos los preparativos.

–Soy el único –añadió Keith– que tiene la llave de sus papeles.

Al mismo tiempo, Patience señaló que no entendía por qué se había producido esta ruptura entre ellos, porque…

–Todos somos una familia. Deberíamos vivir como una familia y no como «yo soy el número uno». Todos somos el número uno.

La desafié. Keith era claramente su número uno. Le dije que el favoritismo puede socavar, incluso envenenar, las relaciones entre hermanos.

Keith deseaba la unidad. Estaba sentado en el suelo, en posición de yoga –había leído lo malo que era sentarse constantemente en sillas–, mientras hablaba con pasión.

–Hay un pedestal lo bastante grande para todos nosotros, pero yo soy el único que está de pie sobre él… Los ayudaría a subir.

Podía identificar su triste confusión cuando hablaba de ellos, de lo cerca que habían estado todos, cuando dijo:

–Quiero tener la respuesta y no la tengo.

Sin embargo, como siempre ocurría con Keith, viró hacia la esperanza. Quizá su positivismo por defecto requería menos energía que cuestionarse si su dolor se había desbocado y había desestabilizado la dinámica familiar preexistente. Eso era demasiado pesado para afrontarlo ahora.

Por otro lado, le pregunté a Linford qué pensaba de la dinámica de los hermanos de Keith, y me dijo:

–No sabía todo esto. Es como… guau… pero, sí, ahora puedo verlo.

Un pensamiento cruzó mi mente: «Podemos vivir en familia y no conocer a nuestra familia».

Cuando Linford asintió, todos se rieron. Empecé a ver que sus risas eran una señal de reconocimiento, como «Ajá, así son las cosas».

La siguiente vez que nos encontramos veía la mitad de las caras de Patience y Keith, pero sobre todo su espejo y su sofá. La pandemia nos había obligado a usar pantallas. Ninguno de los dos había hecho videollamadas antes y, a pesar de mis instrucciones –que incluían mi exasperado «¡Eres un completo desastre con la tecnología!»–, nunca conseguí ver sus rostros al completo. Mis impacientes exclamaciones provocaban las carcajadas de todos.

Me alegró saber que todos estaban sanos y se encontraban bien. Angela parecía más joven de lo habitual sin el maquillaje de trabajo, con unos pendientes de aro que asomaban bajo las largas trenzas que caían sueltas sobre su pequeña figura. Chandice era charlatana y simpática, y brincaba alegremente al ritmo de la música de *Frozen*. Me dijo que no echaba de menos el colegio y que le encantaba estar en casa con sus padres bailando. Keith comentó:

–Podría llorar por la gratitud y la alegría que me produce.

Linford entraba y salía de la cocina jugando con su teléfono. Esta escena doméstica informal, lo opuesto a la mayoría de las citas terapéuticas, fue el telón de fondo de nuestras siguientes sesiones. En cierto modo, me proporcionó una visión más clara de sus vidas y de la dinámica existente entre ellos, aunque también les daba libertad para desvincularse de la terapia.

Por encima de todo, un profundo sentimiento de buena voluntad mutua recorría el ciberespacio. Estaban unidos por una cálida diversión. En un momento en el que el mundo se sentía desolado por el COVID, sentí que mi propio bienestar aumentaba al estar con ellos.

El confinamiento le proporcionó a Keith la oportunidad de ponerse al día con las tareas de bricolaje, mientras Angela, menuda pero fuerte, se afanaba en el jardín, cavando, escardando y plantando. Había descubierto su lado creativo. Patience nos contó que salía a su jardín delantero una vez al día y se ocupaba de las tareas domésticas, con la tranquilidad de que Keith y todos sus hijos la visitaban regularmente para llevarle la compra y ayudarla.

–Es muy sencillo –explicaba Keith–. Cambio una bombilla, le doy la receta, nos abrazamos…, y ya está.

Linford, que al principio disfrutaba de la pausa en el trabajo, se dedicó a hacer ejercicio durante veintiocho días y a jugar *online*. Todos parecían alegres.

Me preguntaba por su situación económica. Patience vivía de su pensión. Como taxista, los ingresos de Keith se habían esfumado de la noche a la mañana, pero se las había arreglado para recuperar una cuarta parte de sus ingresos llevando a trabajadores clave, solicitando un préstamo bancario y negociando un aplazamiento del alquiler con el casero. Angela, profesora de guardería, había sido despedida, al igual que Linford de su trabajo como segundo jefe de cocina en un restaurante de lujo. Podríamos habernos pasado toda la sesión hablando de las exasperantes minucias de la nueva normalidad, pero yo quería saber más sobre las relaciones entre los hermanos de Keith. Quería entender la raíz de su ruptura, que intuía, por el tono más abierto de su discurso, que encerraba la posibilidad de una reconciliación.

Keith abrió el diálogo con una pregunta.

–Nos divertíamos tanto sin hacer nada. Teníamos un vínculo muy fuerte. No había dinero, pero todos estábamos juntos, nadie se quedaba atrás. Ahora hemos vuelto a ir cada uno por su lado. ¿Cómo hemos pasado de tanta felicidad con tan poco a tanta tristeza con tanto?

Sentí que me dolía el corazón. Le comenté a Keith que, aunque tal vez no encontráramos una respuesta absoluta, podríamos llegar a un punto de entendimiento.

A lo largo de varias sesiones, conseguimos construir ese entendimiento. Era doble y estaba relacionado. En primer lugar, Grace, la hermana de Keith, había introducido a Patience en los Testigos de Jehová. En segundo lugar, Grace no había ayudado a Keith en absoluto durante la enfermedad de Amani ni después, sobre todo económicamente. Para Keith, eso denotaba una traición y una hipocresía extremas: siendo cristianos devotos, ¿cómo podían haberle dejado solo en su tribulación?

Así fue como se desarrollaron nuestras sesiones. Tres meses después de la muerte de Amani, Patience se sentía angustiada y rezaba todas las noches, pero «Dios no la escuchaba». Católica romana, había asistido a una estricta escuela católica en Antigua, había educado a todos sus hijos en la misma fe, y, para respetarla, ellos a su vez habían educado a sus hijos en el catolicismo. Patience me contó que un día, durante este intenso sufrimiento, su hija Grace le propuso ir con ella al Salón del Reino, el lugar de reunión de los testigos de Jehová.

–Lo que les escuché decir aquel domingo me hizo detenerme a pensar. Entonces supe que aquello era para mí. Desde aquel día soy testigo de Jehová y estoy muy agradecida.

Y lo dijo en un tono que no admitía ninguna duda.

Me di cuenta de que Keith, que a esas alturas se paseaba de un lado a otro, a veces sin que nadie lo viera, no se lo tomaba con calma.

–Nos alegramos por ti, mamá, pero imagínate cómo nos sentimos nosotros. Eras nuestra líder, y ahora esa líder se ha ido y somos como ovejas perdidas. ¿Cómo es que te has convertido en testigo de Jehová? Mamá, eras la persona más navideña del mundo. [Los testigos de Jehová no celebran la Navidad]. Empezabas los preparativos en noviembre, y ahora no sabemos qué hacer con la Navidad y te quedas con los brazos cruzados. ¿Se debe a una necesidad inconsciente de sufrir porque murió tu nieta?

Mientras Patience enderezaba la espalda y levantaba la barbilla para contestar, Chandice, que había estado canturreando en voz baja para sí misma, dijo:

–¿Cuándo vuelve Amani? ¿Vendrá a mi fiesta de cumpleaños?

Todos guardamos un silencio absoluto. Ni siquiera yo, la experta en la muerte, lo había visto venir.

–Está en el cielo, cariño –respondió Angela claramente conmocionada–. No puede venir a tu fiesta.

Y se la llevó al jardín. Los demás me miraron. Patience explicó que hacía unos meses la había cogido de la mano y le había dicho:

–Abuela, abuela, tengo miedo. No quiero morir. ¿Qué podemos hacer?

Les expliqué que primero tenían que comprobar si Chandice entendía lo de Amani. El cielo puede significar muchas cosas para un niño, todas ellas ajenas a la permanencia de la muerte. Puede ser una hamburguesería o el nombre de una muñeca. Les dije que Chandice necesita saber que Amani había muerto, utilizando esa palabra, por difícil que fuese pronunciarla, y que no iba a volver. Ella tiene que conocer la misma verdad que todos los adultos que la rodean: lo que no sepa se lo inventará, y lo que se invente le dará más miedo que la verdad. Respiraron hondo, aliviados por haber recibido orientación en ese sentido. Acordamos que la próxima vez que nos viésemos, seguiríamos hablando de que Patience se hiciera testigo de Jehová.

Había sido una sesión intensa y notaba la tensión en el cuerpo cuando terminó la llamada. Uno de los muchos pensamientos que me rondaban por la cabeza era: ¿con qué frecuencia ocurre esto? La enormidad y la conmoción de la muerte de Amani, cinco años antes, lo habían impregnado todo, silenciándolos por completo. Sentí como si le hubieran dado su lugar en ese sistema familiar; en ese silencio habitaba el reconocimiento de que ella había muerto, sí, pero siempre está presente en sus corazones. También me cuestioné si la pregunta de Chandice era un ejemplo de lo que ocurría a menudo en la familia: las

218   Cada familia tiene una historia

cuestiones dolorosas se evitaban por la necesidad de cuidar a los niños. A menudo, el ajetreo del cuidado de los hijos u otras tareas se utilizan como anestésico para el dolor, lo que, por supuesto, bloquea el proceso natural de adaptación al duelo.

En la siguiente sesión, Patience me explicó que su madre había muerto cuando ella era pequeña y que la había criado su abuela, católica y devota. Esto me dio a entender que, de algún modo, la Iglesia era una figura de apego clave para un niño en duelo.

—El cura me enseñó todas las estatuas de la iglesia y me dijo que rezara a María. Cuando era niña no conocía nada mejor, pero ahora sé que no es así. El único que puede ayudarnos es Jesús. Soy más feliz porque me han explicado la Biblia. La gente dice que soy estúpida, pero a mí me ayuda.

Le comenté que quizá tener fe en algo más grande que la vida humana era lo único que podía ayudarla.

—He pasado por una época bastante traumática, con la muerte de mi marido y mi hija, y luego Amani. Recé y recé. Una vez, a las tres de la mañana, creí ver a un hombre. No le vi la cara, solo la espalda. Era alto y me dijo: «Patience, tienes que cambiar de camino». Diría que fue una visita de Jesús, y desde entonces he cambiado mucho. Nunca querría ser católica romana de nuevo. Esta religión es la que quiero.

En la voz de Patience podía oír su inquebrantable creencia en ese movimiento religioso; su creencia estaba tan arraigada en ella que era como una estaca firmemente clavada en el suelo, y se negaba a discutir sobre el asunto. Pero Keith quería que reconociera lo difícil que había sido para toda la familia que ella abandonara su fe. En los años transcurridos desde que ella se convirtió –dijo–, su relación con todos sus hermanos se había fragmentado. Hacía cinco años que no veía a Grace, ni hablaba con los demás. Pero Patience se limitó a repetir:

–Acabo de decir que cada uno tiene su propia opinión. Depende de cada uno con qué deseamos comprometernos. Nadie me presiona. Lo único que quiero es que mis hijos me apoyen como testigo de Jehová.

Keith replicó con una rabia que yo no había visto antes.

–Mi madre mete las cosas malas en una caja y reza cuando se va a la cama para que todo vaya mejor por la mañana. Lo único que quiero es que comprenda cómo nos ha afectado.

Miré a Keith, reconocí su enfado y le dije que, por lo que había presenciado, Patience no tenía capacidad para sostener en su mente el conflicto que originaba su decisión y los problemas que tenía Keith con ella.

Después reflexioné sobre las diferencias intergeneracionales a la hora de afrontar las dificultades. La generación de Patience tendía a enterrarlas, olvidarlas y seguir adelante. No es que dispusieran de muchas más opciones: la psicoeducación y la terapia apenas existían. Para Keith y Angela, era mucho más normal expresar cómo se sentían y, por supuesto, los de la generación Z, como Linford, son más propensos a informar de sus problemas de salud mental. ¿Una forma es más adecuada que las otras? Dado que soy terapeuta, no soy imparcial, de modo que sí, creo que las emociones son señales de información que debemos reconocer y permitir que fluyan a través de nosotros. A menudo son las cosas que hacemos para bloquear esos sentimientos las que perpetúan el daño: desbloqueados, nos permiten adaptarnos y cambiar.

220 Cada familia tiene una historia

Patience quería que validaran sus sentimientos, pero no podía hacer lo mismo con Keith, lo que la enfadaba. No era capaz de reconocer que sus otros hijos podían sentir celos de su favoritismo.

Creo que hay algo que podemos aprender de todo esto: tenemos que ser capaces de nombrar y expresar lo que sentimos a las personas significativas de nuestra vida, así como tener la entereza de seguir adelante, sea lo que sea lo que la vida nos depare.

Fue Linford quien empezó a tender un puente sobre el abismo. Dijo que sabía que todo el mundo se había escandalizado cuando Patience se hizo testigo de Jehová, pero que entendía su punto de vista porque él se había convertido al islam cuando era más joven. Sugirió que reunirse para la comida de Navidad era el eje que los unía a todos. El problema no era la diferencia de credos, sino que ya no se sentaban juntos a la mesa. En la comida de Navidad había un espíritu que acogía a todos, un sentimiento de pertenencia que perduraba a lo largo del año. Como su abuela ya no podía hacerlo, quizá le tocara a Keith ser ahora el espíritu de la Navidad.

Keith estaba asintiendo cuando Angela se preguntó en voz alta si Patience reconocía que era la líder de la familia. Patience sonrió. Lo sabía y los quería tanto como siempre. Nada había cambiado en ese sentido.

—Creo —dijo Angela— que echan de menos la Navidad, mamá.

Una vez más, Linford hizo una sugerencia fundamental.

—Creo que deberíamos celebrar un día, cualquier día, porque todo el mundo tiene un problema si se llama Navidad porque muchos de nosotros tenemos una religión diferente.

Lo que necesitamos es estar todos juntos, ponernos al día unos con otros. Podemos llamarlo el Día de la Unidad, o el Día de Browne.

Todos rieron. Esa era la señal familiar de alivio y acuerdo.

Pero Keith no podía dejarlo ahí. Presionó a Patience una vez más para que se responsabilizara del daño que le había causado. Keith estaba angustiado porque el abismo con su hermana Grace no se había reparado, y su madre no había reconocido su enfado por haber cambiado de religión. También sentía que la iglesia era una farsa: cuando murió Amani, había ido todas las semanas y no le había ayudado en nada. Keith dejó escapar su furia, repitiendo muchas veces…

–Cuando necesité a Grace, ¿dónde estaba? ¿Dónde estaba la ayuda? ¿Dónde estaba la ayuda? No estaba en ninguna parte. ¿Qué hace la religión si no puede ayudar a su hermano? ¿Dónde está Dios?

Una vez más, Linford intervino, sugiriendo que fueran a casa de Grace y lo solucionaran. Cada vez estaba más claro que Linford era un conector emocional y un facilitador en el seno de la familia. Es un papel fundamental. Aunque cada familia solo necesita uno, eso puede marcar la diferencia.

Angela y Patience se hicieron eco de la importancia de su necesidad de hablar. La rabia de Keith nos sacudió a todos. Sin embargo, era importante que la expresara, porque aferrarse a ella bloquearía su capacidad de sanar la ruptura con Grace.

Me alegré de que todos hubiéramos sido testigos de su dolor y de que lo hubiera liberado lo suficiente como para hablar con Grace desde una perspectiva más tranquila. Al escribir estas líneas, ahora percibo que no me di cuenta de que Patience se convirtió temporalmente en parte del problema al no permitir la perspectiva de Keith, que podría haber conducido a la familia a la reconciliación. Tal vez yo también había sido esclava de su poder silencioso.

La terapia no se desarrolla en el vacío. Los acontecimientos políticos y sociales afectan a los individuos tanto personalmente como en terapia. El racismo tiene un impacto directo en la salud mental. Una de nuestras sesiones tuvo lugar una semana después de que Derek Chauvin, un policía blanco de Minneapolis, asesinara a George Floyd, un hombre negro, mientras lo detenía. Les pregunté a todos qué pensaban del resurgimiento del movimiento Black Lives Matter: ¿lo veían como un verdadero impulso para el cambio en el activismo antirracista? Patience dijo que no lo seguía y comentó:

—No me gusta la violencia.

Patience tenía un claro sentido del bien y del mal.

—No sé por qué —continuó diciendo— la gente discrimina a los negros. No somos un problema para nadie. Todo lo malo que ocurre se achaca a los negros. Cuando trabajaba tuve bastante experiencia con pacientes que decían: «No quiero que me toque». Y yo les respondía: «¿Quién va a cuidar de usted entonces?». Los trataba con respeto. Después se calmaban y decían: «Hola, ¿qué tal?».

A continuación, en un tono más reflexivo, mientras miraba por la ventana, añadió:

—La situación ha cambiado. Ahora un niño negro puede ir a casa de un niño blanco, y viceversa. En mis tiempos te daban con la puerta en las narices.

Se hizo el silencio mientras asimilábamos la brutalidad de sus palabras. Sentí esa pegajosa sensación de vergüenza en las tripas. Ella no pareció darse cuenta. Mirando de nuevo por la ventana, un recuerdo hizo que sus ojos brillaran.

–El mejor amigo de Keith era un chico irlandés blanco.

–Sí, mi mejor amigo –intervino Keith– era de familia ir- landesa. Eran los años setenta y todavía se veía algún que otro cartel que decía: «Prohibido a los negros, irlandeses y perros». Keith se rio.

–Paseábamos a nuestro perro y nos reíamos.

Quise preguntarle por qué no se enfadaba, recordando aquel enorme insulto, pero Patience intervino.

–Una de mis muy buenas amigas era blanca. Fui a su funeral y me acogieron muy bien. Nadie me miró ni preguntó «¿Quién es esta?». Todo el mundo se acercó a mi mesa.

–Creo –dijo Keith interrumpiendo a su madre– que no nos percatábamos de lo difícil que era para mis padres. Ellos su- frieron mucho y mis hermanas, también. Mi hermana mayor, Mary, me dijo que los insultos eran habituales, pero que sus profesores no tomaban ninguna medida para detenerlos o pro- tegerla. Mis hermanas, por extraño que parezca, también eran despreciadas por los niños mulatos por no ser lo suficiente- mente negras. Mi madre nunca hablaba de raza, nada en casa nos hacía sentir «negros». El mensaje era: «Bajad la cabeza, sed respetuosos con los demás, seguid con vuestra vida, haced los deberes». Todos teníamos los mismos problemas, con inde- pendencia de nuestra etnia. Mamá nunca nos hizo pensar que debíamos estar en contra de los blancos. Mi madre y mi padre inspiraban tanto respeto que, cuando mis amigos los veían llegar a un cuarto de kilómetro, ya decían: «Vienen los Brown, no os andéis con tonterías».

Para Angela fue diferente: ella había estado en minoría.

–Cuando asistí a la escuela primaria, éramos yo y otra niña negra y dos niñas mulatas, y eso era todo. En secundaria había unas treinta personas negras. Salíamos juntos. Pero cuando Linford fue a la escuela, el setenta y cinco por ciento eran negros. Era como «Vaya, ¿de dónde han salido?».

Le pregunté si había sufrido racismo en la escuela.

–Un poco –me respondió–, solo con una o dos personas en la escuela primaria.

Me sorprendió que lo tratara a la ligera, como Keith y Patience, y me pregunté por qué no le dolía profundamente. Angela fue clara en su respuesta.

–Tenía una hermana mayor que me protegía. Nunca me peleé con nadie en el colegio. Pero creo que el movimiento BLM es bueno para concienciarnos. Necesitamos un cambio, aunque no estoy de acuerdo con la forma en que lo hacen. Ahora la gente me mira de manera diferente, como si fuera a darles una patada. Ahora la gente me mira porque soy negro. Y yo pienso que solo me ocurre a mí.

–Es un momento –añadió Keith– muy interesante. Me olvido de ello y luego veo el fútbol y me emociono. En la camiseta de todo el mundo pone «BLM». Pero yo no apoyo a la gente que derriba estatuas. El mensaje se pierde con la violencia. Podemos reconocer el horror que ocurrió en el pasado, aunque es imposible destruir el pasado. Todos nos hemos beneficiado de alguna manera de esas cosas negativas. Pero personas como Marcus Rashford marcan una diferencia positiva. Quizá la gente no se daba cuenta antes de las cosas por las que teníamos que pasar a diario.

Me hubiera gustado estar en la sala con todos ellos. Era un tema muy complejo, que suscitaba sentimientos muy intensos, y sabía que la pantalla los filtraba en parte. Pero capté su propuesta general. Un caleidoscopio de pensamientos daba vueltas en mi mente. Como persona blanca, que nunca ha tenido que superar la barrera de prejuicios por el color de mi piel, me sentía culpable por los errores de la sociedad de la que yo formaba parte, avergonzada de mis propios prejuicios inconscientes. Esta familia parecía tener confianza en su identidad racial y poca rabia manifiesta por el racismo que habían padecido. ¿Se habían asimilado, eran «daltónicos» (no reconocían su negritud), agachaban la cabeza para evitar el racismo? ¿Y cómo se había filtrado eso en lo que eran y en cómo afrontaban la lucha y la pérdida? Pensé que Linford podría aportar un punto de vista más actual que reflejara lo que habíamos escuchado en las manifestaciones. Empezó diciendo:

—No soy un gran activista.

Había tenido muchas discusiones con sus amigos, que estaban entusiasmados, pero cuando le pidieron que se uniera a ellos, no lo hizo. Cuando le pregunté por qué motivo, bajó la cabeza. Hubo un silencio pesado. Cuando insistí, se tragó sus palabras y dijo:

—Se lo contaré en otra ocasión.

Tomé nota mental de que volvería sobre el tema más adelante. Linford continuó diciendo que había experimentado el racismo.

—Cuando tenía trece años iba por la calle con un amigo y

me lanzaron una hamburguesa con queso con gritos de abuso. Me dio en la nuca.

Se llevó la mano al cuello. Yo me estremecí de asco.

–Sí, estuvo mal –insistió Linford.

Pero sentí que aquello de lo que no quería hablar bloqueaba su compromiso pleno con su experiencia del racismo.

Unas semanas más tarde le pregunté a Linford si estaba dispuesto a hablar. Entrecortando las palabras, y sin mirar a su madre a los ojos, me respondió.

–Tuve una noche de borrachera y golpeé a un tipo en el ojo. Me detuvieron. Me condenaron por lesiones físicas. Fue una época terrible. Fueron dieciocho meses de muchas comparecencias ante el tribunal. Me aterrorizaba ir a la cárcel y me deprimí bastante. Al final suspendieron mi condena y tuve que hacer trabajos comunitarios.

Apretaba los dientes mientras hablaba. Yo percibía el miedo en sus ojos y era consciente de su respiración acelerada. Patience suspiraba mucho; Keith y Angela mantenían su mirada afectuosa directamente clavada sobre Linford. Le hice saber lo mucho que lo sentía por él, reconociendo cómo una acción de borrachera había tenido consecuencias tan devastadoras. Linford levantó los ojos y miró a su madre, sabiendo que ella le había motivado a adoptar una buena rutina, y que esa estructura le daba seguridad. Su jefe en el trabajo también le había apoyado durante todo el proceso, ayudándole a recuperar la confianza en sí mismo. Una gran sonrisa iluminó su rostro.

–Me encanta este sitio. Voy a triunfar cuando vuelva.

Me demostró una vez más que no es lo que nos ocurre lo

que define los resultados que cosechamos, sino cómo respondemos a ello. En el caso de Linford, el miedo lo paralizó. Fue el apoyo activo de su familia y la confianza de su jefe los que le permitieron seguir adelante. La gente necesita a la gente. Los necesitamos en los buenos momentos, pero sobre todo en los malos.

Y, en esta familia, Linford era una fuerza importante. Su sugerencia, semanas atrás, de que empezaran a hablar para cerrar la brecha con el resto de la familia estaba dando sus frutos. Patience había hablado con todos sus hijos y les había dicho:

–Esto tiene que terminar. Antes había cercanía entre vosotros. No sé qué ha pasado, pero no está bien que los hermanos estéis unos contra otros. –Mientras repetía lo que había dicho, respiró hondo y me miró con la mirada que reservaba para los momentos importantes–. Y las cosas han cambiado. Ahora es mucho mejor.

Era fascinante ser testigo del poder que Patience tenía para influir en sus hijos adultos. Respetaban sus palabras. Todos habían recuperado el contacto y poco a poco estaban reconstruyendo su relación. Sonreí.

–Sin duda –apunté–, hay misterio y magia en las familias. A veces no tenemos ni idea de por qué una familia lleva décadas sin hablarse, peleándose por el jarrón heredado, y otras veces, las familias se reconcilian tras profundas desavenencias con solo una indicación de la madre.

Los sistemas emocionales no funcionan de manera lógica. Es inútil intentar que lo hagan. Sin embargo, los lazos familiares siempre presentes pueden ofrecer la posibilidad de la esperanza. Keith sabía que su relación estaba cambiando porque,

228   Cada familia tiene una historia

por primera vez en años, todos habían cenado en el jardín de su hermano.

–He recibido disculpas desde entonces. Ha funcionado como yo esperaba. Grace se disculpó y Trevor dijo cosas que había querido decir durante años. Fue como las cenas que solíamos tener en el pasado. –La cara de Keith se iluminó mientras decía–: Significa mucho para mí que hayamos encontrado una manera de volver a unirnos. El amor está dentro de nosotros.

Sentí un estallido de alegría al ver en sus rostros el alivio de que se reactivara su vínculo familiar. Mientras reflexionaba sobre la velocidad de su reconexión, vi que los cimientos de su confianza mutua y el afecto que sentían los unos por los otros se habían ido asentando a lo largo de su infancia. No se trataba de una familia disfuncional con relaciones tóxicas. El cisma había sido causado por el trauma de la muerte de Amani, seguida por la de Marianne (hermana de Keith), la incapacidad de los hermanos para apoyar a Keith, la rivalidad preexistente por la atención de Patience, y luego la nueva religión de Patience, que había puesto fin a su encuentro anual de Navidad. Fue el tiempo y el esfuerzo de todos los que permitieron su reconciliación.

Me interesó lo importante que era esa comida para mantener unida a la familia. El cuidado y la atención de Patience en beneficio de todos contrastaban claramente con la familia de Angela: su padre había dicho que quería que arreglaran sus diferencias, pero no lo hicieron. Las familias requieren nuestro tiempo y atención para mantenerse en el buen camino. El silencio suele crear obstáculos.

Y tal vez el papel de Linford como mediador le infundiese la fuerza y la seguridad necesarias para independizarse. Un día, aparentemente al azar –podría llamarse intuición de terapeuta–, le pregunté por qué seguía viviendo en la casa familiar. Se rio y dijo que ya se había mudado antes, pero que, cuando murió Amani, había vuelto para ayudar a su madre y, de alguna manera, se había quedado. Vi que Keith y Angela se miraban y les pregunté qué significaba esa mirada. Se rieron. Siempre se reían. Angela dijo, con cierta fuerza, que ya era hora de que Linford viviera solo, y Linford replicó:

–¡Me echaríais de menos!

–Solo un poquito –se apresuró a decir Angela.

Luego más risas, Linford repitió varias veces: «Solo un poquito», Patience estaba sonriendo, pero callada. Pude ver que algo cambiaba en Linford, y una mirada de «te lo demostraré» se dibujó en su rostro.

La siguiente vez que nos vimos acababa de mudarse a su nuevo piso. Rebosante de orgullo, comentó que lo había encontrado muy rápido. Él y su novia tenían una habitación en un piso que compartían con otras dos personas. Era fresca y limpia. Moviendo el objetivo de su cámara, me enseñó su habitación con tanta emoción que pude sentir su felicidad. Era un paso importante para ellos.

Al final de la sesión antes de nuestras vacaciones de verano, Keith mencionó con cierta ligereza:

–Tenía siete años cuando mamá y papá se separaron.

No dije nada: estaba demasiado sorprendida. Todo lo que había oído hasta entonces me había hecho creer que el matrimonio de Raymond y Patience había sido largo y feliz. Sabía por experiencia que a menudo un cliente puede dejar «una bomba» para el final de la sesión. En la profesión se denomina «bajar el picaporte». Quieren que el terapeuta tenga la información, pero no pueden enfrentarse a ella en el momento de revelarla.

Nuestra alegría al vernos después de las vacaciones de verano era palpable. Me conmovió que Chandice fuera a menudo la primera persona en hablarme al principio de una sesión, tratándome como a una amiga de la familia y diciendo «Hola, Julia», mientras saltaba en el sofá junto a su madre.

Me preguntó cuándo era mi cumpleaños y me hizo una lista de los cumpleaños de todo el mundo, por supuesto prestando especial atención al suyo. Recuerdo que, cuando estaba estudiando, me dijeron que no se puede engañar a los menores de cuatro años. Con Chandice eso parecía especialmente cierto. Esta niña enérgica y muy querida no perdía el ritmo. No solo captaba el estado de ánimo de todo el mundo, sino que sabía instintivamente cómo satisfacer sus necesidades y cuándo divertirse.

Empecé la sesión expresando mi confusión por el divorcio de Patience y Raymond. Patience se quedó pensativa al recordarlo.

—Al principio de nuestro matrimonio, todo era bonito. No sé qué lo cambió. De repente, todo fue cuesta abajo. Se iba de copas, se reía cuando quería hablar con él, fingía que todo iba bien cuando no era así. Le dije: «Tienes que cumplir con tu responsabilidad, los niños son nuestra prioridad ahora». Repetí eso durante años, le di muchas oportunidades. Pero no lo hizo. Era demasiado para mí...

Keith explicó además que el trabajo de su padre estaba en una calle con una casa de apuestas a un lado y un pub al otro. La bebida y el juego le hicieron descarrilar. Obtuvo un par de pequeños premios. Pensaba que, si ganaba otra vez, lo arreglaría todo.

Todo lo contrario. Estaba claro lo difícil que fue para Patience como madre trabajadora soltera.

—Tenía que asegurarme de que los niños estaban bien, de que iban al colegio y cumplían los horarios, de que estaban en casa a la hora adecuada, de que había comida en la mesa…, pero era mejor que el caos de su desaparición y de tenerlo en mi mente.

Para Keith, el ritmo feliz de su primera infancia se había esfumado. Tuvieron que vender la casa. Estuvo cinco años sin ver a su padre, hasta que, de repente, Raymond fue a visitarlo al instituto.

—Después, solía ir a verle y llegó a conocerle. Para entonces había sufrido un infarto. Era la mitad del hombre que había sido, con el corazón enfermo. Mamá significaba mucho para él, pero sabía que había metido la pata y nunca dijo una mala palabra sobre ella. Mary y yo lo vigilábamos. Mamá le cocinaba sopa los sábados todas las semanas. Pero nunca lo vio. Padeció otro infarto y perdió el habla, pero siempre conservó el buen humor.

El tono de Keith cambió como si todo su ser estuviera inmerso en el recuerdo de cuando su padre estaba gravemente enfermo y había decidido que no quería morir solo en su piso del Reino Unido: quería volver a casa, a Antigua.

—Antes de que se fuera, nos reunimos todos. Vino mamá e hicieron un baile precioso. Fue muy bonito verlos bailar.

Se me inundaron los ojos de lágrimas. Podía sentir el amor que experimentaban por Raymond, lo mucho que les había dado su amor y su risa, la tristeza y el dolor que sentían por él y que él había «arruinado».

El divorcio puede tener muchas consecuencias negativas para los hijos. Normalmente no se trata del divorcio en sí, sino de sus consecuencias: pobreza, enemistad entre los padres y alienación. A menudo, los hijos adultos de padres divorciados lo describen como el final de su infancia. Sabemos que los padres son importantes para el desarrollo y el bienestar de los hijos; lo que se sabe menos es que les va mejor cuando siguen criando a sus hijos. Raymond había sufrido. No fue el caso de Keith, quien no mostró ningún dolor duradero por el divorcio de sus padres. Recordé lo importantes que son las comunidades en la crianza de un niño. Keith tenía su comunidad: su madre, muy presente y cariñosa, sus hermanos mayores y sus parejas, que lo criaron.

Para evitar los estereotipos raciales sobre los padres negros ausentes, recurrí al libro *Living While Black*, de la psicóloga Guilaine Kinouani, que muestra que «los padres negros se encuentran entre los más implicados en la vida de sus hijos, 2,5 millones lo hacen frente a 1,7 millones que no lo hacen».

Le pregunté si Patience había tenido otras parejas. Había tenido una, durante un par de años –comentó–, pero no había funcionado porque era un mujeriego. Habló de él con ligereza, como si la relación no le hubiera marcado.

–Desde entonces estoy sola. Deben de ser ya treinta años.

Con tristeza, comprendí que su único amor había sido Raymond. Sentí que nuestro estado de ánimo decaía, consciente de las capas de pérdida que nunca podrían recuperarse.

Normalmente animo a mis clientes a expresar su dolor, como una forma de sanar, de llorar la pérdida vivida, pero instintivamente sentí que eso habría sido un error en este caso. Con respecto a los hombres que las habían decepcionado y abandonado, la familia solo sentía una aceptación pragmática. Patience marcó la pauta: era una mujer de su tiempo, cuya creencia subyacente era seguir adelante con la vida sin armar demasiado jaleo. Y la felicidad temprana de su matrimonio seguía sosteniéndola.

También pude ver que Raymond seguía siendo una influencia significativa para Keith –por su amor, su risa y su chispa–, así como un modelo a no emular. Keith lo dijo muy claramente.

–Aprendí de sus errores, lo doloroso que es cuando no funciona. También veo sus puntos fuertes. Intento ser más respetuoso… Estoy comprometido –dijo volviéndose hacia Angela.

Tanto Keith como Angela eran conscientes de que podían cambiar el guion que habían aprendido en su infancia y hacer algo distinto a lo que hicieron sus padres. Todos podemos cambiar esos primeros guiones.

Había una última pieza del rompecabezas de la familia Browne que no habíamos abordado: la relación de Linford con su padre biológico. Nadie lo mencionó nunca. Nunca supe su nombre. Necesitaba comprobar si estaba muerto. Pero no, estaba vivo. Cuando suscité ese tema, el cuerpo de Angela se movió. Normalmente estaba inclinada hacia delante, abierta y expansiva. En cuanto planteé la pregunta, se cruzó de brazos. Linford se movió. Keith y Patience se mostraron más relajados, incluso curiosos. La voz de Angela se ralentizó: su ira era contenida

234 *Cada familia tiene una historia*

pero penetrante. Llegaba a través de la pantalla hasta mi cuerpo, como un golpe.

–Era un mujeriego, un bebedor, no era de fiar. Hablamos de formar una sociedad y pensé que sabía quién era... Y entonces desapareció.

Dejamos que todos lo asimilaran. Linford fue el siguiente en hablar. Solía pensar mucho en papá.

–¿Quién es? Intentaba imaginármelo. Pero, cuando llegué a conocerlo... Bueno, averigüé quién era y descubrí que no quería saberlo. Era un borracho. Me pongo furioso o triste cuando lo veo. No puedo cambiarlo, de manera que tengo que dejarlo ir. Keith es mucho más mi padre que él. Él es una mejor influencia.

Había un tono de decisión en su voz que nunca antes había percibido. Era un tema sobre el que había reflexionado mucho. Le pregunté si quería que su padre supiera algo. Linford se rio. Le gustó mi pregunta. Su rabia contenida se liberó en sus últimas palabras.

–No debería haber dejado a la madre de mi hermana [refiriéndose a la anterior pareja de su padre y a su hija] y, en segundo lugar, ¡tenía que DEJAR DE BEBER!

Hubo una pausa y, con una sonrisa, Linford se volvió hacia Angela.

–Mamá quiere matarme a veces porque me parezco a él e incluso hablo como él.

Esto nos llevó en una dirección diferente y abrió una experiencia que es común en muchas familias con padres divorciados. Angela, sonriente pero inflexible, explicó:

–Linford cree que puede ser Linford y usar su encanto, que es como su padre. Yo quiero que sea más como yo, y no como «haz lo que quieras cuando te apetezca». En un momento soy su amiga y, al siguiente, soy su madre.

Me encontré saltando en defensa de Linford (más como una amiga protectora que como una terapeuta imparcial, o quizá me había recordado a mi hijo en ese momento).

–Para ser justos –le señalé–, ¿qué ha hecho mal? Terminó la carrera. Ha sido el primero de su familia en hacerlo, consiguió un trabajo, lo conservó, se las arregló solo en el juicio. Tiene un piso, no bebe y tiene mucho encanto.

Linford, con una sonrisa de oreja a oreja y seguro ahora de que tenía un aliado en mí, estalló:

–Mamá hace exactamente lo mismo. Cambia entre ser compañera de juego y madre. Ya no vienes a cenar, y le digo: «Ven cuando estés lista». Y otras veces es como si estuviera siendo irrespetuoso.

Angela no discutió y respondió:

–Me parece justo, tienes razón, pero me hace pensar que tienes que ponernos a nosotros primero.

–Sabes que siempre te pongo a ti primero –contraatacó Linford. ¡*Mamá*! Tú lo sabes. Estoy de acuerdo en que, a veces, tienes que corregirme. Pero… es bien sabido. Es imposible para mí ser como mi padre. Tú me criaste. Tengo a Keith como padre. La gente como Keith no aparece muy a menudo.

Patience concluyó el debate con su inimitable e impactante estilo.

–Linford tiene un futuro brillante.

Yo también creía que era un joven extraordinario. Linford planteó una cuestión importante: el infravalorado papel educativo de los padrastros. Creo que se les da muy poco valor y

236   **Cada familia tiene una historia**

crédito. Además, como nuestros caminos no están grabados en piedra, la intervención adecuada en el momento oportuno puede hacer que un hijo con un resultado potencialmente negativo tome un camino positivo y resiliente.

Nuestra última sesión se centró en lo que había llegado a representar el nexo familiar del conflicto: la cena de Navidad. A lo largo de milenios, las familias han marcado transiciones o épocas importantes. El ritual de cada familia es único y está influido por su cultura; el patrón familiar de reunirse es a la vez festivo y reconfortante. La sociedad ha perdido muchos de sus rituales desde que se hizo más secular, pero la Navidad se mantiene en gran medida. Para la familia Browne, la Navidad tenía más poder para mantenerlos unidos de lo que nadie creía. Cuando Patience dejó de ser «la señora Navidad», la conexión entre los miembros de la familia empezó a fragmentarse. Gracias a nuestras conversaciones, acordaron celebrar una comida.

–El otro día –me comentó Angela– estuvimos hablando de ello. Mamá, ven a casa, cena algo, relájate y disfruta sin llamarlo Navidad.

Patience estuvo de acuerdo y añadió:

–Pongámonos en marcha y seamos una sola familia. Queremos estar cerca los unos de los otros.

Fue un momento importante, el desbloqueo de la herida del pasado, un paso hacia su nueva forma de estar juntos como familia. No olvidaban en absoluto las pérdidas y dificultades del pasado, sino que las superaban para estar juntos.

Las familias son entidades vivas y dinámicas que necesitan

actualizarse y revisarse a medida que sus miembros crecen, mueren, cambian y evolucionan. Tuve el privilegio de presenciar de qué modo los miembros clave de esta familia revisaron, aclararon y cambiaron sus actitudes para poder reconciliarse y funcionar juntos con amor.

Nuestro trabajo estaba hecho. Todos coincidieron en que hablando se entendían mejor.

–Me ha ayudado –comentó Patience– y ahora estamos muy unidos.

–Me alegra saber –añadió Keith– que las cosas han mejorado. Grace me llamó el día de mi cumpleaños. No sabe lo que sentí.

–Todos podemos –dijo Ángela– entender mejor la perspectiva de los demás. Para Linford, «ha estado muy bien».

Estar con ellos como alguien ajeno les permitió mantener conversaciones que no podían tener estando solos. Su cercanía se había visto bloqueada por la tragedia de la muerte de Amani. Habían intentado estabilizarse reprimiendo pensamientos y sentimientos incómodos, sin saber cómo expresarlos y sin comunicarlos, pero eso había sacado a la superficie e intensificado resentimientos y rivalidades preexistentes; es lo que hacen las crisis. Las sesiones les permitieron sincerarse sobre lo que les resultaba difícil, enfadarse, desahogarse y reconciliarse. Creo que mi papel garantizó un espacio equitativo para cada una de las voces de la familia, algo que a menudo se ve bloqueado por la dinámica familiar y secuestrado por la persona que grita más alto. Fueron capaces de reconocer los puntos de vista de los demás y de dejar de lado su ira. Cuando la voz de todos tuvo el mismo valor, pudieron abrirse más a nuevas ideas.

238   Cada familia tiene una historia

No es la discusión lo que importa: lo importante es airear pensamientos y sentimientos que, cuando se reprimen o se dejan enconar, se convierten en resentimientos y posturas fijas. Lo que importa es cómo se desarrolla la pelea. Angela y sus hermanos, probablemente faltos del liderazgo de su padre, no se habían reconciliado. Angela había trasladado su amor y atención a aquellos en quienes confiaba. Los Brown, liderados por Patience, no se atacaron para herirse, ni sacaron a relucir una lista de anteriores ofensas, se centraron en el problema presente. Tuvieron la buena voluntad de escuchar atentamente, no insistieron en tener razón, y encontraron la manera de reconectar amorosamente después. Con el tiempo, sus peleas crearon cercanía y conexión.

Se trataba de una familia que había padecido grandes adversidades a muchos niveles: muertes prematuras, divorcios, distanciamiento entre hermanos, un arresto, muchos ataques racistas. Y, sin embargo, prosperaron. ¿Por qué? Para mí, Patience marcó la pauta. Ella era la fuerza que transmitía el poder para que la familia se mantuviera unida y sobreviviera a los malos tiempos. Su amor fiable y predecible era la base de sus vidas. Su amor me parecía que les protegía de las peores heridas de los ataques racistas. Sus otras cualidades –resistencia, humor y esperanza– también se transmitían a todos los miembros de la familia. Lo que ella modelaba con su comportamiento influía tanto como lo que decía. Confiaban en ella, lo que les permitía confiar en sí mismos y en los demás. Paradójicamente, también había provocado distanciamiento en la crisis de la muerte de Amani.

La fe era la fuente de gran parte de la fortaleza de Patience en los momentos difíciles.

Cuando sufrimos un duelo intenso, nos quedamos bloqueados en la historia repetitiva que nos contamos a nosotros mismos. Forzados hasta el límite, tenemos poca capacidad para incorporar las narrativas de pérdida de los demás. Cada individuo hace lo que puede para afrontar su propio dolor, pero, sin cooperación, el sistema familiar puede fragmentarse en pequeñas islas de dolor.

En nuestras sesiones, Linford forjó el vínculo vital entre los miembros de la familia y sus puntos de vista enfrentados. Fue él quien replanteó su diálogo y los ayudó a sanar.

Cuando una familia está bloqueada, solo hace falta una persona para cambiar la dinámica y volver a ponerla en marcha. A menudo, los niños son los más indicados para hacerlo. Sin el tejido cicatricial de las pérdidas acumuladas, tienen la elasticidad necesaria para ver las cosas con otros ojos y proponer nuevas soluciones.

La sabiduría no solo proviene de la experiencia, sino de ser lo suficientemente flexible como para adquirir una nueva perspectiva.

La sabiduría de la juventud es un recurso bastante infravalorado.

La familia Rossi

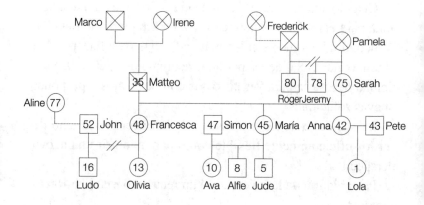

La familia Rossi
Cómo recuperarse de la larga secuela del trauma

Caso

La familia Rossi está formada por Sarah, de setenta y cinco años, fisioterapeuta jubilada, y sus tres hijas: Francesca, de cuarenta y ocho, madre soltera de dos hijos que vive en Italia y trabaja como conservadora en un museo; María, de cuarenta y cinco años, casada y madre a tiempo completo de tres hijos, y Anna, de cuarenta y dos años, casada y de baja por maternidad en su trabajo como enfermera. Eran católicas practicantes, sobre todo Sarah, que asiste a la iglesia con regularidad. Su marido, Matteo, policía italiano, se suicidó cuando las niñas eran pequeñas. Hace cuatro años, cuando Francesca estaba en un centro de tratamiento por alcoholismo, se hizo evidente que había problemas familiares no resueltos por su traumática muerte, lo que les impulsó a buscar terapia familiar. Nos conocimos a través de Zoom.

242   Cada familia tiene una historia

El suicidio es como una bomba de racimo. Las esquirlas atraviesan a los más cercanos, perviviendo en su interior en forma de dolor y trauma hasta el momento en que se localizan y se aborda la lesión. La culpa y los reiterados «y si…» y «por qué…» son solo algunos de los sufrimientos a los que se enfrentan los supervivientes. Las tres hijas de Matteo llevaban demasiado tiempo viviendo con el dolor de la muerte de su padre. Ahora, cuarenta años después, querían analizar cómo las había afectado a ellas y a su madre.

Cuando conocí a Sarah me impresionó la fuerza de su voz, fuerte y grave. Me miraba a través de unos ojos ovalados, con su espeso pelo blanco bien peinado y recogido con una pinza de carey. El mensaje que quería transmitir era claro: «No te metas conmigo. Soy fuerte». Como terapeuta, parto de la base de que las defensas más duras ocultan una mayor vulnerabilidad. Pronto me di cuenta de que el caparazón de protección de Sarah tenía un buen motivo.

Cuando conozco a un cliente me pregunto: ¿cómo ha llegado a ser así? Sarah me contó su historia. Sus primeros años no fueron fáciles. Era la menor y única hija de tres hermanos en una familia de clase media de York. Su padre era médico de cabecera y su madre había sido enfermera hasta que dejó de trabajar cuando nacieron sus hijos. Pero su padre se había liado con la mejor amiga de su madre, lo que provocó un virulento divorcio. Sarah solo tenía siete años. Me sorprendió escuchar que, en el acuerdo de divorcio, los niños se repartieron entre los dos padres, como si fueran muebles. Un hermano se fue a vivir permanentemente con su padre, el otro con su madre, mientras que Sarah rebotaba entre los dos hogares, como una pelota en una amarga partida de *ping-pong*. Su voz era inusualmente tranquila, lo que denotaba su reticencia a recordar mientras rememoraba aquella época.

–Era todo lo que sabía desde muy pequeña, de modo que no lo cuestioné. Pero ahora miro atrás y me pregunto en qué estarían pensando. El único alivio era que solo tenía que ver a mi hermano mayor cada dos semanas. Me intimidaba, me trataba como si fuera una chica débil e idiota… Mi relación con él es mejor en la actualidad –añade–, pero sigo sintiendo ese zumbido de miedo cuando me mira o habla en un determinado tono.

Mientras Sarah hablaba, pensé en la teoría del apego de John Bowlby. En su forma más simple, propone que las relaciones primarias que tenemos en nuestros primeros años establecen los patrones que informan y predicen cómo nos comportaremos en nuestras relaciones futuras, y de qué modo gestionaremos nuestro yo emocional: si seremos seguros y robustos, o inseguros y más frágiles. Cuando alguien con un apego inseguro padece un trauma, su capacidad para gestionarlo disminuye a consecuencia de los mecanismos de afrontamiento negativos que aprendió en su infancia. Es como los robles: el que tiene raíces profundas y asentadas en un buen suelo fértil está mejor preparado para resistir las tormentas que lo agitan. Y no son solo nuestros cuidadores quienes nos forman, nuestros hermanos también influyen en nuestro desarrollo para bien y para mal. El desprecio del hermano de Sarah había impreso en ella otra capa de miedo, que se movilizaba rápidamente ante acontecimientos traumáticos. El divorcio dejó en ella una herida envenenada. Sarah me dijo, con cierta fuerza, que el divorcio hace casi setenta años comportaba un terrible estigma: cuando era pequeña

244 Cada familia tiene una historia

no había conocido a nadie cuyos padres se hubieran divorciado, lo que la llevó a sentirse marginada y distinta. A ello se sumaban los sentimientos contrapuestos en torno a la separación de sus padres: la traición, la furia, y el precio que Sarah pagaba por no haber tenido nunca un hogar estable. Inevitablemente, como era habitual en aquella época, no se hablaba de este tema. Nadie reconocía el daño que el silencio causaba. Se esperaba que continuaran como si nada negativo hubiera ocurrido.

Sarah se volvió hacia mí con una sonrisa que no se correspondía con el dolor de sus ojos.

–Así pues, por esas razones, siempre quise un matrimonio feliz y estable… Recuerdo que me tumbaba en la cama e imaginaba la hermosa familia que iba a tener: literalmente tenía esa imagen de una valla de madera coronada de rosas –y añadió riendo con amargura–: pero no fue exactamente así.

Me di cuenta de lo desestabilizadora e impredecible que debió de ser la vida de Sarah, rebotando entre sus padres y viviendo en medio de tanta tensión no expresada. La regla dominante de ambos padres era «no armes jaleo, sigue adelante», y Sarah lo hizo siendo eficiente y organizada. Seguir adelante era una habilidad de supervivencia vital que necesitaba y que aún le funcionaba. Viendo ahora el rostro inmaculado que mostraba al mundo, supuse que el perfeccionismo y el control eran algunas de sus estrategias de supervivencia. Sin duda, sus experiencias de niña fueron las influencias inconscientes que moldearon su respuesta a los acontecimientos de la vida a medida que estos se desarrollaban.

A diferencia de sus hermanos, Sarah no fue a la universidad: era una joven de finales de los sesenta. Después de trabajar varios años como secretaria, viajó a Palermo (Sicilia) para aprender italiano.

–Esperaba descubrir mi yo adulto, más segura de mí misma y más feliz. Había sido una niña muy tranquila y buena. No tenía ni idea de lo que me gustaba ni de quién era.

En lenguaje terapéutico, era «una niña adaptada», que solo sabía lo que quería cuando satisfacía los deseos y necesidades de los demás. Pero no hacía falta rascar muy profundamente en Sarah para encontrar a la niña vulnerable que se ocultaba en su interior. Pensé que, aunque tenía veintitantos años cuando se marchó de Inglaterra, era probable que su desarrollo emocional se hubiera interrumpido en el momento del divorcio de sus padres. Imaginaba que el yo abandonado, asustado, de siete años, podía volver a reaparecer fácilmente ante el menor indicio de abandono.

Sarah floreció bajo el sol siciliano, bañándose en su nueva identidad italiana. Como era de esperar, en seis meses se había enamorado de Matteo, un joven policía. Se conocieron en un festival de verano. Era guapo, divertido y muy atento. Se prometieron al cabo de un año. Sin embargo, no fue hasta después de casarse cuando descubrió que había dos versiones de Matteo: el encantador amante de la diversión y el alcohólico descontrolado.

En ocho años tuvieron tres hijas, y el alcoholismo de Matteo se había desbordado. Una tarde, las mujeres de la familia volvieron de comer y no encontraron rastro de Matteo. Esa noche se había pegado un tiro. Sarah regresó a Inglaterra con treinta y cinco años, viuda, arruinada y con tres hijas traumatizadas.

El centro de nuestra terapia fueron las consecuencias del suicidio que se habían manifestado dramáticamente en cada una de ellas durante las décadas transcurridas desde su muerte. El suicidio no termina con la muerte. El legado del trauma no tiene palabras y es aterrador. Vive en el cuerpo e interrumpe todos los aspectos de la vida de una persona. Convierte el oro en plomo.

Hablé por primera vez con las cuatro mujeres cuando estaban de vacaciones juntas en Italia. Habían alquilado una casa cerca de donde vivieron los padres de Matteo y donde pasaban todos los veranos. Las tres hijas de Sarah, de piel dorada y ojos marrones, me miraban sonrientes. Aunque había un parecido familiar entre ellas, cada una manifestaba sus propias peculiaridades. Francesca tenía el pelo rubio, arreglado en un corte recto, llevaba varios collares de plata y turquesa y parecía que se esforzaba por mantenerse en forma. María llevaba el pelo largo y castaño ondulado hasta los hombros, con gafas de aviador, camisa de cuello blanco y su característico pintalabios color ciruela. Anna también era morena, llevaba el pelo recogido en una coleta, grandes aros en las orejas, nada de maquillaje y una blusa de lino.

Incluso a través de la pantalla del ordenador podía percibir el zumbido de energía que las hermanas emanaban al estar juntas. Sarah habló primero, apretando su puño.

—Creo que la idea era que esto podría ser una buena idea para nuestra madre. Tal vez ella necesite un poco más de ayuda.

Al hablar de sí misma como objeto, en lugar de subjetivamente, pude apreciar lo difícil que era para ella asistir a terapia con sus tres hijas. Sabía que nos íbamos a reunir para hablar del suceso que trastornó su vida, que habían intentado superar durante décadas sin conseguirlo, y que iba a ser muy doloroso. La expresión «el tiempo lo cura todo» solo es cierta si las personas hacen el trabajo que les permite curarse. Si no es procesado, el duelo intacto sigue tan vivo como el día de la muerte, por muchos años e incluso décadas que hayan pasado.

Cuatro años antes, cuando Francesca había ingresado en un centro de tratamiento para adicciones, estaba claro para todas ellas, durante una sesión grupal de toda la familia, que quedaban muchas cuestiones sin resolver derivadas del suicidio de Matteo. Les pregunté qué recordaban de esa sesión grupal, y Sarah, hablando de nuevo tranquilamente, les dijo a sus hijas:

–Adelante, vosotras lo sabéis mejor que yo. Tenéis un buen cerebro para recordar. Recuerdo que hablé sin parar.

–Pero si tú no *hablaste* –replicó Francesca.

Sarah se estremeció.

Tenía la impresión de que, aunque Sarah quería que todo fuera mejor, no sabía cómo hacerlo. Y lo que mostraba era una especie de hastío: «Sigamos adelante». Bajo esa aparente capacidad, yo percibía un tumulto de sentimientos inquietantes. Por encima de todo, le aterrorizaba volver a vivir el trauma, y eso era, precisamente, lo que la mantenía atrapada en él.

Todas me contaron, con gran emoción, que una vez terminado el funeral de Matteo no habían recibido ningún apoyo de nadie, ni de la familia ni de los amigos.

–Nadie me escuchaba. No pude expresar nada –dijo Sarah con comprensible enfado.

Cuando acudió a su médico en busca de ayuda y consejo, este se limitó a decirle:

–Lo está haciendo bien. Siga adelante y disfrute de sus hijas.

248 Cada familia tiene una historia

Sarah se lo tomó como la única opción posible: proteger a sus hijas, proporcionarles un techo, ganar lo suficiente para pagar las facturas, y sobrevivir. Todas estaban de acuerdo en lo duro que había sido para ella y lo vital que era su fortaleza a la hora de crear un hogar para ellas. En aquel momento, había escasez de información, apoyo o comprensión psicológica de las necesidades de los niños en duelo en general, y del suicidio en particular. Su familia había sido arrojada a este devastador planeta alienígena completamente sola.

Francesca, cuyo rostro permanecía en la sombra, lo que me dificultaba su lectura, comentó:

—Nunca habíamos sido tan directas con mamá.

Sarah se rio con cierta indecisión. Percibí la frustración de Francesca. Las hijas sentían que habían hecho el trabajo terapéutico necesario para afrontar la muerte de su padre, pero su madre no. Sentían que, aunque ella era, como había dicho Anna, «una mujer muy competente, que se enfrentaba a la situación y se ponía manos a la obra», también era bastante inestable.

—En un momento está enfadada o molesta, cuando asume esa voz de madre dominante, pero al momento siguiente es muy vulnerable, está en apuros o es débil. Entonces siento que mamá se comporta como si la dejáramos de lado o estuviéramos confabulando contra ella, como si hubiera una dinámica de poder desigual y ella fuera la niña.

A los padres no les gusta que sus hijos adultos los critiquen. Esperaba que Sarah respondiera indignada y a la defensiva. En cambio, dijo:

—Estoy totalmente de acuerdo y ahora estoy dispuesta a indagar un poco más. Creo que, sea lo que sea lo que sucede en el mundo en este momento, es un buen momento para hacerlo. De hecho, he tenido algunas charlas con Anna referentes a encontrar un terapeuta... Así pues, en efecto, me encantaría estar un poco más equilibrada con estas tres mujeres. Sé que han crecido mejor que yo... Eso no suena demasiado bien, ¿no?

Sus hijas estaban encantadas.

—Ha sido maravilloso ver cómo ganabas confianza con tus amigos —le dijo Anna infundiéndole ánimos.

Sarah sonrió. Pero unos instantes después parecía triste, con lágrimas en los ojos, y María, su hija mediana, que parecía más protectora con su madre, le dijo:

—Veo que lo estás pasando mal y no puedo soportarlo. ¿Qué podemos hacer?

Intervine y le comenté que ella no tenía que hacer nada: ese era mi trabajo. Era el momento de efectuar una aportación psicológica. En primer lugar, debían reconocer que eran una familia que se quería y que tenía la buena voluntad de querer mejorar su relación. Añadí que esto no era en absoluto un hecho. A menudo, la crisis del suicidio provoca terribles conflictos en el seno de la familia, y el dolor se manifiesta en la ira de unos contra otros. Pero tenían un cierto nivel de confianza y amor que significaba que estaban dispuestas a soportar el malestar consiguiente, sabiendo que sería doloroso y difícil.

Por encima de todo, deseaban averiguar la verdad, todas sus diferentes verdades. Habían vivido juntas la misma historia, pero la forma en que las había afectado, incluida su madre, dependía de su edad, su orden de nacimiento, los papeles que habían asumido, su genética y su tipo de personalidad. Quería que supieran que sentía una gran admiración por su valentía

250   Cada familia tiene una historia

a la hora de enfrentarse a sus traumas pasados. Y les reiteré que intentaríamos conectar con lo que habían sentido en su cuerpo en aquel momento, pero para lo que quizá carecían de palabras. Como seres humanos, triunfamos cuando tenemos una narrativa, una historia que podemos contarnos a nosotros mismos sobre lo sucedido. Pero ninguna de ellas –sobre todo Sarah, que era la única adulta– sabía cómo comportarse ni lo que necesitaba.

En este caso, fue la vergüenza prohibida e inaceptable del suicidio lo que rodeó la muerte de Matteo, sobre todo porque eran católicos romanos. En Italia, hasta principios de los años setenta no se permitía enterrar en tierra consagrada a los fallecidos por suicidio.

–Tengo que dar un paso más –señaló Sarah mientras asentía con la cabeza–. Como decían las chicas, últimamente tengo más confianza con los amigos e incluso con mis hermanos, que me daban pánico. A veces, era como si volviera a tener tres años, pero ahora estoy más equilibrada.

Francesca se mostró de acuerdo, pero luego volvió a nuestra conversación anterior, señalando:

–Creo que todavía te duele bastante y, mamá, no quiero avergonzarte, pero tus rabietas, como la de ayer en la playa…

Las hermanas habían estado en la playa con sus hijos, no habían visto a su madre detrás de ellas y se habían ido en dirección contraria. Ella se enfadó mucho y tuvo lo que ellas llamaban una rabieta.

Sarah respondió enérgicamente que la habían malinterpretado. Luego se calmó, explicando que la situación la había desencadenado el recuerdo del abandono de Matteo.

–No me había dado cuenta de que era mi aniversario de boda hasta más tarde. Fue un momento terriblemente doloroso. Sentí un abandono profundo, muy profundo. Me eché a llorar, lo cual estuvo bien, pero, cariño –esto lo dijo con voz airada–, no quiero ser frívola, pero fue algo brutal. –Se tomó unos momentos para reflexionar y luego añadió-: Ojala pudiera comportarme más como una persona adulta, es vergonzoso. Eso es lo que quieres decir, ¿no?

Reconocí que, por doloroso que fuera, permitirse reconocer su sensación de abandono y llorar por la pérdida me parecía una liberación importante. Sarah admitió que nunca antes había pensado en la muerte de Matteo de ese modo, como si él la hubiera abandonado: siempre había intentado defender su honor, diciéndole al mundo que estaba «enfermo». No se había conferido a sí misma esa protección. Me alivió que por fin empezara a reconocer las consecuencias que su suicidio había tenido para ella. Mientras mantenemos puntos de vista inalterables, permanecemos bloqueados emocionalmente. Cambiar de perspectiva nos abre a emociones nuevas y liberadoras.

Sarah había dado un primer paso provisional para solucionar los problemas de su pasado. Pero sus hijas querían que siguiera adelante, que abriera los ojos para ver cómo afectaba a su comportamiento con ellas. Observando a las cuatro en la pantalla, noté signos reveladores de la frustración con su madre: leves fruncimientos de ceño y movimientos crispados. María no dejaba de frotarse la nariz.

Anna habló primero.

–Estoy de acuerdo en que es mucho más profundo, y es bueno que mamá se exprese. Pero, mamá, a menudo acabamos sintiendo que te hemos herido. No queremos sentir que tenemos que andar de puntillas a tu alrededor, sobre todo cuando nunca te hemos hecho daño intencionadamente.

Estaba a punto de decir que los comentarios que Sarah estaba recibiendo no eran críticos, cuando Francesca me interrumpió.

–Creo –señaló– que lo digo en sentido crítico. Sé que no suena muy amable. Siento que, siendo la mayor, desde muy pequeña he tenido que controlar los sentimientos de mamá, que pasaban del dolor a la ira sin previo aviso. Y, a mis cuarenta y tantos años, me encantaría no seguir haciéndolo... Me siento como una mala persona al decirlo, pero también quiero que hagas tu parte del trabajo y que seamos sinceras y hablemos por fin de estas cosas.

Mientras hablaba, pude ver el miedo en los ojos de Anna y María, porque no sabían si su madre lo soportaría. Pero Sarah dijo que se alegraba mucho de oírlo y, a pesar de las lágrimas en sus ojos, les aseguró que quería cambiar. Aunque se consideraba impotente, tenía un efecto sobre sus hijas mayor de lo que suponía. Como era su madre y había sido impredecible en el pasado, su ceja levantada podía provocar oleadas de miedo en las tres hijas. Comprender esto le parecía sumamente importante.

Sarah ponía buena cara. A pesar de estar temblorosa, también se mostró enérgica y lo admitió.

–Tengo que ser más consciente de lo que digo, pero puede que me calle para siempre si tengo que hacerlo.

Las desafié a que reconocieran que no se trataba de ser buenas o malas, o de ser perfectas, se trataba de recalibrar el poder entre ellas como adultas, de ser capaces de ser honestas las unas con la otras y de aceptar la incomodidad que a veces esto suscitaba, de confiar en que podían reparar su relación después de una pelea. Las tres hijas se unieron a ella, manifestando su propia versión de la situación.

–Mamá, vamos a comunicarnos más, a reconocer cuando las cosas van mal y a aceptarlo.

–Puedo ser yo misma con mis hermanas –señaló Francesca, haciendo el mayor intento de llegar a su madre–, con mis defectos y todo lo demás. Mamá, deseo que sepas que te queremos, que eres divertidísima, estrafalaria, rara y asombrosa, y que te queremos por todo eso. Lo más importante para nosotras como tus hijas es que levantes la ceja, seas tú misma y hablemos de ello. De ese modo, con suerte, será menos doloroso para todas.

–Gracias –respondió simplemente Sarah sonriendo y sonrojándose.

Fue un buen principio. Me impresionó su valentía y honestidad, y me sentí orgullosa de que Sarah estuviera dispuesta a ello. Encontrar la fuerza suficiente para asumir su vulnerabilidad iba en contra de todo lo que ella conocía. Las tres personas que más quería en el mundo se enfrentaban a aspectos de su comportamiento que querían que cambiara. Todas habían experimentado traumas, y las personas traumatizadas se ven a sí mismas en un mundo diferente y aterrador, sintiéndose indefensas. Sabía que podía ayudarlas creando poco a poco un clima de confianza entre ellas y animándolas a encontrar las cosas que más las equilibraban a cada una: terapia, yoga, danza, naturaleza. El ciclo traumático en el que estaban inmersas como familia les restaba fuerzas y se veía sustituido por el vértigo de la vergüenza. Al expresarlo juntas, por fin fueron capaces de drenar parte del residuo venenoso.

Parecía que avanzábamos, liberando todo tipo de pensamientos no expresados anteriormente sobre la dinámica familiar, en particular entre Sarah y sus hijas. Ahora bien, necesitábamos seguir adelante, hacia la raíz de su trauma. La siguiente sesión comenzó cuando Sarah mencionó que un amigo de la familia había dicho algo amable sobre Matteo. Le había conmovido porque, por primera vez, recordaba, se alegró de oírlo, en lugar de pensar algo así como «Ay, si tú supieras».

–Es bonito –respondió Francesca, la mayor de las hermanas– escuchar a alguien decir algo bueno de papá. Pero mi recuerdo es que la gente siempre está insistiendo en lo genial que era. Nunca he oído a nadie preguntar «¿Fue muy duro que tu padre fuera un alcohólico depresivo que se suicidó?».

Es cierto que a menudo las personas más cercanas a nosotros evitan hacer preguntas difíciles, normalmente porque no saben qué hacer con las respuestas, ya que pensamos que no podemos solucionar el dolor ajeno. Sin embargo, merece la pena recordar que estar empáticamente al lado de alguien que sufre es un regalo en sí mismo. Una forma sencilla de entablar conversaciones importantes y potencialmente dolorosas es preguntar «¿Tienes alguna preocupación? ¿Qué te duele?».

Sarah estaba de acuerdo en que los demás nunca hablaban de la realidad de su muerte porque no querían escucharlo. Y siguió diciendo, dirigiéndose a sus hijas:

–Eso es lo que nunca me he atrevido a preguntar. ¿Cómo fue para vosotras?

Dejé que su poderoso reconocimiento calara hondo y luego les pedí, con voz tierna, que me contaran cómo había sido.

Se hizo un silencio durante unos instantes. Casi podía sentir su estremecimiento. Anna habló primero, diciendo que no lo sabía realmente porque era muy pequeña. Todas lloramos cuando dijo:

–Mis primeros tres años fueron sus últimos tres años… A menudo he pensado, ¿no era yo suficiente para que él quisiera vivir?

Luego añadió que era consciente de que fue peor para Francesca, porque veía y recordaba de qué modo «todo se fue al garete».

–Ahora estoy desesperada –añadió María– por hablar de ello. Pensaba que era normal, que era incómodo hablar de algo emocional. Todas fingíamos que no nos importaba. Sé que papá era divertido. Me encantan las historias alegres, y miro su fotografía y era tan guapo… Pero hay muchas lagunas. Quiero conocer toda la verdad. Estoy harta de que me la oculten.

Yo observaba a Sarah mientras esta asimilaba las palabras de sus hijas. Dijo que tenían razón al querer hablar, y que ella también deseaba hacerlo, pero que tenía un nudo en la garganta provocado por el miedo. Pude ver que apretaba los dientes, que apenas aguantaba. Le pregunté si podía ayudarla. Sonrió y dijo que no, que solo quería escuchar.

Reflexionaron sobre la historia de su padre, quien, como policía, se había visto implicado en muchas situaciones violentas, incluida una en la que había disparado a un hombre, lo que debió causarle su propio trauma. Sus padres eran afectuosos pero tradicionales, y nunca hablaban de cómo les había traumatizado la guerra, sino que afrontaban la vida bebiendo y comiendo en grandes cantidades. Sarah y sus hijas estaban de acuerdo en que todos esos sentimientos reprimidos las entristecían y en que estaban enfadadas con los demás adultos de su vida, ninguno de los cuales había estado a su lado cuando lo necesitaban. Todo era cuestión de protección.

Me quedé con otra imagen conmovedora, la de cómo siempre habían sentido como una «puñalada» ver a otros niños con sus padres. Podía imaginar esa punzada de dolor cada vez que veían a un niño sujetando la mano de su padre, escuchando, hablando juntos y abrazándose. Era un recordatorio constante de los cientos de interacciones perdidas, el espacio en el que debería haber estado su propio padre.

–Es muy especial hacer esto –dijo Francesca al terminar la sesión, sonriendo y mirando a su madre.

Yo también lo pensaba. Habían expresado sentimientos y pensamientos que llevaban décadas ocultos en su cuerpo. Sabía que era duro para Sarah; pensé que estaba aprendiendo el poder de hablar de las cuestiones más dolorosas, y que eso no las mataba, al contrario, conducía a la curación.

Desplegar sentimientos dolorosos nunca es un proceso fácil. Justo antes de empezar nuestra siguiente cita, supe que Sarah no se encontraba bien y no nos acompañaría. Cuando sus hijas se conectaron, pude ver sus diferentes reacciones: Francesca estaba enfadada, pues aún le quedaba mucho por saber de su madre; las otras dos hijas estaban preocupadas. Sarah había experimentado «un extraño cambio», se sentía mal y no podía hablar ni dormir. Padecía fuertes dolores de cuello y terribles jaquecas. El médico pensó que tal vez se trataba de COVID prolongado. Anna creía que era todo, incluido el confinamiento. Sarah llevaba meses completamente sola, con sus ansiadas vacaciones de invierno canceladas. Yo, por mi parte, tenía la hipótesis de que, al empezar a procesarlo, la larga cola del trauma también había comenzado a actuar en su cuerpo.

Se sintieron aliviadas de que ya estuviera mejor y, lo que es más importante, de que acudiera a una terapeuta y nos dijera que se reuniría con nosotras cuando resolviese algunos de sus problemas y se sintiera más fuerte. Les dije que debía de estar furiosa con Matteo. Cuarenta años después, seguía lidiando con las consecuencias de su suicidio. Se había quedado plantada, había criado sola a sus hijas y ahora sus hijas le reprochaban que no lo había hecho bien.

Todavía había muchas preguntas que querían que se respondieran. María se preguntaba por qué Sarah «siempre intentaba justificar el hecho de que no nos mencionase en la nota».

Le pregunté qué decía la nota. Francesca apartó la mirada y recordó.

—Lo más difícil que le he pedido a mamá es ver la nota. La dejó en mi cama para que yo la encontrara y nunca hablamos de ello.

Anna comentó lo furiosa que estaba de que no les hubiera dejado una nota.

—Sé lo profundamente diferente que me sentiría si simplemente me hubiera dicho que me quería. Quizá habría tenido relaciones decentes con los hombres.

En cierto sentido, la ausencia de Sarah había abierto una

puerta, permitiendo a sus hijas examinar los efectos profundos y duraderos del suicidio de Matteo. Mientras hablábamos, oscilaban entre la rabia y la tristeza. Podía percibir el dolor en la voz de Francesca cuando dijo:

–Nunca hemos hablado de la noche en que murió… Sabemos que salimos, nos fuimos a la cama, mamá lo encontró en el garaje… Yo tenía ocho años. Yo no sabía cómo debía ser el duelo. Desde entonces he intentado sentirme afligida, pero no he podido. Nunca he tenido los sentimientos que se supone que debo tener como niña afligida.

Podía sentir el peso de su tristeza e ignorancia en mi cuerpo mientras hablaba.

María y Ana miraron a Francesca con una especie de anhelo en los ojos, deseando que les contara algo más. Pero lo único que fue capaz de decir fue:

–Cuando subimos al coche para ir a comer, mamá estaba triste y dolida porque papá no iba a venir con nosotras. Él se acercó a nosotras en el coche. Por una vez estaba sobrio al cien por cien. Dijo: «Os quiero». Y pensé: «Qué bonito». Recuerdo que se dirigió a todas nosotras… Fue algo deliberado para todas nosotras. Era un blandengue.

María se sorprendió y dijo que nunca lo había recordado, pero sí ahora que lo había contado Francesca.

–Recuerdo a mamá llorando –continuó María–. Cuando fui a verla, me dijo que me acostase y que hablaríamos de ello por la mañana.

Sin embargo, nunca hablamos de esa historia. No hablamos de ir a ver su cuerpo. No vimos su cuerpo, lo que deberíamos haber hecho.

Anna se sumó a la conversación.

–Recuerdo bajar las escaleras y ver a todo el mundo llorando y almorzando, y pensé «Voy a comer patatas fritas». Recuerdo las galletitas de chocolate. Ahora me siento un poco pálida y sudorosa.

–Cariño, todo eso ya pasó –dijo Francesca sonriendo cálidamente y confirmando sus recuerdos

Las animé a hacer una pausa y a respirar. Les pedí que me dijeran qué sentían en su cuerpo. Me respondieron que sentían un nudo en la garganta y opresión en el pecho. La respiración les permitió metabolizar la historia que estaban contando.

Anna lloraba mientras hablaba. Eran datos muy importantes.

–Gracias a Dios. Todo esto es nuevo para mí.

–Cariño, él te quería –le dijo Francesca mientras la miraba con dulzura–. Nos quería a todas, y es muy triste. Creo que contó que lo hizo por nosotras, para darnos una vida mejor.

María se mostró de acuerdo y les dijo que eso era lo que siempre le decía a la gente, de manera que no se sintieran apenadas por él. Pero ahora reconocía…

–Nuestra vida ha sido mejor porque él no estaba, y nuestra vida también ha sido una mierda porque él no estaba.

Aunque era doloroso, tener una historia coherente les impedía buscar continuamente respuestas y chocar contra muros de confusión e ignorancia.

Les dije que los niños en duelo aprenden a vivirlo según el modelo de los adultos que los rodean. Y en los años setenta, el modelo común era ocultar el dolor, actuar como si no pasase nada y proteger a los niños de las verdades angustiosas. Las investigaciones de los psicólogos estadounidenses, como el profesor William Worden, han demostrado lo contrario. Hay que permitir que los niños se aflijan. Si no se les dice la verdad, se inventan historias y se quedan bloqueados en los huecos que deberían haber sido rellenados con la verdad.

María dijo que ya se sentía bastante liberada. Reflexioné sobre que el legado del suicidio había vivido mucho tiempo en ellas y que, al hablar, podían estar furiosas con su padre por haberlas abandonado y, al mismo tiempo, permitirse amarlo por sus aspectos positivos. Guardar silencio les había atado a sentimientos de vergüenza, furia y abandono. Terminaron la sesión diciendo:

–Gracias a Dios nos tenemos las unas a las otras. Este es un resquicio de esperanza.

Cuando eran pequeñas, Francesca había asumido un papel maternal –junto con su madre– por el que María y Anna estaban profundamente agradecidas. Cuando llegaron a la edad adulta, la dinámica se equilibró: podían ayudar a la que estaba mal, discrepar o burlarse las unas de las otras y ser capaces de surfearlo emocionalmente. Anna podía ser enérgica. María era más pacífica, pero a veces desafiaba a Francesca cuando decía que estaba bien. Para mí era evidente que su amor mutuo era el fundamento de su vida. A diferencia de la experiencia de su madre con sus propios hermanos, su relación de hermanas era profundamente nutritiva.

Desconfianza hacia los hombres. Beber demasiado. Odiar la escuela. Sentirse inferior y diferente de los demás niños. Encuentros sexuales terribles. Preocuparse por el dinero. Sentir miedo. Estas son solo algunas de las dificultades a las que se enfrentaban, y que debatimos en las siguientes sesiones. Hablaron de sus arrepentimientos y de lo que habían hecho en la búsqueda del amor, el cual habían creído que nunca iban a encontrar. A pesar de su evidente belleza, se sentían feas. Todas habían pasado por periodos de depresión y por enormes picos de ansiedad, lo que Anna describió como «crisis masivas».

María y Anna creen que es un milagro que ahora tengan buenas relaciones, en parte gracias a unos maridos comprensivos. Francesca describió el terrible matrimonio que había tenido con un «narcisista clásico», agresivo y controlador. Ahora era madre soltera con dos hijos adolescentes, una situación que nunca había deseado. Mientras describía su arrepentimiento, María y Anna se inclinaron hacia ella, arremetiendo contra su ex y también contra su impotencia para ayudarla.

Les sugerí que me dejaran apoyarla. Le pedí que cerrara los ojos y me dijera lo que veía. Y lo que comentó fue:

–Una niña pequeña y sola.

–¿Qué necesita esa niña? –le pregunté.

–Un abrazo.

–Imagínate –seguí señalando– dándole ese abrazo.

–Me siento muy incómoda… Puedo ver a María, que necesitaba un abrazo –me comentó Francesca con lágrimas resbalándole por el rostro.

Ese sencillo ejercicio demostró que le resultaba prácticamente imposible volverse hacia sí misma con compasión: toda su atención se centraba en sus hermanas. Hubo una pausa, y en ese momento sentí un cambio en ella al reconocerlo, dijo:

–Estoy muy triste. Estoy muy bloqueada con esto. Necesito cuidarme.

262   **Cada familia tiene una historia**

–¡Sí, sí! Debes hacerlo –estallaron sus hermanas como si hubiesen estado conteniendo la respiración.

Anna comentó que, por su parte, lo difícil era conocer el dolor por el que habían pasado sus hermanas.

–Cuando pienso en vosotras, me asalta una enorme tristeza. Os quiero. No conocí a mi padre, así que me siento muy afectada por lo que pasasteis.

Francesca empezó a protestar, pero luego se contuvo y comentó:

–No me sentí bien. Fue una mierda.

Le pregunté a Francesca qué le diría a su yo más joven. Miró al techo, habló despacio y se echó el pelo hacia atrás, como para revelar sus pensamientos.

–La razón por la que no sabes quién eres es que tuviste a dos adultos que no estaban lo bastante sanos emocionalmente para cuidar de ti. Debes dejar de hacerte responsable. Tú no eras la rara… Quiero decirte –prosiguió– que no eres la rara. Estás bien como estás, solo atraviesas una situación difícil.

Pude sentir cómo se liberaba la tensión a medida que Francesca empezaba a reconocer lo que la había estado atenazando durante décadas. María, con las mejillas sonrojadas y lágrimas en los ojos, miró cariñosamente a sus hermanas mientras les decía:

–Ava [su hija] me preguntó: «¿Cómo fue cuando murió tu padre?», y yo se lo conté: «El hogar se sintió muy confuso: lleno de amor durante el funeral y luego muy vacío de nuevo». Esperaba que después de su muerte el amor siguiera sintiéndose en casa, pero desapareció…

–Me enfurece –señaló Anna– escuchar eso. Me siento impotente y enfadada.

Su rabia era tan grande como el amor que sentía por sus hermanas. Me conmovió ver la manera en que se volvían las unas hacia las otras, tranquilizándose y conectándose, afrontando la tragedia con amor y aliviándose por que la verdad estuviera saliendo a la luz.

La investigación sobre las personas en duelo por suicidio es brutal. Múltiples estudios demuestran que tienen más probabilidades de intentar suicidarse que los que han perdido a un ser querido por otras causas, y además corren un mayor riesgo de padecer diferentes dolencias físicas y mentales. La doctora Alexandra Pitman, del University College de Londres, ha analizado las causas: la vergüenza, el contagio emocional, el duelo complejo no resuelto, y el trauma que deja tras de sí el suicidio. Sin embargo, con un apoyo continuo, tanto en el momento de la muerte como después de ella, estos resultados no son en absoluto inalterables. Por desgracia, la familia Rossi no contó con ese apoyo.

Merece la pena repasar los antecedentes familiares. ¿Se ha suicidado algún familiar en el pasado? ¿Ha habido más alcoholismo, drogadicción y depresión en nuestra familia? La adicción tiene un componente genético, pero también está modelada por nuestro entorno, por lo que aprender a bloquear los sentimientos anestesiándolos –ya sea mediante la bebida o las drogas– suele terminar transmitiéndose a través de las sucesivas generaciones.

La ausencia continuada de Sarah en nuestras sesiones permitió a sus hijas hablar de ella con más libertad, aunque todavía con dolor. Volvieron a describir cómo su humor podía convertirse en furia en un nanosegundo, sobre todo cuando estaba estresada.

–Lo peor fue cuando tenía quince años –recordó Francesca– y me golpeó en la cara. Me sorprendió. Pegarme fue la excepción a la regla. Pero esa rabia… Recuerdo que pensé: «No puedes arruinar todos nuestros buenos momentos. No está bien».

Sus hermanas asintieron. Todas se habían movido de puntillas alrededor de su madre, aunque Francesca era la que más lo sentía.

–No me gusta que me toque –continuó diciendo– y sé que le resulta difícil… Me cierro completamente, aunque ojalá no lo hiciera.

Les expliqué que la falta de control de los impulsos de su madre estaba directamente relacionada con el trauma. La naturaleza aterradora y sin palabras de los traumas hace que sea difícil mantener la calma, porque la parte del cerebro dedicada a la lucha, la huida y la paralización está siempre activada. Ese comportamiento proviene de la amígdala, el detector de humo del cerebro. En palabras de Bessel van der Kolk, uno de los principales psicólogos del mundo especializados en traumas: «Así pues, [las personas que han sufrido un trauma] son propensas a pasar inmediatamente del estímulo a la respuesta sin hacer la necesaria evaluación psicológica del sentido de lo que está ocurriendo. Esto los torna propensos a paralizarse o, por otro lado, a reaccionar de manera exagerada e intimidar a los demás en respuesta a pequeñas provocaciones».

En otras palabras, las personas con trastorno de estrés postraumático (TEPT) tienen altos niveles de angustia no procesada almacenados en la memoria, razón por la cual quedan atrapadas en un ciclo tóxico de constante sensación de amenaza, a pesar de la naturaleza inocua de sus circunstancias actuales.

Estábamos de acuerdo en que el trauma no diagnosticado de su madre les había causado una angustia considerable. Esperábamos que la terapia que por fin estaba recibiendo la liberara para vivir el presente, sin el miedo atormentador del pasado. Querían que su madre fuese más amable consigo misma. Las tres hijas se mostraron optimistas; Francesca dijo que recientemente había tenido con su madre una conversación mucho mejor que la que había tenido en años.

Una de las revelaciones más sorprendentes para María fue la claridad de un recuerdo que la había molestado durante décadas:

—Me vino a la memoria algo que siempre había tenido en la cabeza. Recuerdo que alguien me metió el dedo cuando era pequeña. No lo entendía. Lo ignoraba. Después de la sesión recordé estar en la camilla de un médico. Estaba sola. Pensé ¿por qué alguien me haría eso? Me metí en un verdadero lío. Mi marido ha sido increíble. Conseguí las notas del médico, que decían «tacto rectal», pero lo más asombroso fue que Francesca se acordó —le corrían lágrimas de alivio por la cara.

—María —dijo—, había algo en tu trasero. Recuerdo que mamá estaba enfadada y te protegía porque el médico te había hecho eso. Ella estaba al otro lado de la cortina sin que le dijeran nada y sin poder estar contigo.

Francesca repitió lo que recordaba y fue asombroso ver la liberación en el rostro de María cuando dijo:

—Me lo imagino todo. En cuanto dijo «trasero», supe que no lo había inventado. El recuerdo se activó por completo. Me siento un millón de veces mejor. Uf, menudo alivio.

266   Cada familia tiene una historia

Fue una pequeña pero poderosa muestra de lo angustiosos que pueden ser los recuerdos problemáticos a medio formar, y lo curativos que resultan cuando se aclaran. Es lo que no sabemos lo que termina persiguiéndonos. Por dura que sea la verdad, es mejor que la mentira o el desconocimiento.

Nuestras sesiones se filtraban en mí, entre las citas, como tienden a hacerlo las historias de los clientes traumatizados. Cuando nos volvimos a ver, les sugerí que el trauma de la muerte de su padre seguía presente en *ellas*, así como en su madre. Todas me habían proporcionado numerosos indicios de cómo su sistema de alerta pasaba a Código Rojo a la menor provocación. Estaban hipervigilantes para evitar las amenazas, y cada una de ellas tenía un historial de depresión, así como comportamientos adictivos. Creía que necesitaban someterse a una terapia de desensibilización y reprocesamiento por movimientos oculares. El EMDR sana los recuerdos traumáticos del pasado liberando la angustia contenida en ellos. Tiene una base fisiológica a través del sistema de atención dual: el terapeuta pide al cliente que siga el movimiento de su mano de izquierda a derecha mientras le formula preguntas. Esto activa nuestro procesamiento adaptativo natural y vincula nuestra comprensión actual con el trauma del pasado, lo que permite que nos venga a la mente nueva información y se resuelvan los viejos problemas.

–Me debo una buena dosis de terapia –aceptó Anna de inmediato.

María y Francesca asintieron algo más reacias, y entonces María se incorporó con cierta fuerza, como si algo hubiera encajado, y añadió:

–El trauma y yo. Nunca me he incluido en esa categoría –dijo mirándose las manos y recordando a aquella niña de seis años–. Creo que le restamos importancia a las cosas todo el tiempo. Decimos que estamos bien, pero es mucho más grande de lo que creemos… Pierdo la voz, me tiembla. Tenemos que reconocer que estamos traumatizadas.

Las hermanas de María parecían dejarse llevar por sus palabras. Les expliqué que la terapia que estábamos llevando a cabo era importante y funcionaba, pero que el EMDR cambiaría su forma de enfrentarse a la vida. Las ayudaría a sanar los múltiples recuerdos almacenados de manera disfuncional sobre la muerte de su padre y sus repercusiones, que se activaban una y otra vez.

Creía que habíamos avanzado mucho. Tenían una narración y una comprensión más coherentes de su devastadora experiencia, lo cual era curativo en sí mismo. El siguiente paso sería crear una relación diferente con su padre, y me preguntaba si estarían preparadas para ello. Mi enfoque de la muerte y el duelo es que, cuando la persona muere, ya no está físicamente presente, y esa nueva realidad necesita ser llorada mientras se mantiene y se sostiene el amor por la persona fallecida: ese amor nunca muere. La experta en duelo Phyllis Silverman y sus colegas lo han denominado «vínculo permanente».

Pregunté a las hermanas Rossi si considerarían la posibilidad de escribir a su padre o crear un ritual para recordarle y conectar con él. Podrían, por ejemplo, plantar un árbol, hacer o comprar algo significativo que le representara, como un cuadro, una maceta o una escultura. Me miraron sorprendidas. Era algo que nunca se habían planteado y a lo que al principio se mostraron reacias. Con lágrimas en los ojos, Anna respondió en primer lugar.

268 Cada familia tiene una historia

–Oírle hablar de ello me ha hecho darme cuenta de que no me siento su hija. No siento que tuviera un padre. No pude establecer una relación con él. Yo no era nada en su vida. No siento que tenga derecho a él. Pensar en ello en esos términos me resulta muy extraño.

–¿Qué voy a hacer? –preguntó María levantando los brazos– ¿Un collage? Tenemos las mismas cinco fotos. Son casi todo lo que tenemos. No siento que haya algo con lo que tenga relación. No sé si quiero que viva en una planta.

Me di cuenta de su enfado y de su alivio al tener la posibilidad de expresarlo.

Francesca estaba más tranquila, claramente deseosa de consolar a sus hermanas pequeñas.

–Me siento igual –dijo–, pero era nuestro padre. Paseaba y jugaba con nosotras, nos llevaba en brazos y todas esas cosas. A menudo hablaba de sus tres hijas, aunque sé que estuvo bastante ausente en sus últimos años.

Luego, cuando le pedí que hablara de sí misma, se mordió el labio.

–Sentía un profundo malestar. No he pensado que tuviera una relación con él ahora, solo una relación previa a su muerte. Sería interesante intentar una relación con él de adulto a adulto. Para mí, la relación con él se terminó cuando murió –siguió diciendo mientras volvía la cara hacia la pantalla.

Todas suspiramos. Esto había sido intenso. La única relación que tenían con él era de ausencia, una especie de ausencia furiosa. Francesca se mostró de acuerdo y, poniéndose la mano en la barbilla, reflexionó con más calma.

–Me gustaría tener una relación adulta con mi padre. Mantener la distancia y mantenerla por separado sin dramatismos, simplemente pensar que tengo un padre y replantearlo desde mi perspectiva adulta sin traumas.

—¡Caray! —dijeron sus hermanas riendo un tanto histéricas.

Pero me di cuenta de que les conmovía la idea de mantener los lazos, de replantear la relación con él —incluso en la muerte— y me interesaba ver adónde podía conducir.

Si a las hijas les había resultado más fácil hablar sin la presencia de su madre, probablemente a Sarah le ocurriría lo mismo. Me puse en contacto con ella para ver cómo se encontraba. Me comentó que las sesiones con sus hijas habían sido demasiado duras para ella. Los elevados niveles de emoción provocaron una reacción física importante. Yo, por mi parte, quería crear un puente con ella hacia el trabajo que estaba haciendo con todas las demás y darle la oportunidad de expresar sus percepciones.

Aprendí lo horribles que habían sido esos primeros años de duelo desde su perspectiva: su dolor y desolación, su soledad desesperada, la vergüenza del suicidio de Matteo, así como los enormes niveles de estrés relacionados con ser una madre sola, trabajar a jornada completa, preocuparse por el dinero e intentar «tapar el pasado para seguir adelante». Incluso había pensado en el suicidio. Me sorprendió que, aunque lo que Sarah había sufrido era, por supuesto, único, había paralelismos con las experiencias de sus hijas. Sarah rio, un tanto cínicamente, y me dijo que hasta que yo no les había dicho a sus hijas que estaban traumatizadas, ella había estado «ciega ante lo condenadamente obvio». Casi con un graznido en la voz, dijo:

—Creía que lo había superado todo, pero quizá no.

Me comentó que estaba haciendo un buen trabajo con su terapeuta, abordando lentamente sus recuerdos traumáticos. Aunque no podía soportar oír de «mis chicas» las cosas por las que sabía que la habían criticado, se arrepentía de muchas cosas.

–Sé lo que hice mal y... ¡cómo me gustaría haberlo hecho de otra manera! Odio haberlas asustado, haberme enfadado. Ojalá hubiera hablado más con ellas, celebrado cumpleaños, aniversarios, haber sido más abierta. Me gustaría ser esa supermadre y abuela tranquila, serena y divertida, pero no lo soy.

Su sinceridad era impresionante. Es duro reconocer nuestros fallos como padres, pero también es esencial para que crezca la relación con nuestros hijos adultos. Todas ellas habían pagado un precio enorme por la muerte de Matteo e, inevitablemente, las que más le querían fueron las que más daño sufrieron. Todos fracasamos como padres si tenemos en cuenta la versión ideal de nosotros mismos. Le recordé a Sarah que sus hijas eran mujeres extraordinarias y maravillosas, en gran parte a consecuencia del modo en que las había criado, y que no era demasiado tarde para reconocer los errores del pasado y cambiar el futuro de todas ellas. Sus hijas no querían castigarla, pero sí querían resolver las dificultades sin tener que andar de puntillas a su alrededor.

Me preguntó cómo lo conseguiría, al tiempo que decía:

–Siempre levantaré la ceja...

Le expliqué que lo importante nunca son las rupturas –son inevitables–, sino que es la capacidad para repararlas después lo que lo cambia todo. Sarah lo entendió. Con un brillo en los ojos, recordó un momento de la semana anterior con Anna en el que habían sido un poco duras la una con la otra.

–Cuando nos sentamos a hablar de ello, me disculpé y ella me dijo que sentía haber parecido impaciente. Después todo discurrió de manera tan suave como la seda.

Sarah exhaló un suspiro como si por fin hubiera conseguido el mapa del territorio alienígena al que había sido arrojada hacía décadas. Por fin podía distinguir la ruta correcta, nombrar lo que había salido mal, explicar lo que significaba, disculparse si había causado angustia, y reunirse cariñosamente con sus hijas. Le recordé que la reconexión tenía su propio calendario: no podía apresurarse.

Como un hito importante en su camino hacia una nueva relación con su difunto padre, les pedí a las tres hijas de Matteo que escribieran una descripción de él. Después de trabajar en ella, Anna lo presentó del siguiente modo:

–Estas son las cosas de las que hablamos juntas y que nos parece importante capturar, si es posible, sobre nuestro padre. Para nosotras son los acontecimientos que explican lo que le sucedió, pero también honran a la persona que era y por qué le ocurrió.

Se decidieron por lo siguiente:

Papá tuvo una infancia muy solitaria, su padre estaba constantemente fuera por su trabajo.

Su infancia fue muy dura y chapada a la antigua, con grandes expectativas puestas en él como hijo único, un peso que siempre arrastró consigo.

Se hizo policía, superó con éxito los exámenes de su formación y tenía un espléndido futuro por delante. Tenía una mente brillante, era ingenioso y el amigo que siempre era el alma de la fiesta..., aunque era bastante romántico y un poco «blando» de corazón.

A pesar de todo, arrastraba demonios agravados por las experiencias vividas en el cuerpo de policía, algunas de las cuales le provocaron un trastorno de estrés postraumático. En una época en la que la salud mental y las adicciones eran poco conocidas, todo esto se volvió demasiado para él, y las presiones económicas y la bebida se apoderaron de su persona, hasta que terminó quitándose la vida.

Me lo leyeron en voz alta, llorosas y orgullosas. Por fin tenían un relato en el que confiaban y en el que creían. Incluía todos los elementos importantes: las raíces de su fragilidad psicológica, los acontecimientos que la agravaron, su brillantez, su humor, su diversión, y cómo el hecho de ser hombre en aquella época hizo que no recibiera la ayuda que necesitaba con urgencia. Fue una importante piedra de toque en su creciente y cambiante relación con él. Sentí una gran emoción por su valentía.

Una compañera de trabajo con la que hablé de ello señaló además que escribir esa carta las había ayudado a cambiar la perspectiva que tenían de su padre. Mi trabajo con ellas se había centrado en su propio dolor y sufrimiento, en su sensación de no haber hecho lo suficiente para mantenerlo con vida. Al elaborar este relato, adoptaron una nueva posición que les permitió percibir el suicidio de su padre con mayor claridad, desde la perspectiva de él, y no solo desde la de su infancia. Les permitió reconocer hasta qué punto su suicidio estaba relacionado con una larga historia de acontecimientos vitales, muchos de los cuales no tenían nada que ver con ellas, y las ayudó a verlos –y a verlo– con compasión. Al escribirlo juntas, se liberaron de la perspectiva del niño herido en la que estaban arraigados sus recuerdos de él. Cuando nos contamos una historia diferente, nos sentimos de otra manera.

Lo que he escrito aquí –y que compartí con las cuatro mujeres Rossi– se ha convertido en el centro de nuestro trabajo conjunto en curso. Solo hago esto con los clientes sobre las que escribo públicamente. He descubierto que leer sobre su propio proceso puede generar catarsis y curación, al reconocer lo mucho que han sido «vistas» y comprendidas. Digerirlo ha sido duro para todas ellas y han tenido que tomarse su tiempo para integrar su proceso tanto individual como colectivamente.

Sarah volvió a unirse a nosotras. Me di cuenta enseguida, por la forma en que se saludaban y se sonreían, de que había aumentado la calidez entre ellas. Parecía haber menos tensión. Se habían reunido para hablar de lo que yo había escrito, y eso había sido útil. Les expresé mi respeto por su valentía al enfrentarse a esta situación.

Sarah habló primero.

–Para mí, lo peor fue golpear a Francesca. No recuerdo absolutamente nada, lo cual es terrible en sí mismo. Estoy consternada. Me he disculpado con Francesca. No tengo ninguna excusa y estoy horrorizada.

Claramente angustiada, se palmeó las manos, como si estuviera aplaudiendo, pero sin producir sonido alguno, y derramó lágrimas, recordando otras ocasiones en las que no había apo-

274　Cada familia tiene una historia

yado a sus hijas. Avergonzada y enfadada por su incapacidad para hacer frente a cosas difíciles, se mordió el pulgar y terminó diciéndoles:

–Vosotras tres sois el centro de mi mundo, pero os he fallado. Vuestra vida ha sido extraordinariamente dura y lo siento.

Reflexioné sobre lo duro que había sido para ella. A sus hijas se les llenaron los ojos de lágrimas y le dedicaron palabras cariñosas.

–Estoy agradecida por la oportunidad de decíroslo, porque os quiero –siguió señalando.

Todas respondieron que nunca lo habían dudado. Su energía cambió y se sentó más erguida en la silla.

–Es un gran alivio, pero habría estado bien décadas antes.

–Francesca me dio una rebeca larga y me dijo que lo considerara un abrazo suyo. Voy a ponérmela y a tomar una tableta de chocolate.

Me alegró ver que había empezado a apoyarse a sí misma con compasión en lugar del autodesprecio.

Luego habló de algo que recordaba con orgullo: justo después de la muerte de Matteo, había llevado a sus tres hijas pequeñas a la floristería. Ellas habían elegido las flores y ella las había animado a escribir una pequeña nota a su padre. Golpeando con alivio las yemas de los dedos, señaló:

–Y todavía guardo esas notas.

Sus hijas asintieron calurosamente, coincidiendo en que había sido un gran gesto. No les había resultado fácil criticar a su madre, y ahora era agradable poder reconocer sus puntos fuertes.

Sarah continuó, dirigiendo la conversación:

–Como familia, queremos ser más abiertas y honestas entre nosotras. Es un paso adelante para que podamos estar más relajadas y cómodas juntas. No me he atrevido a usar mi propia voz. No sabía qué decir, o temía ser estúpida. Pensaba que nadie me escuchaba. Pero disponer de ella es encantador. Ahora tengo una voz fuerte. Es poderosa, ¿verdad?

Pregunté a sus hijas dónde se encontraban ahora. Hubo un largo silencio mientras asimilaban los cambios. Coincidieron en que su madre hablaba de sus sentimientos con más confianza y que la dinámica entre ellas empezaba a evolucionar.

–Es bueno poder hablar de estas cosas –concluyó Anna– e identificar al elefante en la habitación. Significa que en el futuro habrá más conversaciones sanas y orgánicas.

–Me siento –añadió María– completamente diferente. Ahora creo que nuestras conversaciones pueden ser menos forzadas, más cómodas y relajadas, y que cada vez tendremos más.

Terminó con una gran sonrisa.

Francesca estaba sentada en la oscuridad, tan cansada del trabajo y de la vida que ni siquiera había encendido las luces, pero aun así muy cariñosa, tuvo las últimas palabras:

–Ha sido increíble. Muy poderoso. Todas tenemos nuestras propias piezas del rompecabezas y, al hablar y crear una imagen más amplia, obtenemos una visión compartida que todas podemos ver. Eso es realmente curativo.

Nuestro trabajo estaba llegando a su conclusión natural cuando pasaron a otra fase. Harían su trabajo individual sobre el trauma con un terapeuta EMDR y continuarían su proceso de curación y adaptación individualmente a medida que establecieran una nueva relación entre ellas y con Matteo. Inevitablemente, habría dolor y baches en el camino, pero sus cimientos eran sólidos y yo confiaba en que se harían más fuertes tanto a nivel individual como unidas. Para mí fue un gran privilegio trabajar con ellas. La vida de las cuatro mujeres Rossi había estado dominada por la sombra de un trauma no expresado. Aunque, por suerte, los tabúes en torno a los problemas de salud mental y el suicidio son menos normativos culturalmente de lo que lo eran en la época en que Matteo se quitó la vida, sigue siendo frecuente que las familias guarden silencio, o al menos no hablen lo suficiente de los traumas pasados, con la esperanza –errónea– de que el tiempo lo curará todo.

Pero el tiempo, sin el oxígeno de la comunicación, puede originar mucho daño. Mirar hacia otro lado entraña peligros muy reales. Todas las emociones aspiran a ser escuchadas, y los sentimientos reprimidos fermentan y se vuelven con el tiempo cada vez más tóxicos. En los huecos crecen las fantasías y los mecanismos destructivos de supervivencia. El legado es diferente para cada persona, pero en todos los casos surgen ciertos patrones: adicción, problemas de ira, incapacidad para confiar o establecer relaciones sanas, fragilidad y rigidez.

Nunca es demasiado tarde para afrontar el dolor del pasado. Se requiere mucho valor. El silencio forma su propia prisión; sin embargo, un delicado desbloqueo libera energía renovada para vivir.

La familia Berger

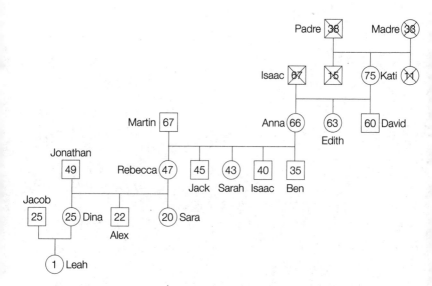

La familia Berger

Cómo vivir con amor y sin miedo, durante varias generaciones, a pesar de sufrir traumas inimaginables

Caso

Los Berger son judíos ultraortodoxos que viven en Manchester. En la cúspide de la familia se sitúa Kati, de noventa y un años, superviviente del Holocausto y originaria de Hungría. Su marido, Isaac, fallecido hace treinta años, también sobrevivió al Holocausto. Trabajé con cuatro generaciones de la familia Berger: Kati, su hija Anna, de sesenta y seis años, la hija de Anna, Rebecca, de cuarenta y siete, y la hija de Rebecca, Dina, que tiene veinticinco años y una hija pequeña, Leah. Es raro, y por tanto valioso, tener la oportunidad de trabajar con tantas generaciones de una misma familia y ser testigo de lo que se transmite de generación en generación.

Imaginemos ver a cinco generaciones de nuestra propia familia. Es una idea emocionante, pero casi imposible de concebir. Así me sentía cuando contemplé una fotografía de las mujeres

280   Cada familia tiene una historia

Berger. En el centro, pequeña pero sonriente, estaba Kati, madre, abuela, bisabuela y, ahora, tatarabuela de Leah, que dormía en brazos de Anna, su bisabuela e hija mayor de Kati. Anna, con su pelo negro como el plumaje de un cuervo, sus ojos castaños y su cuidado maquillaje, miraba a la cámara con expresión de felicidad. Detrás de ellas, sonriendo también con orgullo, estaba Rebecca, delgada, con el cabello largo castaño recogido con un pañuelo. Su brazo rodeaba a su hija –la bisnieta de Kati–, Dina, más alta que su madre, pálida y de tímidos ojos color avellana. A mis ojos de abuela, aparentaba unos dieciséis años, de ninguna manera la edad suficiente para ser la madre de Leah. Todas vestían modestamente de negro, con cuello blanco, o camisas blancas bordadas de negro, y todas llevaban pendientes de perlas. Detrás de ellas, pude ver una fotografía en la que estaban en una celebración: grupos de hombres sentados a las mesas, vestidos elegantemente con trajes y con kipá en la cabeza. Las mujeres rieron encantadas cuando, más tarde, les dije que no me había percatado de que ellas llevaban peluca.

Las personas o las familias suelen acudir a mí porque un acontecimiento difícil ha precipitado una crisis en su vida y necesitan mi apoyo para superarla. Este no era el caso de la familia Berger. Por el contrario, era yo quien los había buscado: había puesto un anuncio en la página web de una organización judía preguntando si alguna familia judía ortodoxa estaría dispuesta a colaborar en este libro. Esperaba que trabajar con ellos me proporcionaría un portal hacia otra cultura, a una comunidad como esta que parecía vivir al margen de la vida moderna.

También tenía una razón personal en mi interés. Estoy casada con un judío, cuya identidad judía es una parte central de lo que él es, y esto ha hecho que me interese más por la historia, la vida, la gente y la cultura hebreas. Sé demasiado bien que los prejuicios florecen en la ignorancia y que la diferencia puede utilizarse como arma arrojadiza. Por el contrario, cuanto más sabemos unos de otros, más similitudes encontramos y mayor empatía y comprensión sentimos. Confiaba en que mi relación con la familia Berger sería terapéutica e íntima, aunque no fuera por contrato, y que demostraría el poder curativo de simplemente sentirse escuchado, de que la historia de uno sea testificada. Creía que abrir nuestros dos mundos sería importante para todos nosotros.

La oscura sombra del genocidio aún planea sobre las vidas de muchos miembros de la comunidad judía ultraortodoxa. Para ellos, el Holocausto no fue en absoluto un acontecimiento finito: no terminó en 1945, sino que sigue vivo todavía, arraigado en la memoria colectiva de las familias de los supervivientes y, de hecho, en la comunidad judía en general. Me interesaba descubrir cuánto de esto pervivía aún en la familia Berger y qué es lo que se había olvidado, de qué se podía hablar con facilidad y qué era tabú. Conocidos por su amor a la familia, esperaba llegar a comprender los elementos fundamentales que dan lugar a familias estables y felices en la comunidad judía.

Para mi alegría, Rebecca, una secretaria médica interesada en la psicología, se puso en contacto conmigo, curiosa por saber más. Sugirió este proyecto a su familia y, cuando se dieron cuenta de que no era terapia, se alegraron de conocerme. Es curioso que la palabra «terapia» pueda suponer una barrera para mucha gente, mientras que el término «conversaciones» resulta menos amenazador. Creo que existe la idea mítica de que los terapeutas pueden meterse en nuestra cabeza y obligarnos de algún modo a enfrentarnos a cosas que no queremos ver. En lo que a mí respecta, esto no puede estar más lejos de la realidad: mi propósito es facilitar una relación de confianza y seguridad en la que mis clientes avancen a su propio ritmo y encuentren por sí mismos lo que necesitan afrontar o no.

Kati tenía catorce años cuando su familia fue bajada de los vagones en Auschwitz. Setenta y siete años después, podía recordar cada detalle con una claridad escalofriante.

–En cuanto bajamos de los vagones, mi abuela, que llevaba lo único que había traído de casa, su mortaja, fue transportada en camión a alguna parte, con unos cuantos ancianos. Nunca volví a verla.

Hablaba en voz baja, sus orígenes húngaros seguían vivos en su acento, aunque llevaba más de setenta años viviendo en Inglaterra.

–Desde los vagones del ferrocarril, hombres y mujeres éramos separados y teníamos que marchar hacia Mengele [el médico nazi, conocido como el Ángel de la Muerte, que era en gran parte responsable de seleccionar qué judíos de los que llegaban iban directamente a las cámaras de gas; posteriormente se hizo tristemente famoso por sus horripilantes experimentos con seres humanos]. Caminé con mi madre, mi hermana y mi hermano hacia él. Mengele les dijo que fueran a la izquierda y a mí me dijo que fuera a la derecha. Yo quise correr detrás de mi madre. Quería ir con ellos. Pero él me empujó hacia la derecha.

Apenas le temblaba la voz al relatar lo que había sucedido aquel día.

–Recuerdo que, cuando nos seleccionó, me miró los tobillos. Quizá quería ver si era fuerte. Yo tenía catorce años, era muy alta y no parecía tan joven. Cuando estábamos con la gente que nos bajaba de los vagones me dijeron que debía insistir en que tenía dieciséis o diecisiete años.

–Tengo dieciséis –repetía yo–. Pero Mengele no me preguntó mi edad… –Hizo una pausa y luego, ordenando sus pensamientos, continuó–: Leí un libro en el que alguien decía lo mismo: «Mengele buscaba fuerza en las personas que seleccionaba». Mis tobillos no son pequeños ni nada por el estilo…

Hubo otra pausa.

–Es increíble, imposible de entender. Nada más llegar al barracón dije: «Mi madre me ha dicho que nos veremos dentro de dos semanas».

–Tu madre está en el humo –me señaló una chica polaca.

–Tenía razón: mi madre, mi hermana y mi hermano murieron en poco tiempo. No había muchos de mi edad. Permanecíamos juntos, lo compartíamos todo.

Kati era solo una adolescente cuando toda su familia fue asesinada. Antes de conocernos, supuse que vería expresiones de ese trauma en el seno de la familia. Me reuní con ellos como una oyente experimentada que quería entender su historia. Esperaba que narrar su historia les fuera útil. No había previsto lo devastador que sería escucharla.

Numerosas investigaciones demuestran que, aunque los supervivientes del Holocausto no suelen hablar de sus experiencias, su sufrimiento se transmite de generación en generación como un trauma transgeneracional. La investigación documenta dos patrones de transmisión de los supervivientes a sus hijos.

284 Cada familia tiene una historia

El primero se materializa en las enfermedades mentales que padecen los supervivientes como consecuencia de sus experiencias, entre las que se incluyen esquizofrenia, depresión, ansiedad y paranoia. Esto se transmite directamente a los hijos de la misma forma en que todos los trastornos mentales de los padres afectan a la siguiente generación: no estar disponibles emocionalmente, no proporcionar el amor y el afecto seguro y fiable que los niños necesitan, y la discordia o amenaza familiar habitual. El otro patrón de transmisión secundaria procede del sufrimiento permanente del progenitor, que le incapacita para funcionar con la eficacia necesaria para ser un padre «suficientemente bueno». Por ejemplo, pueden ser intolerantes o poco empáticos a la hora de satisfacer las necesidades de sus hijos cuando están angustiados. Si esto se repite a lo largo del tiempo, el niño lo percibe como negligencia o privación.

Algunas investigaciones apuntan a que el trauma se transmite epigenéticamente en el útero. La doctora Rachel Yehuda, investigadora pionera en este campo, declaró en 2016: «El mensaje del estudio es que respondemos a nuestro entorno de múltiples maneras que pueden tener efectos duraderos y transformadores. Las implicaciones son que lo que les ocurre a nuestros padres, o tal vez incluso a nuestros abuelos o generaciones anteriores, puede ayudar a moldear lo que somos a un nivel molecular fundamental que contribuye a nuestros comportamientos, creencias, fortalezas y vulnerabilidades actuales». No se trata de un estudio o un problema específicamente «judío»: sería igual de cierto para las familias de los supervivientes del 11-S y los veteranos que regresan de un conflicto. Tiene implicaciones de gran alcance.

Imaginé que, aunque en la familia Berger no había ningún problema presente, veía las muchas formas diferentes en que los malvados acontecimientos de hace tantos años seguían vivos en ellos en la actualidad. Antes de conocernos me había sentido tensa, preocupada por la posibilidad de que hablar de sus experiencias en Auschwitz pudiera reabrir las heridas del trauma. Detrás de mi incomodidad estaba mi propio miedo a la naturaleza insoportable de lo que me contarían.

Pero Kati me tranquilizó, su sonrisa chispeante deslumbraba en la pantalla: podía preguntarle cualquier cosa. Algunos supervivientes, como el marido de Kati, nunca hablaban del Holocausto. Su compostura era extraordinaria y contrastaba con los horrores que describía. Mientras hablaba, su hija Anna y su nieta Rebecca lloraban y se secaban las lágrimas con pañuelos de papel. Kati era más pequeña que ellas, pero tenía una presencia enorme. La forma en que me miraba, inquebrantable, era muy poderosa.

–Mi padre trabajaba en el crematorio –siguió diciendo–. Siempre los mataban después de un tiempo. Era muy valiente y formó parte de un grupo que intentó volar el crematorio con munición. Le dispararon.

Tenía una imagen clara de aquella joven, cuya familia entera había sido asesinada en un lugar cuya única misión era eliminar a los miembros de su raza. No sabía cómo demonios había sacado fuerzas para sobrevivir, y se lo pregunté:

–Es un milagro –respondió Kati simplemente.

Me quedé pensativa. Si hubiera estado casada y hubiera tenido hijos, habría sido imposible.

–Si asesinan a tus hijos, ya no hay razón alguna para vivir. Pero, si eres joven, quieres vivir.

286 Cada familia tiene una historia

Me sentía entumecida. Sentada en mi cálido despacho, sin haber experimentado nunca una amenaza para mi vida. Escuchaba sus palabras, pero sabía que nunca podría entender lo que había sufrido. Sorprendentemente, no solo había sobrevivido a Auschwitz, sino también a los inimaginables sufrimientos que siguieron a su evacuación.

–Los rusos se acercaban –explica– y nos bombardeaban. Los nazis temían que los rusos nos liberaran, así que nos hicieron marchar durante seis semanas. Se la conoce como la Marcha de la Muerte. Murieron muchos. Dormíamos en graneros. Yo estaba muy débil. A veces nos daban un poco de patata y un poco de agua. En la fábrica donde trabajaba llenando granadas, había una chica checa, y solía darme un poco de comida extra. Entonces era Navidad. Las personas que estaban a cargo de nosotros vestían ropa civil, no uniformes nazis. A veces traían un pastelito. Yo era muy joven, y cualquier cosa me ayudaba. Pensaba que tenía que ver el final. Eso me ayudó a sobrevivir.

Anna intervino ofreciendo su propia visión:

–En un viaje por Polonia, visitando lugares históricos judíos, me enteré de que a los prisioneros se les hacía girar una pesada rueda, y trabajaban duro en ello, hasta que se les mostraba que estaban girando algo para nada. En cuanto veían que lo que hacían no servía para nada, morían. Tener algo que encontrar al final del camino da sentido, incluso en un campo de concentración, pero hacer algo literalmente a cambio de nada destruye el alma. Como le ocurrió a mi madre: incluso llenar granadas era hacer algo.

Junto con el propósito, me parecía que albergar una esperanza, por pequeña que esta fuera, había sido clave para la supervivencia de Kati. También me percataba de que, a medida que Anna hablaba, iba aceptando el sufrimiento de su madre. Aunque ya era bisabuela, en el fondo siempre sería la hija de Kati. Querría proteger a su madre y también comprender quién era.

Kati prosiguió con calma, sin angustia; estaba contando una historia trágicamente familiar.

–Fui liberada de Bergen-Belsen por los británicos. No tengo demasiados recuerdos de ese hecho. Me tomaron el pulso. Recuerdo que me lavaron y luego permanecí inconsciente. Me desperté entre sábanas blancas. No sé cuánto tiempo estuve inconsciente ni cuánto tiempo pasé en el hospital. Lo que sí recuerdo es la leche salada que me dieron, porque de entrada no ingería comida sólida. [Es cruel, pero cientos de personas murieron tras la liberación por comer con el estómago, literalmente, vacío]. Cuando me recuperé, quise volver a casa. Tenía un tío que también había sobrevivido. Vino a buscarme y me llevó de vuelta a Hungría. Fuimos a mi casa en nuestro pueblo, pero estaba completamente destruida. Por suerte, otro tío, Harry, en Inglaterra, encontró mi nombre en la lista de supervivientes de Bergen-Belsen y se puso en contacto con su hermano, quien me localizó. Era 1946, yo tenía dieciséis años, y ese tío me trajo a Manchester. Lo recuerdo como si fuera ayer.

Quería saber más sobre el retorno a casa, pero no pregunté: acababa de contar toda su devastadora experiencia de Auschwitz. Si hubiera querido decir algo más, lo habría hecho. Era suficiente.

Anna y Rebecca estaban sonrojadas por la emoción, parpadeando mientras escuchaban de nuevo una historia que ya conocían.

288   Cada familia tiene una historia

Estaban tan asombradas por Kati como yo. No me cabía en la cabeza la vitalidad de esta mujer de noventa y un años, que parecía capaz de recordar el terror de lo que le había sucedido, de reconocer su horror, pero sin dejarse atormentar por sus fantasmas. Les pregunté qué pensaban.

Anna, sentada al lado de su madre, recalcó que durante su infancia nunca tuvo «recuerdos» de lo que habían pasado sus padres: ni enfados ni advertencias para que diera las gracias por la comida y la ropa. Sus padres habían llegado a este país siendo adolescentes, sin hablar inglés, «sin nada a sus espaldas», y eran felices. Habían creado un buen hogar y lo habían llenado de amor. Rebecca, mirando a Kati en la pantalla, y hablando rápidamente para transmitir todo lo que sentía, se hizo eco de su madre. Tenía una imagen perdurable del gran amor y cuidado que había experimentado al quedarse con sus abuelos. Nunca hubo conflictos, estrés ni tensiones. Y esperaba poder hacer lo mismo con sus nietas, quienes miraban a Kati con gran calidez mientras describían el orgullo que sentían por su supervivencia. Se sonrieron la una a la otra, y luego a Kati, mientras coincidían en que, tal vez, no siempre afrontaban el día a día a la perfección, pero cuando las cosas se ponían feas tenían la fuerza suficiente para buscar lo positivo y seguir adelante. Mientras hablaban, vi que Kati parecía tranquilamente satisfecha y percibí que se sentía alimentada por el amor y el orgullo que sentían por ella. Imagino que muy pocas familias expresan de manera abierta su amor y respeto por sus mayores de la forma que yo tenía el privilegio de presenciar. También pensé que era todo un ejemplo que seguir. Como hijo o nieto de alguien tan excepcional, ¿no te sentirías un inepto? Aunque no había percibido que fuera de ese modo, era un tema que esperaba explorar más a fondo.

Le pregunté a Kati cómo había superado semejante horror y cómo había llegado a confiar y amar. Me contestó que creía que había sido el amor de su marido, Isaac. Su rostro se iluminó al recordarlo.

–Mi marido era increíble, tenía mucha fuerza... Me quedé con mi tío Harry –continuó su relato– y fui a la escuela durante unos meses. Luego asistí a clases nocturnas y durante el día trabajaba bordando ropa. Siempre me ha gustado hacer algo y soy buena trabajando con las manos. En esa época me encontré con el que fue mi marido. Lo conocía de antes de la guerra. Fue una suerte encontrarle.

Kati me miró directamente a los ojos, hablando con tanta intensidad como evocaba en ella la sensación de encontrar a Isaac.

–Mi marido vino a Inglaterra dos años después. No creía que se casaría conmigo, pero esperaba que me lo pidiera. Y lo hizo.

Todo ello acompañado de una sonrisa grandiosa. Me conmovió el énfasis que ponía en las palabras «mi marido», transmitiendo el valor constante de su amada pareja. Era tan tangible. Sonrió aún más cuando nos dijo:

–Siempre fui feliz cuando me casé. Formamos un hogar, tuvimos hijos. Nada era demasiado complicado para nosotros; habríamos hecho cualquier cosa por ellos. –Y, como si hablara consigo misma, añadió–: Sí, tenemos que tener un propósito para vivir. Quiero a mis hijos y a mis nietos. Mi marido murió muy joven, lo cual fue terrible, lo peor de todo, pero yo ya tenía una familia y me apoyaron mucho.

Esta era la primera vez que percibía tristeza en ella. No lá-

290   *Cada familia tiene una historia*

grimas, sino una tristeza candente por echar de menos al marido fallecido hacía treinta años. Anna bromeaba diciendo que, tras la muerte de Isaac, mucha gente había querido casarse con Kati, pero que ella solo se habría casado si hubiera podido hablar de Isaac todo el día. El amor de Kati por Isaac era en ella una fuerza poderosa que no se había atenuado en absoluto desde su fallecimiento. Podía entenderlo: puesto que él le había dado fuerzas para vivir en un momento tan vulnerable, ella nunca sería capaz de amar a otro hombre aparte de él.

Ser amada y sentirse segura, al tiempo que tenía el propósito de criar a su familia, podría haber protegido a Kati de los pensamientos conscientes. Aun así, le pregunté si había ecos inconscientes de su experiencia en el campo de concentración. Kati me dijo que dormía con la luz encendida y la puerta abierta, y que, cuando sus hijos eran pequeños, había soñado que los alemanes venían y se los llevaban.

Hablaba de lo mucho que seguía echando de menos a su madre y a su padre, y a menudo se imaginaba que…

–Abría la puerta y entraba mi padre, y también mi hermana. Mi hermana era tres años menor que yo, y si hubiera seguido viva, después de la liberación, me habría ocupado de ella. No habría sabido cómo, pero lo habría hecho.

Sentí una punzada de furia asesina contra quienquiera que hubiera matado a una niña de once años, y así lo dije. Anna volvió a intervenir y puso la mano sobre la de su madre, como diciendo: «Yo me encargo, mamá». Reiteró que su madre nunca tenía una mala palabra para nadie. Si alguien la molestaba, siempre le sugería que debía haber una buena razón, o que había tenido un mal día. Kati respondió:

—No es propio de mí quejarme. Estaba tan contenta de tener un hogar… No se lo puede imaginar.

Esa era la cuestión. No podíamos saber hasta qué punto su experiencia había modelado su visión del mundo. La experiencia vivida no puede sustituirse por una visión teórica. Anna y Rebecca les decían a sus hijos cuando no comían: «La abuela comería cualquier cosa».

E incluso los nietos decían que, cuando tenían frío, pensaban en su abuela e intentaban no armar jaleo.

Aunque esa visión cognitiva pueda ayudar, decirnos a nosotros mismos que no nos preocupemos no funciona. Solo después de haber vivido la adversidad se tiene la información emocional y el correspondiente crecimiento para reevaluar lo que realmente importa en la vida.

Como sentía furia y acababa de conocer a la familia, no pude evitar pensar que parte de su rabia debía de haberse sublimado en las siguientes generaciones. Supuse que se manifestaría a través de su deseo de orden y control en sus vidas.

En las semanas siguientes intenté acceder a su familia, pero no lo conseguí. Comprensiblemente, tenían un fuerte deseo de ser tan buenos como Kati, y si tenían un lado más oscuro —que tal vez no lo tuvieran—, mostrárselo a sí mismos, y mucho menos a mí, era pedir demasiado.

Está bien documentado que, tras haber pasado hambre hasta casi la muerte, la relación de muchos supervivientes con la comida cambió para siempre. Es un rasgo judío común centrarse en la comida. Sería normal que esto se manifestara en ansiedad cuando la comida no resulta fácilmente disponible, una propensión a almacenar en exceso, o una incapacidad para tirar la comida. No es el caso de Kati.

–La comida –me dijo– no me afecta en absoluto. Cuando llegué a este país me encantaban las naranjas. No paraba de comprar naranjas porque no teníamos en casa. Pero no.

Anna intercedió, diciéndole a su madre que lo que había dicho solo era correcto en parte.

–Quizá los únicos grandes recuerdos que tengas sean la comida que hacía tu madre, las recetas, lo que comías de pequeña. Mi madre –dijo volviéndose hacia mí– cocina recetas caseras todo el tiempo. La comida es importante para ella. Habla de lo que va a cocinar y hace comentarios sobre la comida mientras la comemos.

–Me gusta cocinar –asintió Kati enérgicamente–. Disfruto haciéndolo y los niños disfrutan comiéndolo… Pero hace unos meses me caí de una silla cuando me subí a ella para buscar un libro de recetas.

Se había roto la cadera y se había ido tranquilamente a la cama sin decírselo a nadie, porque no quería montar un escándalo.

Ese incidente daba mucho qué pensar. Para todos nosotros, la comida es complicada. La impregnamos de emociones. Nos «comemos nuestros sentimientos» para reconfortarnos o distraernos de los sentimientos que nos preocupan. En las familias, nuestra relación con la comida puede ser modelada por nuestros padres, y tiende a perdurar a través de nuestros hijos. Para Kati, aunque su trauma no se transmitiera a través de la comida, su relación con ella era especialmente poderosa: simbolizaba seguridad y supervivencia.

La comida es una piedra de toque de la memoria: la vista, el olfato, el gusto y el tacto de determinados alimentos evocan recuerdos corporales que nos conducen directamente a nuestro pasado, con todos sus sentimientos asociados. En el caso de Kati, la comida de su infancia evocaba imágenes de sus queridos padres en su cocina de Hungría, y los sentimientos de amor correspondientes.

Rebecca hablaba despacio, con la cabeza gacha, mientras recordaba una época dolorosa en la que había buscado la perfección, utilizando la comida para controlar lo que consideraba sus defectos. Por fortuna, había conseguido ayuda profesional y lo había superado, aunque, con voz baja, admitió:

–Estoy mejor, mucho mejor, pero todavía puedo comer en exceso.

Me pareció que Rebecca estaba abierta a sentir y expresarse. Cuando le pregunté, se quedó pensativa un rato y luego asintió. Se le iluminó la cara cuando se le ocurrió una idea: se preguntaba si había interiorizado el mensaje de que en los campos de concentración se mataba a la gente que parecía enferma. Recordaba que su madre la animaba a «tener buen aspecto» por lo que pudiera pasar. Al profundizar en sus pensamientos, se dio cuenta de que había generado una batalla interna en la que aspiraba al control y la perfección. Sonrió al mirarme: una pequeña pieza del puzle de sí misma había encajado en su sitio.

Me sorprendió que Kati reconociera que el confinamiento había sido difícil para ella. Pero, pensándolo bien, me di cuenta de que un mecanismo de supervivencia vital para Kati era el valor que le daba a estar con los demás y ayudarlos. Siempre había estado conectada con los demás, incluso en los campos. Cocinar auténtica comida húngara, y que sus nietos la apreciaran, le daba un sentido y un propósito. La pandemia le había arrebatado su capacidad de ser generosa y creativa. La resiliencia no se construye esperando a que ocurra algo, sino haciendo que suceda, siendo útil y ayudando a los demás. Todas nos reímos cuando Anna nos contó que su madre seguía yendo en autobús a la compra, y que sus vecinos se escandalizaban de que sus «horribles hijos» no la llevaran en coche. Sin embargo, ella insistía en ir sola. Quería salir, ver gente, comprar sus propios alimentos y sentir la satisfacción de haber completado una tarea.

–Soy capaz de valerme por mí misma –dijo con orgullo.

Su decidida positividad de fijarse tareas y completarlas para dar algo a los demás contribuía a su extraordinaria resistencia.

Después de conocer a Kati y a su familia, empecé a buscar respuestas a por qué era «increíblemente resistente –como dijo Rebecca– cuando le pasaban cosas malas».

–Nunca la he visto deprimida, miserable o malhumorada. Nunca la recuerdo enferma.

¿Qué le había permitido a Kati salir adelante a pesar de la devastación de su pasado, y cómo seguía prosperando a sus noventa años? Seguro que todos podíamos aprender algo de ella.

Hablé con un destacado psicólogo clínico, catedrático de neurociencia del desarrollo y psicopatología, que me explicó que las múltiples piezas de este rompecabezas se dividen en tres categorías conocidas: educación, genes y entorno. Kati se sintió querida, valorada y cuidada por sus padres, lo que le proporcionó una gran cantidad de factores que supo aprovechar para responder con firmeza al trauma. Su respuesta adaptativa fue el resultado de la experiencia formativa estable de sus primeros años anteriores a la guerra. La capacidad de procesar el trauma y adaptarse a él es lo que evita que este permanezca bloqueado en las redes neuronales del cerebro.

Los genes desempeñan un papel mucho más importante de lo que yo pensaba. La forma en que un individuo responde a una amenaza, su capacidad de adaptación, está en parte escrita en sus genes; aún no sabemos hasta qué punto, pero sí sabemos que distintas variantes genéticas son más frecuentes en determinadas poblaciones. Kati, como todos nosotros, nació con un proyecto genético que codificaba su cociente intelectual, sus rasgos físicos y su personalidad. Pero, si bien los genes determinaban su potencial, era la forma en que interactuaban con su personalidad y el modo en que se relacionaba con su entorno los que determinaron el resultado de Kati. Los genes con los que nacemos también influyen en las respuestas que obtenemos del mundo que nos rodea. Kati, que ahora es una brillante mujer de noventa y un años, casi con toda seguridad había sido una niña brillante.

Este proceso repetitivo nos modela: no somos meros receptores pasivos de nuestro mundo social, sino agentes activos en su creación. De ese modo, Kati, una persona positiva, sonriente, amable e interesada, había podido establecer relaciones seguras con las personas que conocía. Eso en sí mismo es psicológicamente protector y podría explicar por qué la checa de la fábrica le regaló una patata. Aunque Kati pensaba que fue una suerte que Isaac y ella se enamoraran, fueron el amor que recibió de

296 Cada familia tiene una historia

niña y la interacción de sus genes con el entorno los que determinaron su destino.

Aunque solo podemos jugar con las cartas que se nos reparten, el modo en que jugamos con ellas es lo que marca la diferencia. En el caso de Kati, eligió la mejor carta de esa mano: Isaac. Entonces entró en un ciclo virtuoso, con una nueva baraja –sus hijos–, y así continuó el ciclo.

Además de los tres componentes clave mencionados, la pieza que completó el rompecabezas de la resiliencia de Kati fue el significado que otorgaba a su experiencia. Sabemos que el trauma no posee un desenlace automático. Kati describió su supervivencia como «un milagro», y realmente lo fue, pero podría haberlo vivido de otra manera si, por ejemplo, se hubiera sentido culpable. Sin embargo, cuando sus hijos le preguntaron por qué había sobrevivido, les dijo:

–Para que pudierais tener a mamá y ella a vosotros.

Ellos conferían sentido a su supervivencia. Sin el propósito que le daba formar una familia, quizá no hubiera sido tan resiliente.

Cuando estábamos llegando al final de la sesión, Kati aún brillaba con luz propia, mientras que Anna, Rebecca y yo estábamos emocionalmente agotadas. Les pregunté cómo afrontaban los conflictos en su familia. Me dijeron que no se peleaban. Me quedé atónita. No podía imaginarme una familia que no se peleara. Pero Anna me respondió, mientras los demás asentían.

–Todos cooperamos. Si alguien tiene que ceder, siempre cedemos. Nunca jamás permitimos que las situaciones nos causen problemas. No merece la pena, es mejor olvidarlo. Ha habido muchos casos en los que podríamos habernos peleado, por posesiones o por los conflictos cotidianos habituales, pero no decimos ni una palabra, miramos hacia otro lado.

Rebecca continuó describiendo lo bien que se llevaba con sus hermanos, cómo se habían criado con un grupo de primos a los que seguían estando unidos; que, como familia, lo dejaban todo para ayudarse unos a otros. Reconocieron lo bendecidos que estaban por haber heredado de Kati un elevado sentido de la gratitud.

Demostraron el trabajo de Martin Seligman y otros en psicología positiva, que hace hincapié en cómo la gratitud, es decir, centrarse en lo que es bueno y no en lo que es malo, o en lo que falta, conduce a un mayor sentimiento de felicidad. Como Rebecca expresó con orgullo:

—Todos pensamos en las personas que no están aquí, en lo mucho que nos gustaría tenerlas con nosotros. Por supuesto que hay disgustos, hay muchas peleas, nuestros hijos tienen pequeñas riñas, pero nunca nos peleamos de verdad.

Incluso las familias que nunca se pelean pueden sufrir algún roce. Se hizo evidente que Anna no estaba demasiado unida a su hermano David.

—Nos llevamos bien, pero somos personas muy distintas. No es que nos peleemos exactamente... —Se detuvo en seco al ver que su madre volvía la cara. Se apresuró a tranquilizarla—. Nos queremos, ya lo sabes, y también sabes que estoy muy unida a mi hermana Edith.

—Aunque no hablo de ello —señaló Kati emocionada—, me molesta. No es bueno para mí. Tengo que mirar hacia otro lado. Mi marido se enfadaría mucho. Intento no inmiscuirme. ¿Qué puedo hacer? Esto me molesta...

298 Cada familia tiene una historia

Anna y Rebecca intervinieron para calmarla, diciéndole que no había nada de qué preocuparse.

Reconocer las diferencias entre hermanos –que ni siquiera se peleaban– no me pareció gran cosa, sobre todo si se compara con la investigación del psicólogo Karl Pillemer, de la Universidad Cornell, según la cual el 5 % de los hermanos están completamente distanciados y el 23 % apenas se hablan. Pero lo que más me llamó la atención en el caso de los Berger fue el momento en que Kati giró su cara, incapaz de tolerar el más mínimo desprecio, y Anna y Rebecca se apresuraron a tranquilizarla y protegerla.

Existen diferentes maneras de percibir la dinámica familiar. En el caso de la familia Berger, no es que no hubiera tensiones o conflictos, sino que esos conflictos no se permitían o no se discutían abiertamente. Este tipo de bloqueo familiar (y su relación con el bloqueo individual) es interesante. En todas las familias hay normas – manifiestas u ocultas– referentes a aquello de lo que se puede hablar, lo que se puede expresar o negar. Y, aunque esto no es negativo en sí mismo, merece la pena examinar qué normas existen y los costes psicológicos que acarrean, teniendo en cuenta que podrían cambiarse.

Mi curiosidad inicial por esta dinámica creció cuando me enteré de que este patrón de proteger a Kati de cualquier tipo de preocupación se producía con regularidad. Le resultaba difícil gestionar las preocupaciones y su familia quería que todo fuera perfecto para ella. Esto, por supuesto, era un listón imposible de superar.

–Expresamos nuestras opiniones –dijo Anna–, pero intentamos no juzgar y rara vez desemboca en una disputa familiar.

Me di cuenta de que los Berger creaban armonía y confianza en su familia porque no temían verse atacados. Pero me preguntaba cuál sería el coste de ser incapaces de defender nuestra propia opinión: reprimir la ira puede abocarnos al control, a encerrarnos en una posición fija, o a la codependencia.

Existen distintos tipos de codependencia. En pocas palabras, la codependencia significa que nuestra autoestima depende de la aprobación de los demás y perdemos la conexión con la satisfacción de nuestras propias necesidades. Somos incapaces de decir que no o de mantener opiniones diferentes por miedo al conflicto. Y eso puede significar que los sentimientos difíciles permanecen soterrados, lo cual resulta asfixiante. A menudo, los sentimientos complicados salen a la luz de otras maneras. Aún no puedo juzgar si los Berger son codependientes, pero siempre es útil que las familias analicen el modo en que funcionan juntas.

Tras varias sesiones, quedó claro que eran una familia muy preocupada.

–Me preocupo por todos ellos –admitió Kati– todo el tiempo. Es terrible. Me preocupa que estén bien y que no sufran.

Anna, más vacilante que de costumbre, con las manos cruzadas delante de ella para mantenerse firme, describió cómo se enfrentaba a esa cuestión.

–He aprendido a decirme a mí misma que la preocupación no ayuda. Si no puedo controlarlo… intento no preocuparme… Y también intento no mostrarlo…

Pero reconoció que cuando Ben se enfadaba o Rebecca era infeliz…

–Soy un desastre por dentro. Me pongo físicamente enferma. No puedo comer ni dormir.

Se sentía presa de una ansiedad persistente.

Rebecca, que estaba sentada erguida, con la mano en la barbilla, claramente muy interesada en esta conversación, tras meditarlo unos instantes, dijo que reconocía que su respuesta era similar. Gestionaba su ansiedad haciendo listas, algo de lo que su madre se burlaba. Pero también se esforzaba por cambiar.

–Quiero ser una persona útil. Necesito desapegarme. Si no tuviera trabajo, estaría en todas partes. Quiero satisfacer sus necesidades, pero no consumirme demasiado por ellas… No es fácil.

Su preocupación se manifestaba de diferentes maneras: no se contaban las cosas porque el nivel de preocupación que recibían como respuesta era intenso; o no pedían ayuda porque no querían convertirse en «un problema». Era una ley no escrita para cada generación proteger a sus padres, portarse bien y seguir su camino religioso. Parecía haber un tira y afloja: necesitaban abrirse los unos a los otros, recibir apoyo cariñoso y, al mismo tiempo, reconocer que hay un límite a lo que cada persona es capaz de soportar.

Deseaba entenderlo en un contexto más amplio. Las investigaciones de la gerontóloga familiar, la doctora Amber Seidel, de la Penn State York, indican que todos nos preocupamos más que las generaciones anteriores, sobre todo por nuestros hijos adultos. Esto se debe probablemente a que la mayoría estamos más cerca de nuestros hijos que la generación de nuestros padres, y más implicados en sus vidas: gracias a los teléfonos móviles, podemos estar continuamente informados de cada pequeño contratiempo, lo que puede alimentar un bucle de ansiedad. Lo de «ojos que no ven, corazón que no siente» es cierto. La preocupación suele centrarse en acontecimientos futuros en los que imaginamos consecuencias negativas, lo cual incrementa nuestro miedo al imaginar los peores escenarios. Todo ello puede estar basado en nuestras creencias referentes a que la preocupación nos protege de las cosas malas o, erróneamente, que nos hará enfermar.

El psicólogo Paul Gilbert sostiene una interesante visión en torno a la preocupación desde una perspectiva evolutiva. Describe cómo la función de la preocupación en el cerebro es hacer frente a las amenazas y prepararse para acontecimientos futuros (lo que, en términos evolutivos, sería quedarse sin comida o ser devorado por un depredador). El sistema de preocupación de nuestro cerebro funciona mal porque aún no ha evolucionado lo suficiente como para hacer frente a la naturaleza de las amenazas y los miedos actuales.

Muchos de nosotros reconocemos este estado de alerta máxima, pero desarrollar buenos hábitos puede ayudar a estabilizarlo. La doctora Sarah Vohra, autora de *The Mind Medic*, afirma que, además de prácticas para combatir el estrés como el yoga o la meditación, es útil gestionar nuestras preocupaciones clasificándolas por categorías. Podemos preguntarnos: «¿Es una preocupación que puedo convertir en un problema que resolver? Por ejemplo, si nos preocupa saber si tenemos una reunión mañana, podemos consultarlo con un compañero.

¿O se trata de una preocupación que quizá nunca llegue a materializarse, pero que puede consumirnos por completo a nosotros y a nuestro tiempo, como, por ejemplo, pensar si nues-

302   Cada familia tiene una historia

tro hijo se encuentra a salvo? En esos casos, nos aconseja que la escribamos y la pasemos a nuestra lista de «toque de queda de preocupaciones». Propone que reservemos un toque de queda de treinta minutos al día, a una hora fija, para observar la lista y preocuparnos todo lo que queramos. Pero, cuando nos asalte una preocupación fuera de ese tiempo, nos distraemos con actividades positivas, como charlar con un amigo o llevar a cabo una tarea concreta. Por último, cuando estemos en la franja horaria del toque de queda, tacharemos lo que ya no nos preocupa, romperemos la lista vieja, la tiraremos y anotaremos en una hoja nueva lo que nos siga preocupando para la sesión del día siguiente. Aunque parece complicado, la práctica es sencilla y, como somos seres que creamos hábitos, pronto descubriremos que salimos automáticamente del modo de preocupación, lo que nos libera para dedicarnos más plenamente a nuestras actividades. Esperaba poder ofrecer a Rebecca esta útil herramienta.

Para la segunda y tercera generación de los Berger, la preocupación iba acompañada de la creencia de que, en comparación con Kati, no tenían «nada de qué preocuparse», por lo que no debían hacerlo. Me pareció que esta familia hacía circular la preocupación entre ellos de un modo que era difícil para todos sus miembros. En su raíz estaba el miedo al pasado de Kati, que se había convertido en una preocupación y una necesidad constante de buscar seguridad. Eso era una consecuencia del trauma. Y, aunque mucho menos dañino, seguía siendo molesto.

Rebecca tenía curiosidad por saber cómo equilibrar la preocupación con una conexión auténtica: contarle a su madre lo que le sucedía, pedirle consejo y mantener los límites de la separación. Anna no sentía que Rebecca tuviera que cambiarlo, que estaba bajo control. Sin embargo, su hija estaba en un proceso continuo de concienciación para adaptarse y abandonar los malos hábitos que ya no le funcionaban. Hablar conmigo era una pequeña parte de hacerse cargo de sí misma. Me pareció útil tratar abiertamente el tema con una tercera persona.

Rebecca, por ejemplo, había sido una acaparadora de comida, un rasgo común en muchas familias, pero sobre todo en los supervivientes del Holocausto. Recientemente, se había dado cuenta de que «catastrofizaba» cuando las cosas pequeñas iban mal, y eso la ayudaba a verificar el escenario que estaba representando en su cabeza. Por ejemplo, cuando se quedaba sin huevos, se percataba de que el cielo no se derrumbaba y que podía conseguir algunos de un vecino. Había aprendido un adagio muy útil de la activista y presentadora Brené Brown: «Esfuérzate por alcanzar la excelencia, pero no intentes alcanzar la perfección».

Anna le comentó a Rebecca que en ocasiones era como si «ella fuese la superviviente». No me di cuenta de la importancia de lo que dijo hasta después de la sesión: quizá Rebecca había interiorizado traumas no expresados de su abuela, pero no podía permitirse expresarlos porque Kati «nunca se quejaba».

Al analizar este tema desde una perspectiva psicológica, recurrí a mis conocimientos sobre las relaciones madre-hija. Esto no significa negar la importancia de los padres, pero centré mi atención en la línea materna. La neurociencia nos enseña que la parte del cerebro que media en las emociones es similar entre madres e hijas. El vínculo madre-hija es la piedra angular de las relaciones seguras y desarrolla la autoestima de la niña.

304 Cada familia tiene una historia

Una hija aprende más de lo que su madre le enseña con su comportamiento que de lo que le dice. El dictado «haz lo que digo, no lo que hago» no puede ser más erróneo. En la familia Berger, la seguridad y el amor se transmitían de madre a hija. Fueron testigos en Kati e Isaac de la importancia de sus relaciones sentimentales y de tener sus propias familias. Kati había procesado su trauma, pero sentí que Anna y Rebecca arrastraban rasgos de él mientras creían que no debían hacerlo.

Quedó claro que habían tardado muchos años en aprender a ser interdependientes la una de la otra, es decir, a estar cerca, pero dejando espacio entre ellas, y vi que seguían trabajando en eso. Sabían que, cuando esto no ocurre, bloquea la capacidad de formar un vínculo estable con la pareja.

Me enteré de que Rebecca se había casado muy joven, lo que significaba que se había apoyado demasiado en sus padres, incluso enviando mensajes de texto con sus planes diarios a su madre todas las mañanas. Con el tiempo, había perdido el contacto. Anna sabía que eso era sano, pero admitió, con cierta tristeza en la voz:

–Puede que me sienta un poco excluida cuando no me entero de las pequeñas cosas y me pregunto por qué ella no me lo dijo.

–No cambies –le dijo a Rebecca mirándola con una sonrisa orgullosa.

Fue un momento precioso de reconocimiento de lo difícil que es el baile de la cercanía y la separación entre madre e hija. Y la clave, como siempre, es mantener conversaciones abiertas y sinceras.

Dina, a quien vi con su madre, Rebecca, estaba al principio de este proceso de adaptación. Se sentaban una al lado de la otra, Dina llevaba una gran cinta negra para mantener el pelo en su sitio, parecía joven y tenía los ojos brillantes. Estaba rebosante de energía. Veía a su madre todos los días y se lo contaba todo. Pero Rebecca, que era más suave y gentil en presencia de su hija, no quería que repitiera su patrón y le preguntó:

–¿Te sientes presionada por mí?

Le explicó que estaba decidida a no reprimir a sus hijos.

–Puedo hablar contigo como es debido… Si lo haces, te lo contaré –respondió Dina riéndose y desentendiéndose de la preocupación de su madre.

Ambas se inclinaron para abrazarse.

Todas las mujeres Berger llevaban en su interior un trauma incrustado: fragmentos de sufrimiento vivo en ellas cada día. Ellas nunca podían llevar galones, les recordaban a los campos, y cuando pasaban por delante de una chimenea humeante pensaban de inmediato en las cámaras de gas. Los perros les infundían miedo. Solo Dina, de la cuarta generación, era menos seria. Hablaba con voz grave, se reía mucho y se burlaba de su madre, a veces discrepando con ella, pero siempre manteniendo una cariñosa cercanía. Parecía libre de la carga de la rumiación. La búsqueda positiva de la felicidad de Kati impregnó con fuerza a las sucesivas generaciones. Dina era el producto de dos generaciones que habían vivido en paz. El terror del pasado era menos intenso en ella. Mi valoración fue que, a medida que cada generación sentía aumentar la seguridad, también crecía la confianza.

Hablando con Dina me di cuenta de que vivía en una burbuja que parecía casi inafectada por el tiempo. A sus veinti-

306 Cada familia tiene una historia

cinco años, se encontraba en un entorno que, a sus coetáneos, que quizá vivían a pocos kilómetros de distancia, les costaría contemplar.

Hablaba alegremente, describiendo con total aceptación su modo de vida –«Es todo lo que he conocido»–. Vestía con modestia, nunca llevaba pantalones, y, como la mayoría de las jóvenes de la comunidad, recibió educación hasta los dieciocho años. Pocas asistían a la universidad porque, como me dijo Dina:

–Al casarme a los veintidós ya era mayor, la media para casarse es entre diecinueve a veinte años. Tuve un hijo a los veinticuatro, y eso es muy tarde.

Las chicas van al seminario en Israel durante un año después de la escuela y luego su matrimonio es concertado por un casamentero. La pareja sale cuatro o cinco veces y, si se gustan, se comprometen. Ciertamente, podían elegir con quién casarse, aunque no quedarse solteras demasiado tiempo. Y había presión para parecer elegible en todos los aspectos: ser atractiva, piadosa y provenir de una buena familia. Comportarse mal, rebelarse, sería anatema para estas familias. A medida que transcurre el tiempo, sus opciones para encontrar maridos adecuados se agotan, por lo que la presión aumenta. Una vez casadas, ser madres (con suerte) es su principal función, y aunque algunas mujeres trabajan, suele ser en los trabajos que se espera de las mujeres: comadrona, enfermera, asistente de dentista. Pocas mujeres de la comunidad ultraortodoxa tienen empleos de alto nivel.

Mientras Dina hablaba, no estaba despotricando contra su modo de vida. Tenía ganas de describir desde dentro lo que puede parecer restrictivo desde fuera. Había supuesto que, con su historia, estaban predispuestos a renunciar a mucha libertad para tener seguridad; sin embargo, Dina no lo contemplaba en los mismos términos. Ella, como todos los miembros de su familia, se sentía agradecida por ser judía y vivir como lo hacían ellos; incluso sentí que ya le daba un poco de pena porque no disfrutaba de las ventajas de su modo de vida.

Los Berger habían sido valientes y generosos al permitirme acceder a su mundo y permitirme una visión tan íntima de su vida familiar. Era una comunidad que se adentraba en la sociedad contemporánea cuando lo necesitaba por trabajo, pero que no invitaba a gente como yo a hurgar en su psique familiar. Y aunque, para ser justos, eso es cierto para la mayoría de la gente, en su caso era aún más cierto. Sus vidas estaban limitadas por la geografía y las costumbres de su comunidad: ninguno de los Berger había comido nunca en un restaurante no *kosher*.

Para ellos fue algo muy especial hablar conmigo, una completa extraña de una cultura diferente. Sabía que debía respetar sus límites, pero aun así me costaba no intentar solucionarlos. No lo necesitaban y pasé muchas horas reflexionando, a menudo montada en mi bicicleta, instándome a estar en paz con eso. Me resultaba difícil no utilizar mis habilidades –que me infundían representación y propósito– para conectar con la gente y ayudarlos a cambiar de perspectiva o a liberarse de viejos temores. Me di cuenta de que tenía que resolver mis problemas de control.

Donde no pude evitar pasarme de la raya fue en el trabajo. Le dije a Anna que me parecía que estaba perdiendo su iden-

308 Cada familia tiene una historia

tidad individual y su identidad laboral. Podía ser voluntaria o tutora, no importaba lo que fuera, pero yo quería que saliera de casa y fuera una versión diferente de sí misma. Me sorprendió su desamparo cuando me dijo, con calidez en su sonrisa:

—Siento que me falta un eslabón. Necesito encontrar el equilibrio adecuado, pero también necesito encontrar algo para mí.

Me gustó que reconociera que necesitaba algo para sí misma. Dina, por su parte, aunque de momento era madre a tiempo completo, reconoció que no descartaría trabajar en el futuro.

Sé que el trabajo no es un extra opcional para muchos, pero para los Berger era una elección. Lo digo porque soy parcial: el trabajo me ha salvado muchas veces. Acepto que hay etapas en la vida en las que el trabajo tiene que quedar en suspenso o pasar a un segundo plano, y que ser pareja y madre tiene un valor crucial, pero creo profundamente que las mujeres tienen mucho más que aportar al mundo, y que es sano para las familias y para las mujeres encontrar un propósito adicional, una estructura con sentido que les proporcione autoestima a través del trabajo. Los Berger, por su parte, tenían en la fe su propio poder.

Los padres de Kati habían sido judíos piadosos. El tío que la acogió pertenecía a la comunidad ultraortodoxa. Kati reflexionó que entendía por qué otros habían renunciado a su fe después de «ver a gente ardiendo», pero para ella era una forma de continuar su relación con su familia. Las tradiciones de su religión eran «tremendas»: seguían vivas y la mantenían con los pies en la tierra cuando se habían destruido tantas cosas. Había pasado por un infierno en la tierra, pero su fe le infundía valor, encarnando la creencia de que había algo más grande que ella. Las mujeres de su sinagoga solo iban en los días festivos, pero...

—Yo rezo —me dijo— un poco siempre que lo necesito.

Sonreí: Kati no era de las que se excedían.

Anna explicó que había una diferencia entre su fe, que era la práctica de su religión, y su religión, que tenía más que ver con la pertenencia.

—Nuestra religión es muy abarcadora; para nosotros es básicamente una entidad que vive y respira. Todos los viernes por la noche cantamos las mismas canciones, las mismas melodías, las mismas oraciones. Me da la sensación de pertenecer a una comunidad, a una familia a gran escala, familia, para que nunca me sienta sola. En cualquier parte del mundo puedo unirme a mi comunidad.

La idea de que el judaísmo sea una entidad viva me pareció fascinante. Me gusta el ritual de la iglesia y la sinagoga, pero no los veo como un ser, sino como edificios fijos y objetivos que visito. Eso me hizo pensar en los niveles de soledad que hay en la actualidad en el Reino Unido, según la Campaign to End Loneliness: una de cada veinte personas se siente sola «a menudo o siempre», y el 45 % de los adultos se siente solo «de vez en cuando, a veces o a menudo». El poder de ese sentimiento de completa pertenencia y la confianza absoluta de ser capaz de conectar con otros judíos eran muy convincentes. Anna continuó, con voz fuerte y ojos brillantes, hablando de que este era su lugar feliz.

—En el aspecto religioso, cuando las cosas se ponen feas, recurro a mis salmos. Cuando alguien no está bien, recurro inme-

310 Cada familia tiene una historia

diatamente a nuestros salmos. Todos rezamos por los miembros de la comunidad con COVID. Esa es la verdad de nuestra fe. Puede que no la sienta a cada momento, pero está siempre ahí.

–Dios está ahí –dijo Rebecca aún con más pasión– como una presencia, un espíritu. Me pregunto, cuando hay tragedias o incluso cosas tristes y difíciles, ¿cómo puede alguien seguir no teniendo fe? Dios sabe lo que va a suceder y lo que nos conviene. Así pues, sea cual sea el punto en el que nos encontremos, aunque pueda parecer muy sombrío u oscuro y aterrador, hay un plan mayor por encima de nosotros. Hay un Dios que dirige el mundo, y nosotros no lo sabemos todo. Cuando ocurre una tragedia, tenemos la capacidad de rendirnos a Dios y decirle: «Ahora te toca a ti».

Pude ver cómo Anna miraba a su hija con orgullo y amor, al ver cómo expresaba con tanta convicción todo aquello en lo que la había educado. Rebecca prosiguió:

–Espero que nunca me pongan a prueba realmente para experimentar lo que estoy diciendo, pero es a lo que intento aferrarme, a lo que mi madre dice sobre la religión: tenemos un orden, tenemos una previsibilidad todo el año. Sabemos cuáles son los meses concretos, las festividades. Eso estructura nuestro año. Cada festividad tiene su lugar, sus canciones y su comida. Eso es universal en todo el mundo. Dondequiera que viajes por el mundo formas parte de algo y perteneces a algo.

Dina se hizo eco de las palabras de su madre. Rezaba todas las mañanas y en otras ocasiones, cuando el bebé se lo permitía. Creía que la familia era parte integrante del ser judío y de la continuidad del pueblo judío, por lo que la familia estaba entrelazada con su religión. Todos tenían un profundo sentimiento de gratitud por ser judíos.

Curiosamente, múltiples investigaciones demuestran que existe una alta correlación entre quienes tienen fe y los niveles más elevados de bienestar. En los adultos jóvenes, como Dina, haber crecido en un hogar religioso supone un factor de protección para su salud mental. No creo que sea posible asignar un valor exacto a la práctica espiritual y a la fe: eso es algo individual. Pero, al pensar en los Berger, era evidente que su fe llenaba muchos vacíos difíciles.

Necesitaba asimilar cómo la presencia de la muerte era el telón de fondo de su vida. Anna me explicó que el sábado no podían utilizar la electricidad ni los medios de transporte. El sábado siempre era tranquilo. De niña, se sentaba por la tarde con sus hermanos a revisar cajas de fotografías familiares. No eran instantáneas felices de vacaciones familiares, sino de familiares que habían muerto, e incluían imágenes de carretillas llenas de cadáveres de los campos. Describió que primero las miraban, las dejaban a un lado y luego miraban otras fotos de familiares.

Hablar de la muerte no era un tema tabú para ellos, como sí lo es en muchas familias. Anna se había sentado a escuchar a su padre y a sus hermanos hablar de su sepultura en Israel, planeando quién estaría al lado de quién, como si estuvieran discutiendo la distribución de los asientos en una cena. Kati se sentía segura en Israel y le reconfortaba saber que la enterrarían allí, junto a Isaac y su familia. Esto era especialmente conmovedor cuando muchos de sus familiares nunca habían sido enterrados ni habían tenido lápidas que recordasen sus

312 Cada familia tiene una historia

vidas. Isaac había puesto los nombres de familiares cercanos en la suya para darles un lugar. Me fascinó darme cuenta de que esto no era deprimente, como muchos imaginaríamos, sino todo lo contrario. Sentir gratitud por estar vivos al tiempo que reconocían y hablaban abiertamente de la inevitabilidad de la muerte les infundía más vida y energía.

Me alegré de que a los Berger les hubieran servido de ayuda nuestras conversaciones. El hecho de que yo fuera testigo de sus puntos de vista y su forma de ser les permitió arrojar luz y percibir con mayor claridad, incluso de manera diferente, determinados aspectos de su vida. Escuchar mi honesta valoración de que eran una familia preocupada, pero no una familia que encarnara el trauma secundario, les hizo sonreír aliviados. Ya lo sabían, pero siempre es alentador oírlo de otra persona. Las palabras que permanecen en mí de sus reflexiones son las de Anna.

–Me han encantado nuestras sesiones y he disfrutado conociéndola y compartiendo pensamientos y sentimientos. El recuerdo de nuestras conversaciones me deja una experiencia muy catártica, que me une a mi familia y me permite comprender mejor a mis propios hijos.

¿No es interesante que podamos conocer mejor a nuestros propios hijos pensando y hablando de ellos y no solo estando con ellos?

–Las conversaciones que hemos mantenido –dijo por su parte Rebecca– han sido inteligentes y provocadoras, tanto en pensamientos como en sentimientos… Me han hecho explorar la historia y la dinámica familiares, que siempre me resultaron conocidas y siguen siéndolo. Al mismo tiempo, me han permitido reflexionar a un nivel más profundo, desafiando territorios aún inexplorados y aumentando el aprecio por lo que siempre he conocido, pero que quizá daba por sentado.

Para mí, este aspecto de utilizar nuestro tiempo para explorar territorios desconocidos en nosotros mismos y en nuestras familias, como una forma de apreciar mejor y conocer de manera diferente lo que siempre hemos conocido, era muy revelador. A menudo no vemos lo que tenemos delante hasta que dirigimos nuestra atención hacia ello de una forma distinta.

Kati, la matriarca por excelencia, poderosa por su silenciosa y profunda capacidad de amar y su coraje para sobrevivir, era difícil de seguir. Su capacidad de amar es su verdadero legado, transmitido de generación en generación. Eso, y su fe. Como dijo el rabino Jonathan Sacks: «Si miramos la Biblia, nuestra historia de felicidad no es lo primero que nos viene a la mente. Nos graduamos en sufrimiento y nos licenciamos en angustia. Y, cuando todo eso termina, lo celebramos… La definición de ser judío es aquel que lucha con Dios y la humanidad y prevalece… Cuando ocurre algo malo, no me desprendo de ello hasta que encuentro una bendición en eso».

Estas últimas palabras parecen resumir una actitud ante la vida que puede ser profundamente significativa. No sin sufrimiento, no sin angustia y desorden, pero permitiendo que Dios prevalezca y, en última instancia, encontrando maneras de sentirse bendecido es una manera positiva de vivir.

Meses después de terminar nuestras sesiones, cuando pensaba en la identidad y la familia, mi mente se volvía hacia los

314   Cada familia tiene una historia

Berger. Llegaron y se instalaron en mi cerebro de una forma que me resultaba desconocida. Intentaba averiguar en qué nos diferenciaba pertenecer a una fe tan fuerte. Al final llegué a la conclusión de que, aunque nuestras vidas parecían diferentes por fuera, nuestras preocupaciones y dificultades eran, en última instancia, las mismas: amor, familia, pertenencia, supervivencia, seguridad y propósito.

Después de escuchar la historia de Kati, me puse a buscar pruebas de traumas transgeneracionales, la forma en que los horrores del pasado podrían haberse incrustado en su familia. En realidad, encontré algo más. Las fuerzas más poderosas en juego en la familia Berger eran de otro tipo: la extraordinaria resiliencia de Kati, su capacidad de perdonar y su habilidad para ser cariñosa frente al mal hicieron que sus hijos y nietos la venerasen. Les proporcionó una piedra de toque de la fortaleza, el amor, la gratitud, la fe y la resistencia femeninas.

Sin embargo, también planteaba la posibilidad de dificultades. Los miembros notables de una familia suponen un reto especial para las generaciones siguientes, que pueden sentirse defraudadas. Pueden juzgar sus vulnerabilidades humanas, muy normales, en función de unos estándares imposiblemente elevados. La experiencia de ser el hijo de Kati puede trasladarse al hijo de cualquier persona conocida o con éxito: un político, un empresario, una estrella del rock o un escritor. Siempre se es en primer lugar el hijo de alguien: el hijo de X, o la hija de Y. La veneración de las leyendas familiares puede conducir a emociones reprimidas, perfeccionismo, codependencia y una lucha por encontrar una identidad tan significativa como la que la familia venera.

Comprendiendo esta dinámica, aprendiendo a verse a sí mismos en su propio contexto y tiempo, y viéndose a sí mismos con mayor compasión, los miembros de la familia pueden acallar su crítica interior sin dejar de extraer fuerzas de las figuras fabulosas de su familia: pueden permitir que sus historias estén conectadas, aunque separadas.

Familia Craig y Butowski

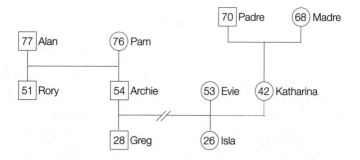

La familia Craig y Butowski
Cómo vivir ante la muerte

Caso

Archie Craig era un escocés de cincuenta y cuatro años que vivía en las Highlands con su novia polaca, Katharina, y su hijo Greg, de veintiocho. Isla, su hija de veintiséis años, vivía en los Borders. Estaba divorciado de la madre de sus hijos. El primer diagnóstico de cáncer de Archie había sido doce años atrás, cuando le extirparon un riñón. Todo había ido bien durante cuatro años, pero entonces una exploración rutinaria mostró que tenía un cáncer secundario en los pulmones y el pecho. Cuatro meses antes de verle, recibió la devastadora noticia de que también padecía un tumor cerebral. Le dieron una esperanza de vida de un año. Nuestro trabajo consistió en apoyarle a él y a su familia durante la enfermedad. Con el paso del tiempo se hizo evidente que múltiples aspectos requerían nuestra atención: que había tenido que cortar la relación con sus padres para preservar su salud mental y física, los terribles efectos secundarios de la radioterapia, la quimioterapia y los esteroides. Toda la familia se enfrentaba al reto de cómo podía vivir la vida de la mejor manera posible, dentro de las restricciones impuestas por la pandemia, mientras se enfrentaba a la muerte.

Acudí a Cancer Research UK en busca del contexto estadístico de la enfermedad de Archie. Las estadísticas pueden ser útiles para adquirir perspectiva sobre un diagnóstico concreto, pero a menudo desatan el miedo o la furia cuando estamos en el extremo equivocado. Lo que entendí de estas cifras fue que Archie era demasiado joven para tener un cáncer raro y terminal. Como él y todos los miembros de su familia reiteraron, aunque sabían que la vida no era justa, esta injusticia era especialmente cruel.

- Cada año se producen en el Reino Unido más de 166.000 muertes por cáncer.
- En los varones del Reino Unido, el cáncer de riñón es la décima causa más común de muerte por esta enfermedad, con alrededor de 2.900 muertes en el año 2018.
- Cada año, más de la mitad (54 %) de todas las muertes por cáncer en el Reino Unido se producen en personas de 75 años o más (2016-18).
- La mitad (50 %) de las personas diagnosticadas de cáncer en Inglaterra y Gales sobreviven a su enfermedad durante diez años o más (2010-11).

Si doy un paso atrás y reviso los casos de mis clientes a lo largo de las décadas, me parece que, cuando congelo un momento en el tiempo, siempre hay un cliente cuya situación apela a mis niveles más profundos de compasión y, en ocasiones, de preocupación. En este momento, Archie Craig era ese cliente.

Miraba a Archie en la pantalla; estaba luminosamente pálido, sin pelo, calvo en la cabeza y las cejas. Llevaba unas gafas de montura pesada que le quedaban un poco grandes. Tardé unos minutos en darme cuenta de que Archie no se movía. Estaba sentado en la cama, vestido con una elegante camisa; sus palabras no iban acompañadas de ningún movimiento de manos ni gesticulación visual. Era como si tuviera que conservar cada molécula de energía para hablar. Las primeras palabras que Archie me dirigió fueron:

—El cáncer pone patas arriba todas las cosas, convierte lo blanco en negro. El cáncer es un ladrón. Te roba partes de tu cuerpo.

Así es.

Archie tenía cincuenta y cuatro años y le habían diagnosticado cáncer de riñón nada más cumplir los cuarenta. Le habían operado con éxito para extirparle el riñón y durante cuatro años había vivido sin cáncer. El hito de cinco años de luz verde de que había pocas probabilidades de que reapareciera el cáncer parecía a la vista. Pero entonces, cruelmente, se enteró de que tenía un cáncer secundario y, no hace mucho, tras sufrir dolores de cabeza, un escáner le dio la devastadora noticia de que padecía un tumor cerebral. El médico le informó de que no había cura. Si bien podrían prolongar su vida con tratamientos, su esperanza de vida era de doce meses. Por supuesto, aunque Archie era la persona más afectada, inevitablemente repercutiría de manera negativa en todos los miembros de su familia.

Sabía por un estudio de 2013 del National Center for Biotechnology Information, Golics *et al.* (2013), que, en una familia con una enfermedad crónica, el 92 % de los familiares entrevistados se veían afectados emocionalmente por la enfermedad del paciente, mencionando la preocupación (35 %), la frustración (27 %), la ira (25 %) y la culpa (14 %). Se trata de un gran cóctel de emociones que se arremolinan bajo su apariencia externa. Son las emociones propias del duelo y una respuesta natural a la enfermedad. Sabía que no podía reducir o liberar a ninguno de ellos de la intensidad de esto, pero sinceramente esperaba poder apoyarlos en ello. No se trataba de una relación en la que fuera probable que se produjeran grandes cambios de comprensión, sino que más bien se trataba de estabilizar a los miembros de la familia para que pudieran gestionar la avalancha de dificultades a las que se enfrentaban. Si fuera necesario, podía sugerirles qué hacer y qué decir para protegerlos de posibles remordimientos.

Yo era una presencia ajena a su familia, con la que podían mostrarse completamente abiertos y de la que no necesitaban protegerse ni preocuparse, y confiaba en que eso les beneficiaría. Aunque fuera poco, merecía la pena. Nunca subestimo el valor de ser escuchado plenamente: la escucha de buena calidad era un recurso valioso que quería ofrecerles.

Además, Archie valoró la oportunidad de participar en mi libro y me dijo:

–Mi experiencia tiene que valer algo para alguien.

Quizá saber que su historia saldría a la luz fuera un pequeño consuelo para él.

Archie iba a ser el centro de nuestra terapia, a menudo acompañado por su prometida Katharina. Greg era biólogo y vivía con Archie. Isla, una trabajadora clave del NHS (Sistema Nacional de Salud), vivía a unas horas de distancia. Yo veía a Greg y a Isla por separado. Decidimos que podría ser abrumador para Archie ser testigo de su angustia colectiva. Tendría acceso a lo que pensaban y sentían en el estudio de caso, que podría leer a su propio ritmo.

Cuando oí las palabras «El cáncer ha vuelto a los pulmones y al pecho», sentí que la ansiedad se apoderaba de mi cuerpo. Debido a la historia de cáncer de mi propia familia, esta no es una zona neutra para mí. Vivo en un lugar donde elijo estar en negación. No creo que sirva de nada bajar mis defensas en este sentido, pero la señal de alarma de la reaparición del cáncer nunca está demasiado lejos. Ya habían pasado dos años desde que una persona de mi familia tuvo cáncer y me sentía lo suficientemente resiliente como para volver a trabajar con pacientes de cáncer.

Es un área de mi trabajo que encuentro gratificante y significativa, aunque intensa. Esperaba poder comprender mejor la experiencia de esta familia. Era consciente de la otra cara de la moneda. Tendría supervisión adicional para asegurarme de que me centraba en satisfacer sus necesidades. Esta relación era en su propio beneficio, y mi trabajo consistía en mantenerme psicológicamente sólida para ayudarlos. No se trataba de mí.

Incluyo esto porque creo que es importante mencionar que los terapeutas tenemos nuestra propia historia de pérdidas, heridas, errores, faltas y probables desencadenantes. A menudo me dicen: «Para ser terapeuta la veo demasiado afectada...», como si ser terapeuta significara que debería tener poderes mágicos para gestionar la vida con ecuanimidad, amor y paz. Ojalá fuera así, pero no. Debo seguir trabajando para mantenerme cariñosa, conectada, curiosa y abierta, y eso incluye fracasar, caer y abandonar.

En la crisis del diagnóstico terminal de Archie, contar con su familia como recurso de apoyo, amor y conexión era para él, y para cualquiera en su situación, el componente clave para soportar el dolor de su enfermedad. La complejidad radica en que cada persona de la familia tendrá sus propias respuestas y maneras de afrontar la dificultad, que, a su vez, repercutirán en los demás.

El duelo comienza en el momento del diagnóstico. Cada nuevo diagnóstico trae consigo una oleada adicional de todas las emociones relacionadas con el duelo: conmoción, tristeza, ansiedad, ira, miedo o incluso desesperanza. Cuando todos los miembros de una familia experimentan esos sentimientos, puede resultar abrumador. Las malas noticias activan nuestro sistema de amenazas. Inevitable y visceralmente nos afectamos unos a otros porque nuestras emociones son contagiosas. Ser capaz de tener una comunicación honesta y abierta entre todos, nombrando y expresando los sentimientos, hablando de los miedos e incluso de las esperanzas, es la vía para mantener la mayor estabilidad posible en una época tan turbulenta.

También significa que cada individuo del sistema familiar debe asumir la responsabilidad de su comportamiento: ser sensible a las necesidades de los demás, aunar esfuerzos, reconocer y adaptar sus propias respuestas cuando están teniendo un impacto negativo en quienes nos rodean. Los padres de Archie fueron incapaces de hacerlo.

—Mis padres están vivos —me confesó Archie en su primera sesión–, pero no les hablo… Es doloroso, pero mi madre me dice cosas extraordinariamente extrañas, no solo a mí, sino también a mi prometida y a mis hijos. Lo peor fue cuando me enteré de la devastadora noticia de que el cáncer me había afectado al cerebro y mi madre le dijo a Katharina:

—Archie siempre ha sido un niño difícil. Nos lo hizo pasar mal mientras crecía… —Siguió hablando durante veinte minutos y terminó diciendo–: A los enfermos de cáncer les encanta acudir a los hospitales.

Apretando los puños mientras hablaba, imaginé que, si hubiera tenido más energía, habría expresado su furia con algo más que esa tensión. Sentí una punzada de asombro en el estómago ante la insensibilidad de las palabras de su madre.

—Cuando me enteré —continuó Archie–, me indigné. Tengo una lesión cerebral importante. No debo alterarme ni enfadarme. Tengo un alto riesgo de sufrir un derrame cerebral o un ataque. No podía exponerme a ese peligro. Tuve que dejar de verlos.

Katharina me comentó más tarde que Archie había tardado dos meses en recuperarse de la herida que supuso la declaración de su madre. Todavía podía ver el dolor en sus ojos, mientras asentía con tristeza.

—Sí, me llevó mucho tiempo superarlo. Me quedé atrapado en el dolor. Tardé en darme cuenta de que podía elegir. Podía ser el adolescente herido a merced de los caprichos de mamá, o podía ser yo mismo como una persona de cincuenta y cuatro años que ya no necesita a su madre. Sus palabras todavía me hieren, pero ahora no me afectan tanto. Tengo que aceptar las cosas como son.

Le dije que había una profunda diferencia entre él y su madre. Tuvo la inteligencia, la empatía y la autocompasión necesarias para cambiar de perspectiva. Pero no fue gratis: los recuerdos de su madre solían emerger al mismo tiempo que pensaba que «Podría haber dicho algo más compasivo...». Entre la necesidad de compasión o la necesidad de venganza, ella se decantó por la venganza.

A pesar de la ineptitud e incluso la crueldad de sus padres, a Archie le pesaba mucho no poder verlos. Seguían siendo sus padres y los quería y echaba de menos, pero sabía que tenía que mantener los límites. Era una carga que ojalá no hubiera tenido que arrastrar. A medida que fui conociendo a Archie a lo largo de varias semanas, la importancia de la disfunción de su familia biológica se tornó cada vez más evidente. No había una sola sesión en la que no hablara de su madre en particular, y a menudo de su padre. Había aprendido a sobrellevarlo, pero eso no significaba que lo olvidara. Como todos nosotros, las heridas de nuestros padres son profundas: podemos aprender a gestionarlas, pero desgraciadamente no podemos borrarlas. Cuando hablaba de su madre, a menudo ponía su misma voz, que en el mejor de los casos era hiriente y, en el peor, amenazadora.

Comprendía sus raíces. Su madre había sufrido abusos sexuales de su padre cuando era niña y nunca había superado el trauma. Sus emociones exacerbadas por el trauma sin procesar se manifestaban en su vida cotidiana. Reclamaba constantemente atención, por lo general exagerando su enfermedad: su espalda maltrecha, su diabetes o sus pequeños derrames cerebrales.

—Toda la simpatía —señaló Archie— tiene que ser alimentada por ella. Es una auténtica reina del drama.

Se apropiaba indiscriminadamente del sufrimiento de los demás para poner en primer plano el suyo propio, incluso el diagnóstico terminal de su hijo. En cuanto a su padre, aunque los padres de Archie tenían «peleas furiosas», básicamente su madre lo controlaba. Cuando Archie hablaba, podía ver en sus ojos, y oír en su tono de voz, la claridad de su comprensión y la herida que arrastraba.

Resumió del siguiente modo el entorno en el que creció:

—No había cariño, ni cuidados paternos. Creo que había amor pero no ternura.

Para complicar aún más las cosas, sus padres se habían criado como testigos de Jehová, lo que Archie consideraba una secta. Eso significaba que vivían en un hogar extremadamente dogmático con reglas rígidas. A nadie se le permitía cuestionar o ser en modo alguno su propia persona. Para Archie —y yo diría que para cualquier niño criado bajo un régimen tan estricto—, la sensación de verse valorado a condición de ser bueno era muy probable que produjera, como mínimo, ansiedad y desconfianza. Esto afectó a Archie en todos los aspectos de su vida hasta que recibió terapia. Hasta entonces, la idea que tenía de sí mismo y de su mundo era que la culpa había sido suya o de otra persona: un enfoque rígido y punitivo de las experiencias cotidianas con el trasfondo constante del miedo. La triste condición resultante era que eso había influido en la forma en que Archie criaba a sus hijos; ahora ellos se enfrentaban a las consecuencias.

Una amable colega mía, Mary Russell, me había enviado su escrito, titulado «Señales de advertencia del reclutamiento totalitario», sobre los signos que hay que buscar para identificar a una secta. Todo coincidía con lo que Archie describía en el mundo de los testigos de Jehová. Destaca el modo en que se aísla a un miembro de otras amistades cercanas, cómo nadie puede cuestionar el *statu quo*, y que sus reglas impuestas y la comunidad se consideran la única respuesta a todos los problemas.

Una de las cosas que he aprendido a lo largo de los años ha sido reconocer que muy pocas cosas en la vida son blancas o negras, buenas o malas. La necesidad de control se basa en el miedo y a menudo es la fuente de las disputas más amargas entre individuos y familias. Cuando una persona o una organización cree que tiene toda la razón, mi primera pregunta es: ¿qué es lo que teme? ¿Cuál es el riesgo para ellos de permitir múltiples puntos de vista o mayor libertad? Las respuestas son la base de cómo avanzar.

Archie había dejado de ser testigo de Jehová a los veintiocho años, pero el mensaje y su respuesta reflexiva a la vida seguían codificadas por ese particular. Cuando su matrimonio se rompió, su negocio quebró y sufrió una crisis nerviosa a los cuarenta años la terapia le enseñó lo que él describe como «un nuevo sistema operativo». Ahora tomaba mejores decisiones.

Archie se refirió a su terapeuta Nigel G por su nombre completo, con orgullo, en muchas de mis sesiones, lo que me llevó a pensar que una terapia eficaz perdura mucho tiempo después de haber concluido. La voz de Nigel acudía regularmente a la mente de Archie en cualquier situación difícil y le informaba.

–Me enseñó –dijo Archie– que mi sistema emocional funciona más rápido que mis pensamientos, y que vivo preso de mis reacciones. Aprendí las señales que emitía y a identificarlas. Por ejemplo, siento esto, pero reaccionar de ese modo puede no ser útil. ¿Cuál es la respuesta correcta? Parar. Pensar en la reacción antes de poner en marcha mi cerebro. Solía enfadarme mucho. Ahora voy más despacio. Soy más paciente… Tomo decisiones mucho mucho mejores… como conocer a Katharina. Si hubiera ocurrido unos años antes, no me habría arriesgado a lo que resultó ser una decisión muy muy muy buena [sonríe mientras repite «muy»] y marqué su número de teléfono.

Mientras hablaba, quería gritarle: ¡Sí! Nunca es demasiado tarde para cambiar de vida. Los malos hábitos no están grabados en piedra. Podemos cambiar. Pero Archie estaba en pleno flujo de calidez y conexión con su prometida: no era el momento de que yo ensalzara el valor de la terapia.

Katharina se había unido a Archie, como hacía a menudo, tumbada a su lado en la cama, acariciándole el brazo. También era pálida, de pelo rubio brillante y ojos castaños. Era alta, vestía elegantemente para su trabajo como ejecutiva de comunicación, con un traje a medida, y tenía una presencia poderosa.

Se emocionaron al recordar su encuentro y el comienzo de su relación, cuando Katharina estaba de visita en Escocia. Me encanta escuchar esas historias. Se interrumpieron, soltaron risitas y se animaron. Archie había estado de mal humor, ella llegó tarde, pero él apuntó su número de teléfono e incluso la besó aquella primera noche. Llamativo. Se enviaron muchos mensajes por Skype y enseguida se convirtieron en pareja, aun-

328   Cada familia tiene una historia

que vivían en dos países distintos. Llegaron a conocerse y a quererse por internet, quedando tan a menudo como podían. Al cabo de dos años, ella se había mudado a Escocia. Volví a comprobar que los buenos recuerdos perduran en nosotros con la misma fuerza que los malos, y que si elegimos centrarnos en ellos podemos influir y cambiar nuestro estado de ánimo y nuestra actitud ante la vida. Archie tenía un permanente dolor físico. El amor puede no curarnos, pero nos permite vivir plenamente, sabiendo que su vida es limitada. Sin embargo, cuando conectaba con Katharina, todo lo demás pasaba a un segundo plano y se sentía revitalizado. El amor no puede curarnos, pero nos permite vivir plenamente, aunque suframos.

–Nunca –dijo Archie volviéndose hacia ella– he sido tan feliz y he estado tan contento como ahora. Katharina es una mujer especial. Me pregunto por qué se queda conmigo.

–Nos queremos de verdad –comentó ella riendo–. Somos felices. Es lo más estimulante y no me lo perdería por nada del mundo. No tengo que ser nadie, sino solo ser yo misma, y que él me mire. Está tan loco como siempre. Me quiere. Es terrible verle sufrir y no poder hacer nada.

Mientras hablaba, pensé que el amor nos permite atrevernos a revelar quiénes somos bajo nuestras máscaras y nos libera para dar y recibir amor plenamente. De manera conmovedora, allí donde Katharina más amaba, más herida estaba: la agonía para ella era no poder aliviar el sufrimiento de él.

–Tengo todo lo que necesito –le recordó Archie– y mucho más. Tengo alegría y paz para el tiempo que me queda. No necesito dolor ni rencor [refiriéndose a su madre]. Necesitamos un milagro –añadió luego con resignación en su tono.

Vi que parte de mi enfoque con Katharina sería ayudarla a reconocer el valor y la importancia de su amor, sin llegar a descartarlo porque, de hecho, no podía curarlo.

El hecho de que Archie mantuviera una relación tan afectuosa con Katharina le proporcionaba los recursos necesarios para soportar el dolor de su enfermedad, e incluso un brillo adicional mientras lo hacía. Decía en repetidas ocasiones que nunca había sido tan feliz, lo que afirmaba el valor y el significado de la vida que tenía ahora. Archie había disfrutado de su carrera, pero sabía, ante su muerte, que su barómetro de la felicidad se basaba en el amor y el bienestar de sus seres más queridos.

Al igual que el mensaje existencial de Victor Frankl, «A un hombre se le puede arrebatar todo menos una cosa, la última de las libertades humanas: elegir la propia actitud en cualquier conjunto de circunstancias, elegir su propio camino», Archie había infundido poder a su propia vida, incluso cuando sufría profundamente. En el centro de su resistencia estaba el amor que él, Katharina y sus hijos compartían. Creo que es prácticamente imposible gestionar estas experiencias abrumadoras sin el amor de los demás.

Mientras pensaba en Archie y en la necesidad que tenía de protegerse de la actitud negativa de sus padres, escuchaba sus palabras respecto a no verlos resonando en mi mente: «Me odio por ello». La tragedia del maltrato infantil de la madre de Archie y la debilidad de su padre por su propia historia se transmitían de generación en generación. Archie lo expresaba perfectamente.

330   Cada familia tiene una historia

–Me opongo a que mi madre y mi padre descarguen sus problemas sobre nosotros. Tienen derecho a sentir lo que les pasó, pero no está bien que nos lo echen encima.

La enfermedad de Archie hizo tropezar a sus padres con sus arraigadas defensas y sus hábitos para afrontar las dificultades. Su madre desviaba la atención hacia sí misma, mientras que su padre se cerraba en banda. Ambas actitudes defensivas les impedían apoyar a su hijo… muy probablemente a su hijo muy querido. Es enorme el sufrimiento del que he sido testigo debido a esta falta de conciencia y a la actuación de los patrones familiares.

Archie, sin embargo, había hecho el trabajo, reconociendo que…

–Con mi primera mujer básicamente repetí con mis hijos lo que había tenido de niño. Pero, cuando vi a Nigel [su terapeuta], hice los cambios pertinentes. Me disculpé con mis hijos. Les dije: «No me había dado cuenta de lo malo que he sido y quiero cambiarlo. Quiero que sepáis que, si algo va mal, probablemente no sea culpa vuestra, sino mía. Erais solo unos niños. El responsable soy yo».

Aquella conversación cambió por completo la relación con sus hijos. Ahora estaban muy unidos y funcionaban bien.

No se trata de hacer un llamamiento para que todo el mundo asista a terapia, ¡aunque podría ser útil! Es un llamamiento para reconocer que las familias que funcionan están dirigidas por padres que funcionan tanto desde el punto de vista de los adultos como de los niños. Me gustaría que los padres se examinaran a sí mismos y reconocieran el impacto de su comportamiento, se responsabilizaran de él y lo cambiaran en caso de que fuese necesario. Una disculpa tan sincera y sentida como la de Archie puede contribuir en gran medida a sanar las heridas del pasado.

Archie podía nombrar sus sentimientos, considerar sus pensamientos y tener una visión de su propio estado de ánimo, mientras llevaba a cabo el imaginativo salto a pensar en cómo se siente otra persona. Esto me trajo a la memoria la importante aportación a las teorías sobre el desarrollo humano del célebre psicoanalista, psicólogo y profesor Peter Fonagy y sus colegas. Se denomina «mentalización».

Fonagy afirma que la capacidad de «interpretar el comportamiento propio y el de los demás atribuyendo estados mentales» –ser capaz de nombrar nuestro estado de ánimo y el de los otros– es importante para erigir relaciones seguras. Cuando Archie aprendió a hacerlo, pudo responder a los demás con más calma, empatía y consideración, con la consecuencia de que sus relaciones florecieron. Para mí fue un milagro ser testigo de su impacto. Como Archie señaló de manera conmovedora:

–Saber que mi familia está en paz con los demás, después de mi trabajo con Nigel. Somos un buen grupo, lo cual nos da mucha fuerza.

Aplaudí en silencio a Nigel: qué gran trabajo habían hecho juntos. Literalmente, les había cambiado la vida.

La capacidad de Archie para concentrarse en algo que no fuera cotidiano era limitada. No sabía nada de su trabajo. Había tenido que dejarlo dieciocho meses antes. Sabía que le encantaba el golf, el fútbol y su coche. Lamentaba no poder conducir: eso representaba su falta de libertad y su inmovilidad real.

La única otra persona importante de la que habló fue de su hermano pequeño, Rory. Estaba claro que le tenía cariño, pero dijo:

332   Cada familia tiene una historia

–Puede ser un poco raro. Después de todo, recibió las mismas herramientas de crianza que yo. Cuando me diagnosticaron, Rory me aseguró que estaría a mi lado. Me emocioné y le conté lo disgustado que estaba. A los pocos minutos me dijo: «Basta, te estás alterando». Y, en realidad, era mi madre la que hablaba. Los dos sabíamos que lo que quería decir era: «No importa lo que pase, disimulemos como si todo fuese bien». Cuando dijo que estaría ahí para mí, en realidad no sabía cómo hacerlo. Cuando estuve muy enfermo en el hospital debido al tumor cerebral me dijo:

–Te ha tocado.

–¡Mi turno! Era más que un turno. Significa que tengo que hacer el ajuste mental. Tengo que traducir las palabras que dice a lo que realmente quiere decir, y no dudo de que sus intenciones sean buenas. Hago todo tipo de concesiones, pero resulta agotador.

Archie mencionó a su hermano en un tono similar en otras conversaciones, y quedó claro que quería mantener su relación. Su vínculo era importante para él: no deseaba distanciarse; sin embargo, tenía que calibrar cuánto veía a Rory, porque mantener la calma le exigía una gran fortaleza mental.

Reflexioné sobre el hecho de que las relaciones entre hermanos pueden ser a la vez un gran apoyo y una enorme fuente de angustia. Esas dinámicas tempranas están intrínsecamente arraigadas en nosotros: pueden franquear mecanismos de estabilización recién adquiridos y reabrir antiguas heridas. En el caso de Archie, fue el eco de las palabras de su madre, expresadas a través de Rory, lo que reavivó en su interior su infancia disfuncional y lo sumió en un estado de miedo familiar pero antiguo. Acceder a su forma de ser más tranquila requería mucha energía. Eso significaba que solo podía manejar las interacciones a pequeños bocados.

Al principio de una sesión, mi insensibilidad afloró cuando le pregunté de manera un tanto despreocupada:

–¿Cómo está, Archie?

–Es una pregunta difícil para la que solo tengo una respuesta complicada.

Debería haberlo sabido por la cantidad de veces que amigos y clientes me han dicho que la gente les pregunta «¿Cómo estás?».

Le pregunté a Archie si había una pregunta mejor, recordando la sugerencia de Sheryl Sandberg: «¿Cómo estás hoy?».

–No creo que la gente esté dispuesta a escuchar la respuesta. Quieren oír que estás bien para no tener que esforzarse mucho. Me he dado cuenta de que ahora la gente tiende a alejarse de mí. Mi red social se ha reducido. No es deliberado. Se sienten impotentes… Pero, si preguntan, tiendo a hablar por los codos.

Me conmovió la verdad de sus palabras y lo aislante que es el sufrimiento. Le dije que realmente quería saber.

–Me siento como un anciano –señaló tomando aire y tan inmóvil como siempre–. Parece que tuviera ochenta años. Quiero gritar todos los días. Cuando bajo las escaleras, el dolor es increíble. No quiero prestarle atención. Está causado por los tratamientos: quimio, esteroides y radioterapia. Los médicos me dijeron que los efectos secundarios durarían poco tiempo, pero nunca terminan… Incluso con Katharina es un poco solitario…

Terminó bajando la cabeza, entre lágrimas y con las mejillas sonrojadas.

Le comenté que podía advertir la angustia en su cara. Lloró un poco más, se sonó la nariz y contestó:

–Queremos irnos de vacaciones. Será en agosto, y eso está demasiado lejano para pensar en ello. Estoy retrasando mi propio reloj y no es una sensación agradable; nadie quiere oír hablar de esto. Pero incluso cuando no hablo de ello, está en el fondo de mi cabeza todo el tiempo… Me enfada la situación, me enfada tener cáncer. Sé que no soy el único, que hay otras personas que sufren más, pero sigo enfadado.

Me conmovió su franqueza conmigo y sentí que por lo menos expresaba su desesperación: no tenía que protegerme. Sabía que se trataba de un afrontamiento sano, confiriendo a la persona la libertad de expresar sus preocupaciones, miedos y dolor sin perder la esperanza, lo cual es muy diferente del pensamiento positivo simplista.

En cada sesión que teníamos, Archie dedicaba un tiempo bastante breve pero importante, con su habitual voz realista, a sus síntomas: el dolor de cabeza, la terrible dificultad para comer, las náuseas, la diarrea, la prueba física de levantarse, su agotamiento y debilidad permanentes, su boca dolorida, la pérdida del gusto.

–Me han atacado todos los males concebibles conocidos por la humanidad.

El único alivio era que dormía bien en «la cama más cómoda del planeta». Menos mal. Entonces, solía optar por desviar su atención.

–No he pasado página, pero tengo aceptación. Sé cuál es la situación y convivo con ella. A pesar de todo, somos felices y yo soy feliz. Es un trabajo muy duro ser feliz, pero ahora merece la pena. Aunque no me quede mucho tiempo, hay algo en mí que me hace estar bien. Haré lo que tenga que hacer. Acepto la enfermedad, pero no estoy dispuesto a dejar que me arrolle.

A lo largo de nuestro trabajo juntos, repetía con insistencia: «Aún no estoy muerto».

En efecto, estaba muy vivo.

Archie se enfrentaba a la casi imposible y difícil negociación entre vivir con la naturaleza terminal de su cáncer mientras aún albergaba cierta esperanza. La esperanza, así como el amor de su familia, eran un factor vital para que viviera tan bien como pudiese cada día. No podía sino asombrarme de su valentía. Era una inspiración sobre cómo vivir una buena vida a la sombra de la muerte.

La esperanza es un concepto fascinante. Es la alquimia que da un vuelco a la vida y resulta esencial para atravesar los momentos más oscuros; sin embargo, la falsa esperanza es perjudicial. La teoría del psicólogo Charles Snyder sobre la esperanza nos lo aclara. Según él, la esperanza no es solo un sentimiento, aunque eso ayuda, sino también algo cognitivo: establecer un plan realista, un plan A y un plan B, teniendo la suficiente confianza en uno mismo para llevarlo a cabo. La combinación de sentir esperanza y plasmarla en un plan significa que, en este último caso, es más probable que se haga realidad.

Por mi experiencia en el trabajo con otras familias que se enfrentan a la muerte, sabía que era importante hablar tanto de

336 Cada familia tiene una historia

cosas prácticas como espirituales. El robusto pragmatismo de Archie, equilibrado por su honestidad emocional, significaba que no era un tema difícil de plantear. Tan elegante como siempre, sentado en su cama, me dijo:

—No tengo un sistema de creencias reconocido, sino que tengo el mío propio. No pienso demasiado en el futuro. He hecho todos los planes para después: mi testamento, mi seguro de vida, todos los trámites legales. No me importa lo que hagan en mi funeral…

Dediqué unos momentos a imaginarme su funeral. Contuve la respiración: este tipo de conversaciones no eran fáciles.

—No me han preguntado –continuó Archie–. Imagino que lo mantendrán en secreto. No voy a volver y atormentarlos hagan lo que hagan.

Le acompañé, reflejando lo que le había oído decir: no necesitaba nada más de mí. Para controlar la intensidad de la imagen de su propio funeral, hizo su conocido giro autorregulador: tomó aire y dirigió su atención a algo relacionado con él, no un giro de 180 grados, sino algo que le daba sustento: su familia. Me dijo que lo más importante era que no hubiera peleas entre sus hijos y Katharina. Se querían y se llevaban increíblemente bien. Estaba, y con razón, inmensamente orgulloso de ello.

La cara de Archie se iluminó al recordar el fin de semana anterior, cuando había visto a su hija Isla por primera vez después de varios meses. La terrible crueldad del COVID había hecho que la preciosa vida que le quedaba no pudiera pasarla con su querida hija ni, cuando se sentía lo bastante bien, salir y vivir experiencias positivas, crear recuerdos felices para ella.

–Ha sido –me comentó– genial verla. La había echado tanto de menos, la abracé muy fuerte…

Tenía lágrimas en los ojos por la liberación del dolor, por el alivio de poder conectar visceralmente y por abrazar con amor.

–No me había dado cuenta de cuánto la echaba de menos hasta que la abracé y se abalanzó sobre mí.

Fue tan especial que los dos lloramos. Me uní a sus lágrimas.

Gracias al importante trabajo de Kathryn Mannix, autora y consultora en cuidados paliativos, me informé mejor sobre los beneficios psicológicos de conocer el proceso de la muerte mucho antes de que suceda: los cambios que se producen en la vigilia, la respiración y la conciencia. Kathryn Mannix advierte que hay que reflexionar y debatir detenidamente sobre cuestiones tan complejas como estas. Como ocurre con la mayoría de las cosas, lo que no sabemos deja volar nuestra imaginación y puede ser aterrador, pero estar bien informados, basándonos en hechos, nos infunde menos miedo y más confianza, lo que puede propiciar una muerte más sosegada.

Mannix señala que tenemos que hablar de lo que más importa a la persona que se está muriendo, lo que puede servirnos de orientación en ese momento y significar que utilizamos su valiosa energía de manera consciente. Esto también puede protegernos contra futuras lamentaciones, un factor que descarrila el duelo, al igual que la conciencia de que hemos tenido todas las conversaciones importantes, tal vez incluso escribiendo mensajes significativos en tarjetas o cartas. Pasar tiempo juntos, quizá escuchando música (una de las pocas fuentes de alegría que le quedaban a Archie), grabar su voz, escribir un diario de los momentos que pasamos juntos; todo ello tiene un valor incalculable no solo durante ese periodo, sino para siempre. Recurrir a recuerdos felices y entrañables es una fuente muy importante de consuelo en el duelo.

Lo tuve presente durante el tiempo que pasamos juntos, esperando el momento oportuno para sacar el tema. Me di cuenta de que mi trabajo consistía en ser sensible a la experiencia de la familia y a su apertura a estas conversaciones, que iban a su ritmo y no según mi predeterminada certeza de que teníamos que hablar de ello. Confiaba en que surgiría la oportunidad con este grupo emocionalmente sensible.

Hay muchas familias con las que estas conversaciones nunca tendrían lugar. Por mucho que queramos tenerlas con alguien a quien queremos, debemos respetar su derecho a la negación. Es su único mecanismo de supervivencia ante la muerte, probablemente aprendido de jóvenes, y quizá su única protección. Tienen derecho a aferrarse a él con fuerza, y en este momento más que nunca.

A menudo veía a Katharina con Archie, y ella decía abiertamente lo difícil que le parecía su situación. Le había ofrecido, delante de él, que tuviera algún tiempo a solas conmigo si lo necesitaba. Me mandó un mensaje. Curiosamente ella no pedía hablar conmigo, el texto solo decía: «Soy Katharina, la prometida de Archie». Quedamos en hablar.

De inmediato pude ver la angustia reflejada en su cara.

–Durante los últimos seis meses, ha sido horrible ver a Archie consumirse.

El problema era que ya no podía comer, o tan solo unas cuantas cucharadas al día. Tenía un sabor terrible en la boca que hacía que la comida fuera asquerosamente dulce o metálica, y yo había visto la repulsión en su cara cuando me lo había descrito. Era horrible para los dos. A Archie le encantaba la comida, era uno de los placeres que le quedaban y ahora se lo habían quitado.

Lo difícil para Katharina era que cocinar para él había sido una forma de quererle, una de las pocas formas manifiestas en que sentía que podía ayudarle y mejorar su día a día, pero ahora se lo habían quitado.

—Tengo pánico —me dijo—. Me aterroriza perderle y me castigo a mí misma.

Se había acostumbrado a comer más cuando Archie comía menos, y ahora tenía obesidad mórbida. Escuchar esas palabras fue un *shock* para mí: no me había dado cuenta de ello.

—Soy alta, así que lo disimulo bien —dijo riéndose.

Ambas reconocimos su respuesta inconsciente de que, de algún modo, si comía por él lo mantendría vivo. También existe el pensamiento mágico, cuando nos enfrentamos a la muerte de un ser querido, de que, si lo queremos lo suficiente, si somos buenos con él de todas las maneras posibles, mantendremos a la muerte alejada. Además de la compleja dinámica inconsciente, Katharina reconoció el aspecto más prosaico de su comportamiento: estaba anestesiando su frustración, incluso su furia, cuando no su miedo de que Archie no comiera. No le culpaba en absoluto. Ella sabía que esto le pertenecía a ella y lo tenía que desentrañar.

Reflexioné que en situaciones *extremas* todos tenemos que encontrar algún tipo de salida. El hecho de que no se desquitara

340   **Cada familia tiene una historia**

con Archie era positivo. Ella estaba de acuerdo, y tuvo una idea: sabía que también se trataba de un viejo reflejo secuestrado por el dolor. Venía de un mensaje temprano de que debía ser buena, incluso perfecta, de que cuando era niña le habían puesto expectativas imposiblemente altas, y ahora se sentía «impotente». Recurría a comer tres paquetes de patatas fritas o galletas como forma de control. La liberaba para sentirse insensible, un alivio temporal, pero al final era un horrible ciclo de autoagresión. Hablamos de todos los temas y exploramos posibilidades que fueran realistas, pequeños hábitos que pudieran permitirle mejorar su comportamiento poco a poco. Tal vez, cuando se sintiera atraída por el cuenco o el paquete de galletas, podría respirar hondo, beber un vaso de agua, volver a respirar hondo y pasear por la casa durante unos minutos. De ese modo, quizá se le pasara el insistente impulso.

Como afirma el reputado científico social estadounidense B.J. Fogg en su libro *Hábitos mínimos: pequeños cambios que lo transforman todo*, no es la fuerza de voluntad lo que produce el cambio, sino la autoestima y sentirse bien con uno mismo y con los cambios que llevamos a cabo. Katharina y yo teníamos que idear una pequeña adaptación realista que le proporcionase un apoyo adicional y la dejara satisfecha consigo misma. Acordamos dar tres paseos a la semana, de cualquier duración, con la recompensa de un gran abrazo con Archie después de cada uno de ellos.

Cuando hablamos a la semana siguiente, me alegró ver que su ánimo estaba mejor. Katharina sonreía y caminaba por la habitación con energía mientras hablaba. El fin de semana habían pasado «un día muy divertido», un «día de no me importa nada», y había bajado el ritmo de la comida. Había «empezado a asentarse». Hablar había ayudado, y la energía de Archie había mejorado: hacía más cosas. Habían paseado juntos por el jardín, lo que les había reafirmado en la vida, en la interdependencia que es cierta para muchos de nosotros: cuando la persona a la que queremos está bien, nos sentimos mejor, y viceversa. Como comentó Katharina:

–Es un hilo muy fino el que hay entre los momentos de esperanza y disfrute y la dura realidad de ver cómo el hombre al que amo se deteriora ante mis ojos.

Katharina y Archie estaban uno al lado del otro en el sofá del salón. Cuando Katharina conoció a Archie había llegado a un punto en su vida en el que tenía problemas mentales.

–Había renunciado a conocer a alguien. Aunque era lo que quería, nunca pensé que lo conseguiría.

Antes de conocerse, ambos habían arribado a un punto tan bajo en sus vidas que habían contemplado la idea del suicidio. Conocerse transformó su bienestar.

Katharina decía que llevaban siete años juntos y que nunca habían discutido: podían discrepar y respetar sus diferencias. A Archie se le iluminó la cara y ambos me sonrieron. Katharina continuó:

–Tengo una relación encantadora con sus hijos. Desde el principio supe que, si no me llevaba bien con ellos, nuestra relación carecía de sentido.

Ser padrastro o madrastra es un rol difícil, de manera que cualquier presión adicional lo hace aún más duro. En el caso de Katharina, se trataba del doble golpe de la muerte del pa-

342 Cada familia tiene una historia

dre de sus hijastros durante una pandemia. Reconocí que era una hazaña que ella y ellos se llevaran tan bien. Archie asentía enérgicamente, muy orgulloso. Era justo después del Día de la Madre y sus hijos le habían enviado a Katharina una tarjeta por el Día de la Madrastra. Hablaba de ello como si se tratara de un Óscar. Le pidió que se la trajera. Era enorme, del tamaño de su cuerpo: el orgullo y la alegría en sus caras eran casi palpables. Archie le pidió a Katharina que leyera el mensaje: «Estamos muy contentos de que hayas entrado en nuestras vidas, especialmente en la de papá. Le haces feliz todos los días y cuando está más deprimido. Te estamos muy agradecidos. Nos apoyas y nos ayudas, nosotros también necesitamos ayuda. Muchas gracias por estar aquí. Te queremos».

El orgullo de Archie tenía sus razones. En términos de premios familiares, recibir una tarjeta así es el equivalente a un Óscar.

Observé el valor duradero de escribir cartas y tarjetas en las familias. Los textos tienden a ser efímeros: los perdemos en el éter digital. Los mensajes tangibles de amor en las familias pueden utilizarse una y otra vez como recurso: perduran años después de ser enviados.

En una sesión posterior, me enseñaron fotografías del día en que, dieciocho meses atrás, se habían prometido. Qué alegría. Aunque los recuerdos felices son una fuente continua de satisfacción, Archie y Katharina no pudieron crear otras nuevas porque, para su desgracia, tuvieron que cancelar su boda dos veces, y el COVID hizo su aparición para complicarles la vida.

Sería una celebración increíblemente importante y un reconocimiento público de su amor mutuo. Estaba impregnada de muchas capas de significado: un homenaje a su amor, a lo que tanto les había costado encontrar y a su compromiso mutuo, y también una celebración de ellos como familia. Era un tipo de familia diferente a todas las que había conocido antes, basada en la honestidad, la confianza y el amor. Después de todas las pruebas de la mala salud, querían divertirse con sus amigos, «pasar un gran día». Archie sabía que sería «un recuerdo fantástico» para conmemorar, incluso para festejar. Había que tener en cuenta que era el primer matrimonio de Katharina, y ambos querían que el día fuera como ella siempre había soñado: su vestido de novia, la ceremonia, la celebración con las personas que más querían, en particular los padres de Katharina. Era su única hija y estaba muy unida a ellos. Habían sido un gran apoyo, de muchas maneras, durante todo el dolor de la enfermedad de Archie. Quería que su padre la entregara el día de su boda, como se lo había imaginado desde que era pequeña.

También estaba, por supuesto, la preocupación subyacente de la salud de Archie. No quería estar débil o enfermo el día de su boda:

—Nada de bodas en el lecho de muerte.

Por otro lado, la situación legal de Katharina como su esposa y los derechos legales que ello le otorgaban no eran un asunto trivial. El tiempo apremiaba. Terminamos la sesión con Archie que dijo:

—Katharina se ocupará de las fechas que tenemos por delante. Sé que puedo hacerlo hoy y mañana.

La esperanza de casarse los animaba, pero su sombra, la

incertidumbre, estaba siempre presente. Mantener sus horizontes cortos era, a la postre, la única manera que tenían de hacer frente a todo lo que se les venía encima.

Hablé con Greg, el hijo de Archie, que se sentía aliviado porque su trabajo en un laboratorio no le impedía estar en casa todos los días. Antes de la pandemia vivía solo, pero, dados sus problemas de salud mental, habían decidido que era mejor que se quedara con su padre y Katharina. Yo había imaginado, sin embargo, que no se escuchaban en realidad, que había tensiones entre ellos. Es probable que los hijos adultos que vuelven a casa de sus padres planteen cuestiones relacionadas con el reparto de las tareas domésticas y el espacio, tanto mental como físico.

Greg no es ni mucho menos el único joven que vuelve a casa. Que los jóvenes adultos no se marchen hasta ser mayores o regresen después de varios años es una tendencia que ha ido en aumento en la última década, hasta alcanzar los 3,3 millones en el año 2015, según una estadística de la ONS. Una encuesta realizada en noviembre de 2020 por *Compare the Market* mostró que el 43 % de los jóvenes de entre dieciocho y treinta y cuatro años había abandonado su hogar desde el estallido de la pandemia por motivos económicos y de salud mental. Lo que en un principio había sido una medida temporal se ha convertido ahora en algo cada vez más permanente. Ha sido estresante para el joven y sus padres. La clave para gestionar sus dificultades es reconocer que lo que sienten es normal, dadas sus circunstancias, crear reglas básicas, como quién hace qué, y escucharse mutuamente de forma activa.

Greg se parecía mucho a su padre. Parecía fuerte, su musculosa figura se adivinaba bajo la camiseta. Pelirrojo y con barba corta, sus ojos color avellana mostraban que estaba ansioso por hablar con una desconocida sobre el tema más angustioso de su vida. No empezamos con la enfermedad de su padre. Empecé de un modo más suave para establecer una conexión fiable entre nosotros. Greg hablaba rápido, gesticulando con las manos, y su acento escocés parecía recalcar ante mí la intensidad de lo que sentía y el amor que experimentaba por su padre.

Greg me contó que Archie los había llevado a cenar a él y a Isla y les había pedido perdón por todos los errores que había cometido en el pasado. Aquella disculpa tan sentida fue profundamente curativa para Greg. Desde entonces, se habían acercado más y Greg veía a Archie, con toda su vulnerabilidad, bajo una nueva óptica. Fue un cambio de paradigma: aprendió de su padre que no tenía que cargar con todo él solo, y que no pasa nada por no estar bien. Al permitir su propia fragilidad, pudo aceptar todo lo bueno y lo malo de sí mismo y de su padre.

Al enterarse del diagnóstico más reciente de Archie, señaló:

—Yo estaba como un ciervo paralizado por la luz de unos faros. Luego me quedé rígido… No sé cómo procesar esto.

Mientras hablaba, me acordé de la nueva teoría del duelo y la pérdida de Okun y Nowinski, apropiada para un diagnóstico de cáncer. Describen las etapas como: crisis, unidad, agitación, resolución y renovación. Y no las consideran linealmente, sino como un proceso a lo largo del tiempo en el que la persona enferma o su familiar pueden moverse entre varias etapas al mismo tiempo.

346   Cada familia tiene una historia

Pude ver que Greg se movía entre la crisis, la unidad y la agitación.

–No estoy seguro –me dijo– de que mi padre vaya a estar aquí el año que viene, y ese es un pensamiento que nadie desea. Pensar en la muerte de mi padre es duro. Quiero hacer todo lo que pueda para ayudarle, pasar tiempo con él... Solo puedo esperar que ese momento esté lo más lejos posible. –Con la cabeza gacha y lágrimas en los ojos, continuó–: Perder una cantidad drástica de peso, caminar como un anciano, o el hecho de que no vaya a conocer a sus nietos, es muy muy triste. No es justo. Ha aguantado tanto y sigue aguantando... El cáncer se va a llevar a mi padre y no hay nada que yo pueda hacer para evitarlo. Lo único que puedo hacer es aprovechar al máximo el tiempo que nos queda.

Era consciente de que la carga psicológica de esos sentimientos puede desembocar en depresión, ansiedad y culpabilidad. Dada la historia de Greg, tenía un ojo abierto para identificar esos síntomas. Aunque había dicho que permanecía insensible, no fue eso lo que percibí. Mientras hablaba, se estaba adaptando a la insoportable realidad a la que se enfrentaban él y su familia. Al decir las palabras, se enfrentaba a ella, no para sentirse bien al respecto, sino para conocer toda la intensidad de su experiencia y encontrar una forma de permitirla.

El factor de protección fundamental para Greg contra el golpe colateral de la depresión y la ansiedad era la relación que mantenía con su padre. Entre ellos existía una dinámica que los terapeutas llamamos de afrontamiento y adaptación eficaces y colaborativos. Significa que, uno al lado del otro, el movimiento de sus sentimientos entre los polos de la pérdida y la esperanza era perpetuo, con intensidad variable en diferentes momentos. Y fue en esa oscilación donde se adaptaron progresivamente a sus nuevas circunstancias.

Y lo que es más importante, el amor que compartían les permitió soportarlo mejor. Mirando a lo lejos, me dijo:

–Quiero que el tiempo que tenemos sea especial... No puedo prepararme para el futuro y de ahí viene la impotencia, de separar lo que siento de lo que sé. Hoy importa, mañana importa.

Le dije que había dicho casi textualmente lo que había dicho su padre, y se rio.

–No sé si sentirme orgulloso o qué –respondió apartándose el pelo de la cara, con una sonrisa que suavizó su voz–. Demuestra lo parecidos que somos. Me gusta pensar que he heredado algo de su inteligencia. Es el hombre más inteligente que conozco, ingenioso y cariñoso. Si yo pudiera ser la mitad de lo que él es, me sentiría orgulloso.

Siguió hablando despacio, dirigiendo su atención hacia el interior para conectar con su verdad más directa.

–Quiero ser una persona decente, no perfecta. Me enseñó que se pueden cometer errores y asumir la responsabilidad por ellos.

Ambos coincidimos cordialmente en lo mucho que su padre influye y conecta en él ahora y lo hará toda su vida. Al terminar la sesión, le dije que era un hijo maravilloso, se tomó unos instantes para asimilarlo y luego sacudió la cabeza, sonrió como un niño y dijo:

–Sí.

348 Cada familia tiene una historia

Unas semanas más tarde conocí a Isla, la hija de Archie. Llevaba el pelo negro azabache recogido en una coleta alta, y cuando se apartaba el flequillo, cosa que hacía con regularidad, veía sus uñas pintadas en dos tonos, naranja y negro, con anillos en cada dedo. Contrastaban con su voz, que era tranquila, y sus ojos marrones se apartaban de los míos cuando hablaba. Intuí que era tímida, o tal vez le había oído decir a Greg que sería una conversación emotiva, y estaba tratando de equilibrarse; sin embargo, se sinceró de inmediato.

–Quiero a mi padre, odio que le pase esto. Es muy triste. Ha sido duro porque apenas he podido verle. Cuando lo visité el fin de semana anterior, los dos lloramos. Intenté no hacerlo. Quería ser valiente. No quiero que se preocupe por mí, ya tiene bastante con lo suyo.

Sus palabras venían acompañadas de un torrente de emociones: sentimientos contradictorios de preocupación y cuidado por él, que no encajan juntos demasiado bien. Le recordé que no podía proteger a su padre de su tristeza y que, si lo intentaba, tal vez crearía una inoportuna distancia entre ellos. La honestidad era más directa y permitía una conexión adecuada.

Isla deseaba desesperadamente pasar más tiempo con su padre, pero trabajaba en el NHS y tenía cientos de relaciones diarias con personas: aunque hubiera querido saltarse las normas.

–Me aterrorizaba contagiarle el COVID. No podría vivir conmigo misma si se lo contagiase…

Por último, me dijo con cierta fuerza:

–No quiero matar a mi padre, pero tampoco quiero arrepentirme de nada…

Habló un poco más de su relación y de cómo había cambiado desde aquella cena en la que él había hecho las paces con sus hijos, de lo unida que se sentía con él ahora.

–Siempre estaré ahí para mi padre. Dejaría todo por él... –Volvió la cabeza hacia otro lado y las lágrimas corrían por su rostro mientras decía–: Me preocupa que le pase algo y que yo no esté presente...

Le temblaba la voz y percibí el miedo en su cuerpo, sus ojos estaban desorbitados. Hubo unos minutos de silencio mientras se tranquilizaba. Reconocí con delicadeza lo doloroso que era. Ella siguió hablando: era importante que expresara todas sus preocupaciones. Llevaban meses sin tocarlas.

–En Navidades, mantuvimos una conversación. Fue dura. Le dije a mi padre cuánto le quería. Estuvimos de acuerdo en que teníamos que abrirnos, que lo superaríamos como familia... Se me pasó por la cabeza –su voz iba subiendo de tono a medida que hablaba– ¡que me resultaba muy difícil! No puedo imaginar cómo fue para mi padre. Él tiene coraje. Todos lloramos. Es increíble, ha luchado durante tanto tiempo.

Entonces ella, siguiendo el ejemplo de su padre, tomó aire y recordó la felicidad de aquella Navidad.

–Fue una Navidad divertida. Le compré un reloj de bolsillo que decía: «Siempre seré tu niña, siempre te querré...». No quería hacerle llorar, pero también me alegro de haberle hecho llorar. Le compré una taza divertida de Del Boy. Entonces papá me recuperó. Me dijo que soy una buena persona y me hizo llorar. Él me ganó entonces. Le quiero.

Se reía al recordar el amor y el humor que compartían. Describió el delicioso Wellington de ternera que había preparado

Katharina, la alegría que habían sentido todos juntos sentados a la mesa. Habían reído y amado. Esos recuerdos serían para ella un importante recurso de amor y conexión con su padre para siempre.

Reconocer los años que llevaban luchando con su salud, con periodos de remisión, me hizo admirar de nuevo su valor, el extraordinario espíritu humano no solo para seguir adelante, sino para mantenerse unidos. No estaba segura de haber sido capaz. Isla estaba segura de que no se arrepentiría de nada de lo que había quedado sin decir, pero le preocupaba el futuro. Sus estrechos hombros subían y bajaban con sus suspiros, y había mucha tristeza en su voz.

—Solo quiero que pare… Intento estar preparada. Pero sé que nunca lo estaré… Siempre me sentiré angustiada, como lo he estado cada vez que ha albergado esperanzas y el tratamiento no ha funcionado.

La verdad era que no podría controlar sus sentimientos cuando recibiera malas noticias. La golpearían profundamente.

—Soy —decía— demasiado emocional.

Yo discrepé de manera vehemente. Pensé que esa expresión debería prohibirse: nadie es demasiado emocional. Quizá a los demás no les guste el alcance de lo que siente la persona «sobreemocionada» y la critiquen por ello. Le respondí:

—Tus sentimientos representan lo mucho que quieres a tu padre. Eres un ser emocional y sensible, gracias a Dios.

—Siempre creo que lloro demasiado, pero quizá esté bien —comentó sonriendo tímidamente.

En otra sesión, Isla se centró en los resultados médicos de su padre.

–Quiero que me confirme si la radioterapia ha servido para algo. Dijo que parecía que se había resuelto... Estoy ansiosa, esperando. Comentó en broma que, si no funcionaba, necesitaría que le arreglaran las cañerías... Típico de papá.

Sus pensamientos seguían una pista familiar que la llevaba a un futuro desconocido y aterrador, sin su padre.

–No sé si se lo he dicho a papá, pero sí a Katharina. ¿Qué haré si no está? –añadió sosteniéndose la cabeza entre las manos–. Siempre recurro a él.

Se produjo un gran sollozo. Luego me miró a través de las lágrimas.

–Katharina me dijo: «Estaré a tu lado. Puedes hablar conmigo» –dijo tragándose las lágrimas de aquellos ojos marrones a la vez tristes y muy abiertos–. y eso me hizo sentir feliz... Saber que mi padre morirá es una realidad inevitable.

Me dijo que había soñado que el médico le decía que ya no tenía cáncer.

Me quedé en silencio, le dejé espacio para procesar. Así es como actualizamos nuestra comprensión, permitiendo que se acceda a la información desde distintos canales: puede ser visual, emocional, auditiva, basada en el movimiento o relacional. En su caso, permitió que se alinearan sus sentimientos, su relación con su padre y su comprensión cognitiva. Pasaron unos minutos. Respirando más suavemente y con algo de energía, Isla tomó la palabra.

–Quiero tener un día para olvidar todo eso, un día para olvidar el cáncer y tener un día feliz.

Podía sentir las oleadas de emoción que me recorrían mientras hablaba. Fue hermoso e intenso. Estuve de acuerdo y espero que, con el levantamiento de las restricciones del COVID, puedan hacerlo realidad.

Quería que Isla supiera que Archie se sentía afortunado de tenerla como hija. Era una hija maravillosa. Escucharlo de una persona ajena en ocasiones puede llegar a alguien sin las defensas reflejas habituales. Por la expresión de satisfacción que se reflejaba en los ojos de Isla, vi que había asimilado mis palabras. Llegamos a la conclusión de que no se puede controlar lo que ocurre.

–Quiero demostrarle lo mucho que lo quiero. Quiero que lo sepa.

Reiteré que no creía que hubiera duda alguna de que él sabía lo que ella sentía. Quererle como ella le quería hacía que mereciera la pena vivir cada día de su vida.

Estaba feliz de ver a Archie en un día en que se sentía mejor.

–Hoy me siento bien, tengo menos de todo.

Ya me había dicho antes que siempre se empeñaba en avisar a todo el mundo cuando tenía más energía y menos dolores. Era una diferencia significativa con su madre, que hacía lo contrario. Hablamos de sus preciosos hijos y se llenó de orgullo, lo que le llevó a decirme:

–Me preocupo por ellos. Quiero que estén bien. ¿Qué puedo hacer para que estén bien? Se le saltaron las lágrimas de impotencia y tristeza. Quería comprarles algo para el día de su boda u otro día especial. Un reloj para Greg, un par de pendientes para Isla. Así podré estar con ellos de alguna manera.

Entonces sollozó de verdad. Me hubiera gustado atravesar la pantalla para pasarle un brazo por los hombros, sin palabras, con el simple apoyo del tacto. Mientras tanto, solo podía expresar lo terrible que era la situación con un tono lo más cálido posible.

Se tomó un tiempo para calmarse, maldiciendo en voz baja, diciendo lo horrible que era, y luego, siendo de nuevo Archie, dirigió conscientemente su atención en otra dirección y dijo:

–Basta. Es muy doloroso cuando me proyecto demasiado hacia delante. Tengo que volver al ahora. Me gusta tener un plan.

Durante el resto de la sesión hablamos de la gratitud que sentía por la ayuda que le había prestado el Maggie Centre (una organización benéfica que ofrece apoyo e información a las personas que padecen cáncer). También hablamos de su boda, de su hermano, todo ello en un tono más ligero. Al final Archie bromeaba y se sentía más animado. Cuando pensé en ello posteriormente, y su profunda tristeza se me quedó grabada durante algún tiempo, me maravilló la capacidad humana de encontrar resiliencia afrontando el miedo, sintiéndolo, permitiendo que las emociones se expresaran y luego, sabiendo que ya era suficiente, mirar hacia la esperanza. Fui testigo de cómo Archie atravesaba ese ciclo difícil pero fortalecedor en cuestión de minutos.

Terminamos con su profunda reflexión.

–Tengo pensamientos positivos y esperanza. Si el resultado es malo, he hecho todo lo que estaba en mi mano para evitarlo. Hay un poco de paz en eso y una gran cantidad de tristeza.

La presión del tiempo para imprimir mi libro me ha obligado a dejar de escribir sobre esta familia. Les he enviado estas palabras, su historia tal como la han compartido conmigo. Les he dicho que su lectura va acompañada de una advertencia sanitaria del gobierno. Una cosa es hablar de nuestra experiencia más intensamente dolorosa y difícil, y otra leerla negro sobre blanco. Ver los sentimientos, pensamientos y preocupaciones del otro puede resultar abrumador. Le sugerí a Katharina que lo leyera primero, para comprobar si era demasiado para Archie. Archie dijo, con su habitual firmeza: «Lo leeré».

Espero que, además de ser una lectura muy emotiva, todos vean que han encontrado el camino imposible entre vivir y morir mirando a ambas situaciones a los ojos.

Espero que toda la familia tenga el día de su boda y «olvide el día del cáncer». Y, tal vez incluso, disfruten de unas vacaciones.

Me aferro a la creencia de que donde acaba la certeza comienza la esperanza: la esperanza y la posibilidad caminan de la mano. Aunque reconoce que su vida es limitada, Archie sin duda se volverá hacia la luz de la esperanza y guiará a su familia en esa misma dirección.

Me siento profundamente conmovida por haber participado hasta ahora en el viaje de esta familia. Sentía que había aprendido algunas lecciones importantes de ellos que permanecerán conmigo y por las que les estoy sumamente agradecida.

Me demostraron que, incluso cuando somos adultos, nuestros padres importan enormemente, algo que creo que a menudo no se reconoce. Tener una relación conflictiva con ellos nos cuesta muy caro porque son parte de nosotros. No los necesitamos para sobrevivir como cuando éramos niños, pero siempre hay un niño en nuestro yo adulto que aspira a ser querido y estar cerca de sus padres, y de alguna manera siente que los necesita no solo para sobrevivir, sino también para progresar.

Todos esperamos resoluciones felices; sin embargo, en ocasiones necesitamos cortar lazos para sanar. Si bien nunca sería lo que uno elegiría, saber cuándo alejarse de los miembros de la familia requiere cortesía, fortaleza y autoconciencia, dando prioridad a quienes son recíprocos y positivos.

La capacidad de Archie para transformar su vida cambiando lo que él denomina «sus herramientas» cuando tenía cuarenta y tantos años, encontrar el amor, reparar la relación con sus hijos, y después enfrentarse al dolor físico y psicológico de su diagnóstico terminal con honestidad y amor, es realmente extraordinaria. Esto significa que Katharina, Greg e Isla son capaces de estar con él, amándose, conectados, sufriendo y llorando también, sin necesidad de protegerse mutuamente del terrible dolor que sienten y, gracias a su honestidad, teniendo la capacidad de afrontar juntos lo que les depara cada día.

El amor no es una habilidad social, pero, en una familia, nada es más importante y nada tan difícil.

Conclusión

Los humanos aprendemos mejor a través de las historias.

Mi esperanza es que mientras leamos, o estemos leyendo, los ocho casos prácticos recién presentados, contemplemos determinados aspectos de nosotros mismos, y de nuestra familia, en ellos y derivemos algunas ideas y métodos para cambiar nuestra dinámica y darnos más espacio para crecer.

Quizá, sobre todo, he querido mostrar, a través de la universalidad de estas experiencias, que no estamos solos, que en las múltiples capas de las vidas de estas familias veremos que no somos únicos, que todos luchamos con diferentes versiones de problemas similares. No hay respuestas únicas, y luchar contra las dificultades no significa que haya algo mal en nosotros. Son cosas de la vida, así como, por supuesto, la alegría y la belleza. Mi esperanza es que nos sintamos animados a hacernos amigos de nuestros retos, a descubrir nuevos aspectos de nosotros mismos y de nuestra familia, y a encontrar formas de celebrar nuestros puntos fuertes y nuestras alegrías, así como a nombrar las verdades difíciles, para dejar espacio a través de ese proceso de manera que florezcan el amor y la conexión. Al hacerlo, nos rodeamos de bondad, de amor y de un nuevo potencial. Descubrir esas verdades nos permitirá otorgar nuevo significado a nuestras relaciones, lo que a su vez dará forma a cómo nos comportamos en ellas.

La mayor parte de lo que ocurre en las familias se oculta bajo la línea de flotación. Como individuos, y también en nuestra familia, todos sufrimos, y es inevitable, de múltiples maneras y con diferentes intensidades. Creo firmemente que siempre queremos hacerlo lo mejor posible. La terrible paradoja es que, ante el miedo y el dolor de las heridas, a menudo nos cerramos en banda o atacamos y terminamos bloqueados y dolidos, en toda la gama de ese espectro que va desde la gestión, si bien frágil hasta la desesperación absoluta. La difícil verdad es que solo podemos solucionar aquello que afrontamos.

En cada una de estas historias, mis clientes descubrieron, cuando expresaban su angustia, que ser escuchados y atendidos con pasión propiciaba un cambio, y que ese cambio era reparador. Cuando podían dirigirse a sí mismos y a los demás con honestidad, surgía la empatía y la curación. Sus vínculos innatos de amor volvían a conectarse.

El sufrimiento es un asunto complejo. En las familias lo es doblemente cuando reconocemos que cargamos con el trauma no procesado de generaciones anteriores, así como con el tira y afloja de las relaciones humanas normales: la necesidad de ser amado, de ser visto, de ser plenamente conocido, el miedo a ser abandonado, o a ser amado «menos», la agonía de sufrir en soledad y la maraña de confusión, reproches, culpabilidad e ira que ello conlleva. A veces nos vemos obligados a toparnos con versiones de nosotros mismos que no sabíamos que existían y que, desde luego, no nos gustan ni queremos. Otras veces, descubrimos nuestra mejor versión de nosotros mismos en el día a día de la vida familiar.

Al trabajar con estas familias, he percibido unas cuantas capas de malentendidos que había que desvelar. Cada familia manifestaba narrativas contrapuestas que debían ser escuchadas. El conflicto entre Keith y Patience no tenía que ver con el hecho de que ella se convirtiera en testigo de Jehová, sino con el hecho de que cada uno de ellos pudiera reconocer la verdad de su experiencia. Del mismo modo, el deseo de Ashley de comer pizza con su padre, Paul, se debía en realidad a su necesidad de sentirse especial, dado el territorio en disputa por la atención y el amor de su padre.

La vida de cada uno de los miembros de cada familia estaba influenciada por su personalidad y su propia historia: de qué modo arrastraban las heridas de los acontecimientos que les habían sucedido. Luego estaba su historia transgeneracional más profunda, que conformaba de manera invisible sus respuestas. Lo sorprendente de esta maraña de capas era la rapidez de su reparación una vez que se escuchaban los diferentes relatos en su totalidad. La ventana de la terapia permitió dar cabida a todas sus emociones, más de las que suelen expresarse en una dinámica familiar en la que se repiten patrones muy arraigados y se pierden las voces.

En algunos casos, hay que tomar la dolorosa pero necesaria decisión de cortar lazos. La reparación no es posible en todos.

En otros, descubrimos que la capacidad de amar y ser amados plenamente permanecía oculta bajo el peso de las historias de dolor no contadas. Pero, una vez que salía a la superficie, los liberaba para volver a conectar.

360 Cada familia tiene una historia

Cualquiera que analice a su propia familia se beneficiará de examinar los patrones y comportamientos heredados de ella, observando con franqueza lo que puede necesitar adaptación. Por ejemplo, sabemos que comemos una determinada marca de comida porque es lo que comíamos de niños, o no lo hacemos por la misma razón. Apoyamos a clubes de fútbol u odiamos determinados deportes porque nuestra madre o nuestro padre nos llevaron a verlos, o nos obligaron a participar en ellos, como habían hecho sus padres antes que ellos. Nuestras experiencias están arraigadas en nosotros y permanecen ahí, dando forma a nuestras decisiones y elecciones.

Mi visión ampliada de este trabajo es que podemos acudir a terapia individual porque tenemos un problema con un miembro de nuestra familia, y quizá encontremos formas de afrontarlo mejor. Pero, si realmente queremos un cambio sistémico profundo que no se limite a retocar los bordes, necesitamos más información. Si es posible contar con la participación de todos, la terapia familiar es la respuesta. Para un terapeuta sin formación en sistemas familiares, es una afirmación atrevida, pero en la que creo sinceramente.

Cuando reflexiono sobre las familias de estos capítulos, fundamentalmente es su sensación de seguridad, amor y pertenencia lo que les permitió seguir adelante. Este es un requisito previo para nosotros: necesitamos sentirnos seguros antes de conectar. La conexión emocional es una necesidad humana básica. Necesitamos conectar para adaptarnos y crecer. Necesitamos sentirnos como en casa en nuestras relaciones, ser realmente nosotros mismos con el equipo de personas que llamamos familia. Cada individuo necesita sentirse seguro en su hogar, alrededor de la mesa de la cocina y en su cuerpo, no luchando contra él o envenenándolo para adormecer el dolor, sino descubriendo nuevas formas de estar en sintonía consigo mismo y con los demás. Eso garantizará que cada individuo del sistema familiar se sienta escuchado, valorado, respetado, autorizado a ser diferente y, por supuesto, amado.

Lo que nos conduce a la eterna pregunta: ¿cuándo termina la paternidad? Espero que este libro nos haya acercado a la respuesta que propongo: no termina nunca. Cambia y se reconfigura, pero esos lazos permanecen y necesitan una actualización regular y consciente.

Mientras escribía estos estudios de casos, mi relación con mi propia familia ha evolucionado. Conocer a las familias de otras personas me ha ayudado a procesar mi relación con la mía, con lo que tengo delante y detrás. Sostengo ahora una visión más amplia. Veo a mis abuelos y a mis padres con más compasión. Por supuesto, no ha eliminado mi sentido de la responsabilidad cuando pienso en los errores que he cometido con mis propios hijos, pero quizá ha suavizado mi sentimiento de culpa. Me ha permitido mantener conversaciones importantes y aprender verdades sorprendentes, positivas y negativas. A pesar de las importantes incógnitas que han emergido, me encuentro ahora en un terreno más firme y me siento más segura de quién soy, lo cual es extrañamente paradójico. La exploración y la apertura son tan importantes como los resultados.

El proverbio que reza «Hace falta una tribu entera para criar a un niño» es un tema recurrente en estas historias. Su importancia como fundamento del bienestar de las familias y de la

362 Cada familia tiene una historia

sociedad en su conjunto se ha magnificado a mi entender por muchas razones. La colaboración y la cooperación en el seno de nuestra familia se convierte en un superpoder cuando se extienden a nuestra comunidad: el nivel de nuestra resiliencia ante la adversidad y la crisis está significativamente conectado con esas redes y vecindarios.

La reciprocidad en nuestras relaciones incrementa nuestra confianza. Una buena interacción social favorece el equilibrio mental; literalmente, hace crecer nuestras redes cerebrales. Los seres humanos hemos evolucionado para abrazar y tocar, para que nos abracen, para coquetear, para tener sexo, para charlar, debatir, pelear, reír, llorar y bailar juntos. Interactuar en grupo es indispensable para forjar una vida sana. De niños, e incluso de adultos, nuestro cerebro es sumamente plástico, y cuando mantenemos más relaciones sociales es una fuerza protectora: nos convertimos en agentes activos en la creación de nuestro mundo social, frente a lo que el neurocientífico profesor Eamon McCrory denomina «adelgazamiento social», que afecta negativamente a nuestro bienestar. La prueba es que un niño solía tener al menos nueve personas directamente implicadas e interesadas en su vida; en la actualidad, esa cifra se ha reducido a dos personas.

Con el concepto de crear nuestra propia comunidad en nuestra mente, me atrajo la idea de Singh/Kelly de contar con un equipo de ocho personas (obviamente el número es una elección subjetiva) a las que se dirigieron para recabar consejo y apoyo en todos los aspectos de la vida de su hijo y su familia. Lo más importante es que la familia nunca se sintió juzgada y siempre se sintió valorada. Esto me parece una excelente versión reformulada de los padrinos. La gente necesita a la gente, y el camino hacia una familia más sana debe allanarse con la ayuda de los demás.

Los gobiernos afirman lo importantes que son las familias, pero sus políticas no se corresponden con su retórica. Los que más apoyo necesitan son los que menos posibilidades tienen de acceder a él, a menudo por razones económicas, de disponibilidad o de prejuicios culturales; pero estos problemas pasarán a ser, a su vez, de la sociedad. Todos debemos dar prioridad a la familia: nuestro gobierno, nuestra comunidad y nosotros mismos.

Tenemos la suerte de contar con un gran acervo de investigación, conocimientos e información que nos ayudarán a orientar, personal y colectivamente, a nuestras familias. En este libro he intentado extraer las pepitas de sabiduría que pueden ayudarnos a construir familias seguras y resilientes. Las preguntas que yo y muchos de nosotros nos hacemos a menudo son: ¿Soy normal? ¿Estoy fracasando? Según mis investigaciones y mi trabajo con estas familias, creo que son preguntas equivocadas. Las mejores preguntas son: ¿De dónde venimos? ¿Cuáles son nuestros valores familiares, nuestras creencias y nuestra forma de relacionarnos? ¿Qué aspectos de mí mismo estoy negando? Vivir en lo que podemos considerar una feliz ignorancia es la fuerza contaminante de nuestra vida. Nos hacemos sabios descubriendo, a veces redescubriendo, lo que hemos olvidado.

Para que esto suceda, quiero gritar a aquellos que se sienten bloqueados y están sufriendo en sí mismos y en sus familias, transportando esos mensajes en bucle en su mente y su cuerpo: no empezó con nosotros, ni siquiera con nuestros padres.

Tenemos que mirar las historias no contadas, las heridas no procesadas y las pérdidas que nos han legado los fantasmas del pasado y encontrar la manera de afrontarlas ahora para no transmitirlas a la siguiente generación. Seamos intrépidos y localicemos la fuente de esas historias, escribiéndolas, o, por ejemplo, dibujando nuestro propio genograma.

La exploración aporta información y nuevas perspectivas. Cuando cambiamos nuestra perspectiva y nuestra visión de lo que ocurre internamente y de lo que ha ocurrido externamente, nuestro comportamiento cambia. Y también cambian los resultados. Centrarse en mejorar las pequeñas cosas, en lugar de buscar una solución que cambie la vida, es la fuente de la mayor parte del crecimiento. Quizá sea algo tan sencillo como ponerse de acuerdo para dar un paseo y hablar, o infundir creatividad y cultura en la vida familiar visitando galerías y conciertos, en persona o por internet. Lo que puede habernos bloqueado es ahora una puerta a una nueva conexión y una nueva forma de ser, una familia revitalizada, una familia abierta al crecimiento.

El poder para cambiar la historia de nuestra familia empieza en nuestra mente. Imaginar la familia que deseamos es el primer paso para convertirla en nuestra nueva realidad.

Doce claves para el bienestar de la familia

Estoy totalmente en desacuerdo con Tolstói cuando escribe que «Todas las familias felices se parecen unas a otras, pero cada familia infeliz lo es a su manera». Las familias funcionan en un espectro que va de lo bueno a lo malo, dependiendo de lo que ocurra: no es posible estar bien todo el tiempo. Cuando las familias funcionan de manera eficaz, son sistemas adaptativos de cambio que responden a los sentimientos individuales y a los acontecimientos externos de forma más positiva y solidaria que las familias disfuncionales. Por ese motivo, no puede haber reglas únicas para todas las familias: todos somos muy diferentes. He pensado que podría ser útil crear una matriz de puntos de referencia sobre los que reflexionar y a los que remitirnos cuando nos sintamos bloqueados o preocupados por nuestra familia. La interpretación de cada persona será necesariamente subjetiva, lo cual es positivo. Los puntos de referencia se hallan interconectados, como todo lo que tiene que ver con las relaciones, moldeándose e influyéndose mutuamente. Quizá sea útil examinarlos y percibir cómo un aspecto afecta a otro, y luego explorar cómo nos afectan a nosotros y a la relación con nuestra familia.

No olvidemos que no son reglas, sino puntos referenciales. Debemos permitirnos flexibilidad y autocompasión, y no utilizarlos como un instrumento para castigarnos. Estos son los que yo personalmente valoro. Quizá queramos mantener algunos de ellos, rechazar otros o añadir más. Animo al lector a que cree su propia matriz de puntos de referencia para su familia.

Al revisarlos, debemos recordar centrarnos en mejorar pequeñas cosas, en lugar de buscar una gran solución transformadora, puesto que ello conduce a la expansión.

Es importante reconocer que las familias no se desarrollan en el vacío. La forma en que pensamos y actuamos se ve profundamente afectada por circunstancias y expectativas económicas, culturales, étnicas, de identidades diversas, de salud física y mental y generacionales más amplias.

1. Autocompasión

La autocompasión es fundamental. Cuando más amamos, más nos preocupamos, podemos sentirnos heridos y somos más vulnerables. Puede significar que nos critiquemos sin piedad cuando cometemos errores, cosa que inevitablemente haremos. Reconocer que en todos los roles que desempeñamos en nuestra familia –padres, pareja, hijos, hermanos– nunca podemos ser perfectos y que ser «bastante buenos» es en realidad suficiente. Debemos perdonarnos por un mal día.

Resulta útil intentar ser tan compasivos con nosotros mismos como lo somos con nuestros seres queridos. También sirve para demostrar a nuestros seres queridos que la amabilidad con nosotros mismos es importante. Nos permite albergar la resiliencia necesaria para retornar de nuestros errores con el corazón abierto. Estar abiertos a quienes nos rodean, revelar quiénes somos realmente bajo nuestras máscaras, es lo que a la postre nos permite sentirnos más conectados y confiados.

La autocompasión nos lleva a mostrarnos y responsabilizarnos de nuestra parte en los problemas. Y no, como a menudo se interpreta erróneamente, a zafarnos de toda responsabilidad.

2. Comunicación efectiva y abierta

La conexión atraviesa todos estos puntos de referencia, siendo más obvia a través de la comunicación. Comunicamos amor y conexión mediante señales verbales y no verbales. Nuestra conexión amorosa es clave, como lo es el reconocimiento, es decir, que se nos devuelva que somos suficientes. Que somos importantes es una necesidad fundamental. Nos permite reconocer que la conexión y la desconexión forman parte de un continuo: a veces estamos más conectados y otras, menos.

La comunicación abierta es aquella en la que escuchar es tan importante como hablar, y en la que se permiten todos los sentimientos, ideas, puntos de vista y opiniones. La comunicación abierta ocurre cuando no hay temas vetados, agendas ocultas, o normas sobre lo que puede o no transmitirse y debatirse.

En una familia no hay reglas sobre lo que está permitido enfadarse. En el modo de crianza de los niños, es importante que estos sepan que pueden hablar de lo que les preocupa: no tienen por qué solucionarlo ellos solos.

368 *Cada familia tiene una historia*

La comunicación es en ocasiones más dirigida con los niños más pequeños, como, por ejemplo, cuando se les dice lo que tienen que hacer y cuándo, pero el tono general funciona mejor cuando es más discursivo y colaborativo. (Véase el apartado 7. Ser conscientes de las dinámicas de poder). Los adultos tenemos cerebros diferentes y podemos ayudar a nuestros hijos.

El tono de voz, la mirada, el lenguaje corporal, la atención y la empatía son factores decisivos en la comunicación. El silencio puede dejar espacio para que alguien hable o utilizarse como herramienta de manipulación. Leemos el lenguaje corporal de las personas, pero a menudo nos inventamos lo que no escuchamos. Todo es más limpio y claro si expresamos nuestros pensamientos y sentimientos con respeto y sensibilidad.

Las preguntas abiertas son útiles cuando se quiere averiguar lo que ocurre en colaboración. También puede haber preguntas hipotéticas, como «¿Qué sucedería si…», que permiten revelar esperanzas, miedos y aspiraciones no expresados. O preguntas de lectura mental, como «¿Qué crees que diría el abuelo?», que muestran el alcance de los pensamientos de los demás.

Darse mutuamente un *feedback* sincero ayuda a mantener limpias las relaciones y evita que prospere el resentimiento. El modo de dar *feedback* es identificarnos con nuestros sentimientos: empezamos, por ejemplo, con «cuando tú…» y describimos el comportamiento o hábito que nos molesta o nos resulta difícil en nuestro hijo, padre, hermano o pareja.

A continuación, decimos: «me siento…». Es una forma de comunicar que no se establecen juicios ni suposiciones, sino que solo se alude a lo que se siente y por qué. Así es más fácil de escuchar, es menos probable que se responda a la defensiva, puesto que mantiene la autoestima de todos los concernidos.

Ser capaces de reflexionar en familia, juntos e individualmente, con este tipo de comunicación significa que las grandes cuestiones, las dificultades y las fuentes de alegría se pueden discutir y negociar, tomar decisiones importantes y celebrar los grandes momentos.

3. Aprender a luchar de forma productiva

Esas conversaciones sinceras en las que se airean las diferencias pueden provocar conflictos e incluso rupturas.

No es posible mantener relaciones estrechas sin discrepancias. Aprendemos acerca de los demás y de nosotros mismos desarrollando la solidez necesaria para soportar y gestionar las diferencias y los malentendidos.

La manera de luchar es importante. Es fundamental evitar insultar, denigrar o utilizar las palabras como armas de destrucción. Permitimos que se expresen los sentimientos hostiles, furiosos, celosos y difíciles: cuando se esconden, crecen y se transforman en síntomas físicos o problemas emocionales. Encendemos la luz en una habitación rebosante de sentimientos complicados. Aferrarse a los sentimientos positivos propicia la aparición de sentimientos negativos. Cuando se permite lo malo, viene lo bueno. Esto no es nada fácil. Puede parecer contradictorio, pero es posible expresar sentimientos poderosos sin demonizar o abusar del otro.

Una vez que se calma el fragor del desacuerdo, a menudo

es gracias a la discusión posterior a la pelea cuando nos sentimos más cercanos, conocidos de una manera diferente, lo cual genera una profunda confianza. Lo hacemos cuando estemos preparados, puesto que no funciona buscar una falsa reconciliación cuando todavía estamos enfadados o resentidos.

Creamos un modelo que incluya un hábito arraigado de reconciliación y reparación después de una pelea. Esto puede significar pedir perdón. Reconocemos también que puede llegar un momento en el que estemos de acuerdo en discrepar y que eso también es adecuado.

Una reparación correcta significa que las verdades que se dicen no se utilizan como armas arrojadizas contra la otra persona. También significa que la reparación está totalmente integrada, de modo que el desacuerdo no se saca a relucir en el siguiente conflicto: el terrible patrón que se da en las familias cuando las viejas peleas se sacan a relucir una y otra vez como acusación: «cuando tú…».

Necesitamos encontrar colectivamente formas de calmarnos y reconfortarnos, de volver a sentirnos seguros tras la angustia de una pelea, lo que el psicólogo Dan Siegel denomina PAZ: presencia, compromiso, afecto, calma y empatía.

4. Permitir las diferencias

Varias personas mantendrán distintos puntos de vista. No hay una única forma de afrontar las creencias o las cuestiones, ni de resolver un problema.

Sentir que somos diferentes en nuestra familia puede ser

emocionalmente solitario: por ejemplo, en la edad adulta, ser el único soltero, o el niño que odia el deporte. Es importante encontrar formas de reconocer, respetar y valorar este hecho, y de intentar conectar.

Seamos curiosos y creemos el tiempo y el espacio necesarios para conocernos a fondo. Podemos invertir tiempo en una unidad más pequeña –como el padre y uno de los hijos, o los hermanos–, así como colectivamente.

En las familias que permiten una amplia aportación de los miembros de la familia, no una única forma «correcta», habrá una base más profunda de la que extraer apoyo mutuo cuando haya obstáculos en el camino, como siempre los hay. Los puntos de vista estrechos proporcionan un apoyo superficial.

También resulta útil reconocer que cada miembro de una familia puede tener una visión subjetiva diferente de la experiencia compartida. Por ejemplo, el padre que cuenta un chiste: una persona puede recordarlo como muy gracioso, otra como estúpido y una tercera como insensible.

Puede haber peleas en las familias que recuerdan «verdades» del pasado, si bien es poco probable que haya una sola verdad. Puede haber una verdad sobre los hechos, dónde estaban, la fecha, pero no la experiencia vivida de ese recuerdo. Cada miembro de la familia posee su verdad subjetiva.

Apoyemos y animemos a cada miembro de nuestra familia a ser plenamente ellos mismos, no modelados según nuestras ideas preconcebidas de cómo deben ser, o las condiciones de éxito que nosotros establezcamos.

372 *Cada familia tiene una historia*

5. Tener cinco veces más relaciones positivas que negativas

Intentamos tener cinco veces más relaciones positivas que negativas, en las que cada miembro de la familia, incluidos nosotros mismos, nos sintamos respetados, valorados y escuchados. Esto no significa que tengamos que llevar una lista y contar hasta cinco, pero es una buena guía: si vemos que las cosas se tuercen negativamente, lo comprobamos nosotros mismos de manera directa. ¿Hemos tendido a ser más críticos que positivos? Puede que un miembro de nuestra familia reciba más críticas que otro. Averiguamos por nosotros mismos a qué se debe. Tal vez lo que no nos gusta de ellos sea lo que no nos gusta de nosotros mismos. Saber es poder.

6. Establecer límites entre las personas

Los límites son físicos y emocionales, por lo que son importantes para la salud mental y física de las familias.

Los niños y los adultos necesitan límites para saber qué comportamiento y qué expectativas son aceptables o lo contrario. Estos límites se adaptarán y cambiarán a lo largo de la vida familiar. Cada miembro se responsabiliza y respeta su parte en el mantenimiento de la seguridad y el equilibrio del sistema familiar. Por ejemplo, no transgredir los límites de otra persona, lo que es su espacio emocional, formulando preguntas inapropiadas. Puede tratarse de un límite físico: «¡No pegues a tu hermano/hermana!». O un espacio físico: no entrar en su habitación. Al poner límites, debemos ser coherentes y dignos de confianza.

Menos es más. Unas pocas normas claras a las que atenerse son mejores que muchas normas confusas.

Los límites también permiten establecer expectativas realistas para evitar decepciones y resentimientos: llegar a tiempo, o devolver la ropa «prestada».

Como dice el conocido proverbio: «Las buenas vallas hacen buenos vecinos». Esto puede aplicarse a infinidad de aspectos de la vida familiar, como las tareas domésticas, la intimidad y nuestras posesiones.

7. Ser conscientes de las dinámicas de poder

Todas las familias manifiestan dinámicas de poder. El poder en las familias cambia en diferentes momentos y a lo largo del tiempo. Quienes ostentan el poder toman o bloquean decisiones.

Cada familia tiene su propia forma de gestionar el poder y el proceso de toma de decisiones. Es lo que permite que una familia funcione, que la unidad familiar adopte decisiones importantes sobre su vida, relacionadas con el dinero, la vivienda, la escuela, las vacaciones, y demás.

Para que una familia funcione con éxito, cada miembro, sea cual sea su edad, necesita sentir que tiene control en su vida, que sus sentimientos y pensamientos son tenidos en cuenta y tienen valor en las decisiones que se adoptan.

El poder colaborativo, es decir, el poder compartido equitativamente entre los miembros de la familia, suele denominarse modelo funcional de la familia. Los patrones de quién ostenta el poder pueden oscilar entre el colaborativo y el caótico o simétrico (vertical), lo que causa dificultades en las familias si permanecen bloqueados en ellos. El poder coercitivo, o basado en el miedo, aboca a familias disfuncionales.

El poder es complejo: incluso los niños pequeños necesitan que se escuche su voz, pero también necesitan saber que sus padres son los responsables de sus vidas y decisiones. Demasiado poder, y demasiado pronto, puede resultar abrumador para el niño y provocar disfunciones. Esto también está relacionado con los límites. Para los padres, el objetivo es ser «más grandes, más fuertes, más sabios y más amables». Eso significa que no le confieren a su hijo un poder abrumador o aterrador, sino que respetan lo que siente y dice.

8. Hora de divertirse

Dedicamos tiempo a divertirnos. Dejamos a un lado las tareas y quehaceres; estar y jugar juntos es importante para las familias. Puede ser algo muy sencillo, como ver una película en familia, jugar a un juego, o hacer una tarta. Permitirnos la creatividad espontánea, la fantasía, amplía los límites, revela aspectos de nosotros mismos que pueden permanecer ocultos bajo la rutina diaria.

Es posible liberar tensiones y permitir que aflore la alegría a partir de simples placeres lúdicos.

A menudo, las vacaciones suponen un reinicio total de la familia, ya que todos se relajan por fin y están centrados en estar juntos más que en hacer cosas juntos. Las fiestas como la Navidad pueden ser divertidas, pero también provocar grandes tensiones cuando las expectativas de «diversión» son muy elevadas. Las presiones y tensiones subyacentes de la familia reunida en Navidad pueden resultar explosivas cuando sus miembros tienen muchos asuntos sin resolver y quedan al descubierto los puntos conflictivos.

9. Convertir los hábitos en rituales

Los seres humanos somos criaturas de hábitos; nos gustan los hábitos porque eliminan gran parte de la toma de decisiones que ocupa nuestro espacio mental y permite a las familias funcionar.

Resulta útil convertir los hábitos familiares en rituales significativos en la vida de nuestra familia; les infunde alma. Recurrir a nuestra curiosidad y creatividad, como hacer una lista de reproducción de música para una celebración concreta, forja lazos más fuertes e imbuye sentimientos poderosos en las familias que pueden ser curativos, además de una fuente de alegría.

Los rituales de celebración de la vida familiar –cumpleaños, bautizos, bodas y funerales– facilitan la transición y reconocen la nueva etapa. Pueden desbloquear el proceso que quizá se haya bloqueado, resistiéndose a la realidad de esta nueva fase de la vida, como el matrimonio de un hijo adulto o el fallecimiento de un familiar.

Marcar los acontecimientos y las transiciones importantes con rituales también hace visible y significativo lo que es invi-

376   Cada familia tiene una historia

sible. Podemos celebrar de muchas maneras, por ejemplo, con velas especiales y oraciones, o con paseos llenos de significado y propósito que enriquecen la vida familiar.

Cada vez que llevamos a cabo un ritual, llegamos a él con un nuevo significado. Somos diferentes cada vez que nos encontramos con él, animados o amortiguados por lo que está ocurriendo en nuestra vida en el nuevo presente. Nos ayuda a reajustar y reagrupar, uniéndonos incluso cuando no lo deseemos.

Los rituales crean una fuente de recuerdos e historias que contarnos a nosotros mismos sobre nuestra familia y rememorar con placer, además de, por supuesto, ser algo que esperamos con ilusión. También imbuyen nuestra memoria corporal de que importamos, de que pertenecemos a algo en un sentido fisiológico y psicológico.

10. Permitir el cambio en el seno de la familia

Quizá no se trate de un cambio caótico demasiado persistente y drástico, pero sí de un cambio que evoluciona gradualmente en respuesta a las nuevas circunstancias y que ayuda a las personas y a las familias a progresar. A medida que cambiamos, por difícil que resulte, tenemos que salir de nuestra zona de confort y permitir que el cambio nos cambie a nosotros. Es entonces cuando progresamos.

La rigidez conduce a familias frágiles, lo que propicia la fractura. Naturalmente, habrá papeles que asuma cada miembro de la familia, pero tenemos que permitir que esos papeles cambien y se adaptan a medida que lo hacen las personas. Por ejemplo, un hermano menor que siempre ha sido «el hermano pequeño» puede ayudar a su hermano mayor con su experiencia en un área concreta de la vida. Esto también puede significar «devolver»: hay periodos en la familia en los que un miembro recibe más de lo que da, y viceversa.

Lo anterior es especialmente importante a medida que los niños se hacen adultos y los padres envejecen.

11. Reflexionar sobre uno mismo y los patrones familiares

Que todos los miembros de una familia tengan la capacidad de mirar hacia dentro y hacia fuera de manera reflexiva, de pensar sobre lo que piensan, es un componente importante de las familias sanas.

Controlamos nuestros sentimientos antes de que ellos nos controlen a nosotros. Debemos recordar que los sistemas emocionales no funcionan de manera lógica: buscamos maneras de procesar los sentimientos, las emociones fuertes que sentimos, con el fin de centrarnos antes de comunicar lo que es importante para nosotros. Conocemos nuestros puntos fuertes y nuestras debilidades. Conocemos nuestra propia música de *Tiburón*, que nos pone a cien antes de que podamos decir «pausa». No es sencillo y es un proceso que dura toda la vida.

Podemos empezar por ser conscientes del parloteo de nuestra mente, lo que yo llamo nuestro «comité autocrítico». Escribimos lo que nos decimos a nosotros mismos. Empezamos

378 Cada familia tiene una historia

a cobrar conciencia de los desencadenantes que nos ponen en alerta máxima. ¿Es una mirada, un sonido o una sensación en particular? Tenemos que nombrarlos. Quizá encontremos la manera de expresarlos.

Si no es el momento ni el lugar adecuados, y no tenemos suficiente control para elegir nuestra respuesta, nos detenemos y respiramos. El autocontrol en el momento adecuado es importante. Tomarse un tiempo para uno mismo es un mecanismo mucho mejor que esperar que lo haga nuestro hijo, nuestro hermano, nuestra pareja o nuestros padres. Si nos tranquilizamos y comprendemos lo que sucede en nuestro interior, es mucho más probable que podamos ayudar a nuestra familia a calmarse.

12. Modelar el comportamiento que deseamos de los demás

Es a través de lo que modelamos como individuos, parejas, padres y abuelos en nuestras acciones, nuestra comunicación, nuestras elecciones y nuestra forma de vivir como aprenden todos los miembros de nuestra familia. Los que nos rodean no aprenden de lo que hacemos, sino de lo que decimos. Podemos decir a menudo a los miembros de nuestra familia: «Lo único que quiero es que seáis felices», pero si no ejemplificamos cómo ser feliz, no estamos viviendo la felicidad en nosotros mismos, y por eso los que nos rodean no pueden aprenderlo.

Podemos decir «te amo», pero comportarnos de manera contradictoria. El amor en las familias se demuestra tanto en la acción como en el ser.

Asumimos nuestra responsabilidad como adultos, lo que significa reconocer las consecuencias de nuestros actos. Reconocemos como adultos, sea cual sea nuestro pasado, que ahora somos responsables del modo en que nos comportamos y de lo que creemos. Es posible que nos veamos sumidos en un estado infantil, pero gestionamos nuestras emociones (véase el apartado 11. Reflexionar sobre uno mismo y los patrones familiares) para actuar como padres o compañeros maduros.

A menudo, queremos que los demás muestren cualidades y comportamientos que nosotros mismos no demostramos, o nos disgustan porque nosotros también los tenemos. Esto está relacionado con otros puntos de referencia: el conocimiento de uno mismo y la adaptabilidad. Si reconocemos que lo que estamos modelando es negativo, debemos cobrar conciencia de ello y esforzarnos por cambiarlo. De ese modo, es más probable que la familia se desarrolle.

Breve historia de la familia

Las familias, al igual que las personas que las componen, se forman y cambian en función del contexto en que se hallen. Siempre existe, siempre ha existido, una relación cíclica entre las familias, la política y la cultura. Las familias funcionan como un microcosmos dentro del macrocosmos de la sociedad. En general, cuando se habla de «familia» se tiene la imagen de un padre, una madre y dos hijos, lo que se conoce como «familia nuclear». Estructuralmente, ese estereotipo tiene a la madre como cuidadora de la familia y del hogar y al padre como sustentador y cabeza de familia. Sin embargo, esta imagen no es exacta cuando se observan las familias a lo largo del tiempo.

Durante siglos, hasta la revolución industrial, las familias británicas existían en grandes unidades, que eran una burbuja social y proporcionaban mano de obra. A menudo suponemos que es, en épocas más recientes, con las familias políticas y los parientes lejanos, cuando los hogares múltiples se han convertido en un fenómeno nuevo; sin embargo, a finales del siglo XVIII y en el XIX solía haber grandes hogares formados por la familia política y los empleados. El matrimonio no era una cuestión de amor, sino un contrato económico. La realeza se

382   Cada familia tiene una historia

casaba por alianzas entre naciones. Otros tenían matrimonios concertados por el hecho de compartir creencias y propiedades, o bien los campesinos acordaban trabajar juntos la tierra. La vida rural era dura: la gente necesitaba ser autosuficiente y producir bienes con el fin de ganar bastante dinero para sobrevivir, de manera que las familias vivían y trabajaban juntas en su casa y en su tierra. Los niños nacían para contribuir a la vida de la familia trabajadora y tomar el relevo cuando morían los padres. El amor en estas familias se demostraba a través de actos de servicio a la famillia; recordemos que la definición de «familia» viene de «sirviente en el hogar», y por tanto de «estar al servicio de nuestra familia». Todo ello significaba que el sentido práctico de la vida familiar primaba sobre el cuidado y el desarrollo emocional.

Siempre hubo un orden jerárquico evidente en el seno de las familias, apoyado por la enorme influencia de la Iglesia. Las familias estaban determinadas por las opiniones de la Biblia sobre el matrimonio y la reproducción; las normas y leyes que regían los hogares se basaban en las enseñanzas religiosas, como las que prohíben el adulterio o tener hijos fuera del matrimonio. Este ámbito supone uno de los mayores cambios en las familias: el papel de la religión a la hora de regir cómo deben ser las personas, de qué manera han de actuar y los valores por los que deben regirse. Aunque todavía influye en la vida de algunas personas, su influencia en la actualidad es infinitamente menor y muchas de esas obligaciones y normas fijas han dejado de ser válidas.

La industrialización provocó un vuelco en la vida familiar rural. Los siglos XVIII y XIX fueron una época de inmensos cambios que repercutieron en la formación de la familia y, en general, en el estilo de vida: esencialmente, se suele pensar en la revolución industrial en Inglaterra en términos de separación del hogar y el trabajo, lo que provocó grandes cambios sociales y familiares. Después, dos guerras mundiales cambiaron el panorama de la vida familiar a corto y largo plazo. Durante la Primera Guerra Mundial, muchas mujeres enviudaron y escaseaban los hombres con los que casarse. En la Segunda Guerra Mundial, las mujeres tuvieron que ocupar el lugar de los hombres como mano de obra. Esto supuso la transición clave de las mujeres de ser amas de casa a ocupar el mercado laboral. Ahora trabajan casi tantas mujeres como hombres, aunque son más las que trabajan a tiempo parcial.

El modo de pasar el tiempo en familia también cambió enormemente. Los servicios que antes eran responsabilidad de la familia pasaron al Estado, como la educación, la medicina y la asistencia social. En el año 1908, el Partido Liberal introdujo los inicios del estado del bienestar, con la Children and Young Persons Act, sí, como el Coal Mines Regulation Act, que dio forma a los entornos laborales. En el año 1945, se promulgaron las leyes de la Family Allowances Act y la Education Act. La introducción y el desarrollo progresivos de la tecnología dentro y fuera del hogar también influyeron notablemente en la vida familiar. Los lavavajillas, las lavadoras y las cocinas modernas permitieron a las madres disponer de más tiempo. Las radios y los tocadiscos aportaron nueva vida, nuevos sonidos y nuevas ideas. Las televisiones llevaron a los hogares visiones contemporáneas de las familias, y la publicidad vendió estilos de vida ideales. Las familias pasaron de centrarse únicamente

384 Cada familia tiene una historia

en realizar tareas para sobrevivir a ser un grupo de personas conectadas y afectuosas que buscaban la cercanía y tenían más oportunidades de compartir el ocio. Los jóvenes también disponían de más libertad para salir y divertirse.

Se produjo una transición lenta pero significativa desde el hombre de la familia que mandaba y ostentaba el poder hacia una mayor igualdad entre ambos sexos. A medida que las mujeres desarrollaban trabajos fuera del hogar, dependían menos de los hombres para su seguridad económica, lo que les proporcionaba muchas más opciones en las relaciones que establecían o abandonaban. Las familias seguían viviendo juntas durante bastante tiempo: a menudo las parejas vivían en una de las casas de la familia hasta que podían permitirse económicamente una vivienda propia.

Aunque en la actualidad estamos inmersos en un enorme cambio, cabe señalar que se trata de nuevos pasos en un camino marcado por las generaciones anteriores. Las familias se han vuelto más fluidas, y, si bien la visión tradicional de la familia sigue siendo la «norma», podemos percibir cómo están cambiando las aguas. Las nuevas familias incluyen familias monoparentales, familias reconstituidas, familias poliamorosas, familias extensas y familias mixtas formadas por la pareja, los hijos que han tenido juntos y los de sus relaciones anteriores. Aunque la formación familiar se está alargando, lo que significa que hay más generaciones a medida que la gente vive más, también se está ampliando. Volvemos a ver con más frecuencia la unión de familias numerosas, compuestas por varios miembros. Durante las dos últimas décadas han sido el tipo de familia de más rápido crecimiento, habiendo aumentado, según la ONS, en tres cuartas partes hasta alcanzar los 297.000 hogares en el año 2019. Las familias multihogar pueden estar formadas por padres ancianos que viven con sus hijos y nietos, o incluso grupos de amigos que viven juntos en un alojamiento compartido. Al igual que en la época preindustrial, las familias pueden estar formadas por quienes no están biológicamente emparentados con nosotros: los tíos y tías de nombre, pero no de sangre, la familia urbana nacida de etapas vitales mutuas, el amigo de la infancia que se siente más como un hermano. Estos lazos familiares especiales, elegidos y construidos socialmente también pueden constituir una familia moderna.

El término «familias nucleares» se utiliza a menudo para reflejar cómo una familia se congrega hoy en día. Las parejas tienen menos hijos (aproximadamente el 50 % de las familias monoparentales y las parejas de hecho tienen un hijo), lo que, unido a una mayor esperanza de vida, hace que los abuelos y bisabuelos participen en la vida de sus nietos y bisnietos. Los adultos de la actualidad pasarán más años como hijos adultos que como padres de sus propios hijos. Se trata de una gran diferencia si se compara con la década de 1960, cuando menos de uno de cada cinco adultos seguía teniendo un progenitor vivo. Esto trae consigo un interesante cambio en la dinámica familiar cuando el hijo adulto sigue siendo criado: con el paso del tiempo, el equilibrio de poder entre ambos se invierte, a menudo con la generación de más edad enfadada y testaruda porque no le gusta que le digan lo que tiene que hacer, pero es vulnerable en la vejez.

En general, las familias son cada vez menos jerárquicas que antes, más abiertas emocionalmente y menos didácticas.

386 Cada familia tiene una historia

Algunos sostienen que en este cambio ha influido el hecho de que la madre tenga el mismo poder que el padre. Sin duda, las familias disponen de más información psicológica y empiezan a reconocer la importancia de enseñar autonomía a los niños para que adquieran confianza en sí mismos en el marco del hogar familiar.

No podemos saber cómo influirá la era digital en la formación y los valores de la familia, pero es probable que sea una influencia importante. Podría ser tan poderosa como las decisiones políticas y la revolución industrial del pasado a la hora de remodelar las familias del futuro. Tal vez contribuya a la atomización de la familia: la disminución de experiencias familiares comunes, como ver juntos una serie de televisión, ya que cada niño y adulto tiene una interacción digital separada en su dormitorio, con continuos debates y batallas para que la principal relación de un niño no sea con su teléfono. Lo más probable es que el gran cambio se produzca en la flexibilidad de trabajar desde casa en lugar de tener que acudir a diario a una oficina, una tendencia que ya se observa, acelerada por la pandemia.

La libertad de elección ha sido un aspecto importante del progreso en la vida de las mujeres y los hombres y, por tanto, en la configuración de las familias. Esto incluye la libertad de divorciarse o abandonar el matrimonio. Las estadísticas muestran que la tasa de divorcios alcanzó su máximo en 1993 y ha descendido más de un 34 % durante la última década. Sin embargo, esta estadística coincide con un descenso de los matrimonios, ya que las parejas optan por vivir juntas. Según estadísticas recientes, el 45 % de las parejas casadas se divorcian, y una de cada dos familias monoparentales se separa antes de que sus hijos cumplan cinco años. Tres cuartas partes de las rupturas familiares que afectan a los niños pequeños afectan ahora a padres no casados, lo que significa que la estructura de una familia puede cambiar varias veces mientras el niño crece. Hoy en día, los niños pueden haber crecido en formatos familiares cambiantes, con formaciones de hermanos potencialmente cambiantes, dinámicas diferentes, ubicaciones del hogar variadas, normas y valores distintos. También es posible que vivan en distintos lugares (casa de la madre, del padre y de los abuelos). El resultado puede ser una mayor resiliencia o vulnerabilidad. En cualquier caso, es una de las diferencias más destacadas para las familias, y en particular para los niños, entre el pasado y el presente.

El conector unificador a lo largo de los siglos es el papel polifacético que ha asumido la mujer en la dinámica familiar, el de cuidadora, limpiadora, cocinera, gestora, al tiempo que asumía el lugar de trabajo. El trabajo de las sociólogas feministas Christine Delphy y Diana Leonard analiza de qué manera el papel de la mujer en la familia mantenía la opresión y el sistema patriarcal. Me parece que, en la práctica, los papeles de los hombres y las mujeres no están cambiando tan rápido como imaginamos. Las mujeres siguen haciendo la mayor parte del trabajo no remunerado en los hogares familiares. Esperemos que estas tareas de género se repartan de forma más equitativa en el futuro: al menos se está debatiendo sobre ellas. Además, las nuevas asociaciones de familias no heteronormativas pueden arrojar luz sobre nuevos modos de comportamiento.

La visión tradicional de las familias heteronormativas se está remodelando, lo que conlleva una mayor fluidez. Las cifras

388   Cada familia tiene una historia

ponen de relieve la transición. En 2007-2008, solo 80 parejas homosexuales adoptaron niños frente a las 2.840 parejas heterosexuales, pero una investigación del año 2020 sostiene lo siguiente: «Las parejas casadas del mismo sexo son el tipo de familia homoparental que crece más rápido». En 2019, año tras año, ha aumentado el número de niños adoptados por parejas bisexuales, gays, trans y lesbianas; en 2020, una de cada cinco adopciones se realizó en familias LGBTQ+: había 212.000 familias del mismo sexo en el Reino Unido, un 40 % de aumento desde 2015.

Las familias contemporáneas reflejan los cambios sociales y emocionales: existe un paralelismo entre la fluidez sexual y de género en la manera de constituir unidades familiares y la expansión de otros elementos de nuestra vida emocional. Es casi como si nuestra capacidad de percibir diversas formas de ser hubiera crecido a la par que nuestra comprensión de nuestros mundos emocionales. Los conceptos binarios de género, sexualidad, soltería y matrimonio están siendo cuestionados. Un aspecto de la investigación familiar que hay que abordar, y del que soy consciente al contextualizar este tema, es la lente blanca occidental con la que, hasta hace poco tiempo, se han investigado las familias en el Reino Unido. Esto crea una profecía autocumplida de cómo «debería ser» una familia y cuáles «deberían ser» sus valores. Es importante que ampliemos nuestra visión de las familias para incluir valores y creencias más amplios e inclusivos, basados en la diversidad cultural, racial y étnica.

Encarnamos gran parte de nuestra familia en nosotros mismos: nuestra personalidad, nuestra forma de ser, nuestros valores, nuestras creencias y, sobre todo, nuestra sensación de seguridad y pertenencia. Y lo que es más importante, la familia da forma a nuestras futuras relaciones y a nuestras futuras familias, sea cual sea su aspecto y su funcionamiento. Podemos desempeñar nuestro papel individualmente comprendiendo los orígenes de nuestra propia familia y cómo nos afectan en el presente.

Anexo

Cuestionario sobre experiencias infantiles adversas (ACE)

Incluyo este apartado porque puede iluminar nuestra comprensión de nosotros mismos y de nuestro funcionamiento psicológico.

El estudio sobre Experiencias Infantiles Adversas constató que las personas que habían vivido acontecimientos difíciles o adversos en la infancia tenían mayor riesgo de desarrollar problemas físicos y de salud mental durante la edad adulta.

El riesgo aumenta significativamente para las personas con un mayor número de experiencias adversas durante su infancia. Entre las experiencias adversas se incluyen no solo traumas y malos tratos, sino también factores de estrés no traumáticos como el divorcio de los padres y la disfunción familiar.

Instrucciones para el estudio
de las experiencias infantiles adversas

Planteamos diez preguntas, cada una de las cuales se responde seleccionando sí o no. En caso afirmativo, introducimos 1___

Estas preguntas han sido diseñadas para adultos (mayores de 18 años). Advertencia: las preguntas pueden causar cierta angustia, puesto que algunas de ellas se refieren directamente a experiencias de abuso infantil.

Comprobamos que disponemos de una persona de apoyo o un número de teléfono de ayuda antes de empezar.

Nuestra puntuación ACE

Mientras crecíamos, durante nuestros primeros dieciocho años de vida:

1. ¿Alguno de nuestros padres u otro adulto de la casa nos decía palabrotas, nos insultaba, nos menospreciaba o nos humillaba a menudo o muy a menudo?
   o
   ¿Actuó de forma que nos hizo temer que pudieran hacernos daño físicamente?
   Sí/No En caso afirmativo, introducimos 1____

2. ¿Algún progenitor u otro adulto de la casa nos empujaba, agarraba, abofeteaba o nos lanzaba algo a menudo o muy a menudo?

o

¿Alguna vez nos han pegado tan fuerte que nos dejaron marcas o nos hicieron daño?

Sí/No En caso afirmativo, introducimos 1____

3. ¿Alguna vez un adulto o persona por lo menos cinco años mayor que nosotros nos ha tocado y acariciado o nos ha obligado a tocar su cuerpo de forma sexual?

o

¿Intentó o practicó el coito oral, anal o vaginal con nosotros?

Sí/No En caso afirmativo, introducimos 1____

4. ¿Sentíamos a menudo o muy a menudo que nadie en la familia nos quería o pensaba que era importante o especial?

o

¿Nuestra familia no nos cuidaba, no la sentíamos cercana ni nos sentíamos apoyados?

Sí/No En caso afirmativo, introducimos 1____

5. ¿Sentíamos a menudo o muy a menudo que no teníamos suficiente para comer, que teníamos que llevar la ropa sucia y que no había nadie que nos protegiera?

o

¿Nuestros padres estaban demasiado borrachos o drogados para cuidar de nosotros o llevarnos al médico si lo necesitábamos?

Sí/No En caso afirmativo, introducimos 1____

Cada familia tiene una historia

6. ¿Alguna vez se separaron o divorciaron nuestros padres?
Sí/No En caso afirmativo, introducimos 1_____

7. ¿A nuestra madre o madrastra la empujaban, agarraban, abofeteaban o le tiraban algo a menudo o muy a menudo?
Sí/No En caso afirmativo, introducimos 1_____

o

¿A veces, a menudo o muy a menudo éramos pateados, mordidos, golpeados con el puño o con algo duro?

o

¿Alguna vez nos han golpeado repetidamente durante al menos unos minutos o nos han amenazado con una pistola o un cuchillo?
Sí/No En caso afirmativo, introducimos 1_____

8. ¿Vivíamos con alguien que tenía problemas con la bebida, era alcohólico o consumía drogas?
Sí/No En caso afirmativo, introducimos 1_____

9. ¿Hubo algún miembro de nuestro hogar deprimido o enfermo mental, o algún miembro del hogar intentó suicidarse?
Sí/No En caso afirmativo, introducimos 1_____

10. ¿Fue a la cárcel algún miembro del hogar?
Sí/No En caso afirmativo, introducimos 1_____

Sumamos ahora nuestras respuestas afirmativas:_____.
Esta es nuestra puntuación ACE.

Adaptado de:
http://www.acestudy.org/files/ACE_Score_Calculator.pdf,
092406RA4CR

La escala «¿Sabes?»

El doctor Marshall Duke y la doctora Robyn Fivush crearon la escala «¿Sabes?» en el año 2001 para formular preguntas a los niños referentes a su familia y comprobar la hipótesis de que los niños que saben más sobre sus familias son más resilientes y afrontan mejor los retos que los niños que tienen un conocimiento limitado sobre ellas. Las preguntas, diseñadas para preguntar a los niños cosas que no sabrían directamente, son:

1. ¿Sabes cómo se conocieron tus padres?
2. ¿Sabes dónde creció tu madre?
3. ¿Sabes dónde creció tu padre?
4. ¿Sabes dónde crecieron algunos de tus abuelos?
5. ¿Sabes dónde se conocieron algunos de tus abuelos?
6. ¿Sabes dónde se casaron tus padres?
7. ¿Sabes lo que pasaba cuando estabas naciendo?
8. ¿Conoces el origen de tu nombre?
9. ¿Sabes algunas cosas sobre lo que pasó cuando nacieron tus hermanos o hermanas?
10. ¿Sabes a qué persona de tu familia te pareces más?
11. ¿Sabes si te comportas como alguna persona de tu familia?
12. ¿Sabes algunas de las enfermedades y lesiones que sufrieron tus padres cuando eran más jóvenes?

396 *Cada familia tiene una historia*

13. ¿Sabes algunas de las lecciones que tus padres aprendieron de las buenas y las malas experiencias?
14. ¿Sabes algunas cosas que les pasaron a tu madre o a tu padre cuando iban al colegio?
15. ¿Sabes la nacionalidad de tu familia (inglesa, alemana, rusa, etcétera)?
16. ¿Sabes algunos de los trabajos que tenían tus padres cuando eran jóvenes?
17. ¿Sabes algunos premios que recibieron tus padres cuando eran jóvenes?
18. ¿Sabes los nombres de las escuelas a las que asistió tu madre?
19. ¿Sabes los nombres de las escuelas a las que asistió tu padre?
20. ¿Sabes de algún familiar al que se le haya «congelado» la cara de mal humor porque no sonreía lo suficiente?

Diez preguntas cruciales (que debemos plantearnos si pensamos mantener una relación a largo plazo)

Este dato procede de la investigación de la profesora Anne Barlow de la Universidad Exeter.

¿Coincidimos bien mi pareja y yo?

¿Tenemos una amistad sólida?

¿Queremos lo mismo en nuestra relación y en la vida? ¿Son realistas nuestras expectativas?

¿Vemos generalmente lo mejor de los demás?

¿Nos esforzamos los dos por mantener viva nuestra relación?

¿Sentimos ambos que podemos hablar libremente y plantearnos problemas?

¿Estamos los dos comprometidos a trabajar en tiempos difíciles?

Cuando nos enfrentamos a circunstancias estresantes, ¿nos unimos para superarlas?

¿Tenemos a nuestro alrededor personas que nos apoyen?

EMDR

La desensibilización y reprocesamiento por movimientos oculares (EMDR) es una potente terapia diseñada para ayudar a las personas a recuperarse de acontecimientos traumáticos de su vida. Está reconocida por la Organización Mundial de la Salud (OMS) y el National Institute for Health and Care Excellence (NICE). A menudo menciono esta forma de psicoterapia. Para saber más al respecto, visite https://emdrassociation.org.uk/

Bibliografía

Introducción

Abel, J. *et al*. «Reducing Emergency Hospital Admissions: A Population Health Complex Intervention of an Enhanced Model of Primary Care and Compassionate Communities», *British Journal of General Practice*, 68(676), 2018, e803-e810.

Allen, K.R. *et al*. «Older Adults and Their Children: Family Patterns of Structural Diversity», *Family Relations*, 48(2), 1999, págs. 151-7.

Birkjaer, M. *et al*. «The Good Home Report 2019: What Makes a Happy Home?», Happiness Research Institute/Kingfisher Plc, 2019.

Bowlby, J. *The Making and Breaking of Affectional Bonds*, 1.ª ed. Londres: Routledge, 2005.

British Association for Psychotherapy and Counselling, «Men and Counselling: The Changing Relationship Between Men in the UK and Therapy», 2014, www.bacp.co.uk/news/news-from-bacp/archive/28-april-2014-men-and-counselling/

Britton, R. «The Missing Link: Parental Sexuality in the Oedipus

Complex», en J. Steiner (ed.), *The Oedipus Complex Today* (Londres: Routledge), 1989, págs. 83-91.

Burnham, J. *Family Therapy: First Steps Towards a Systematic Approach*, Londres: Routledge, 1986.

Cagen, S. *Quirkyalone: A Manifesto for Uncompromising Romantics*, Nueva York: HarperCollins, 2006.

Carter, E.A. y McGoldrick, M. (eds.), *The Changing Family Life Cycle: A Framework for Family Therapy*, 2.ª ed., Londres: Psychology Press, 1988.

Copeland, W. «Longitudinal Patterns of Anxiety from Childhood to Adulthood: The Great Smoky Mountains Study», *Journal of the American Academy of Child and Adolescent Psychiatry*, 53(1), 2014, págs. 1527-48.

Cryle, P. y Stephens, E. *Normality: A Critical Genealogy*, Chicago: University of Chicago Press, 2018.

Donath, O. *Regretting Motherhood: A Study*, California: North Atlantic Books US, 2017. [*Madres arrepentidas: una mirada radical a la maternidad y sus falacias sociales*. Barcelona: Reservoir Books, 2016].

Dunning, A. «Grandparents-An Intergenerational Resource for Families: A UK Perspective», *Journal of Intergenerational Relationships*, 4(1), 2006, págs. 127-35.

Fingerman, K. *et al.* «In-Law Relationships Before and After Marriage: Husbands, Wives and Their Mothers-In-Law», *Research in Human Development*, 9(2), 2012, págs. 106-25.

Fivush, R. «The Development of Autobiographical Memory», *Annual Review of Psychology*, 62(1), 2011, págs. 559-82

Fuentes, A. «This Species Moment», entrevistado por Krista Tippett para On Being, 2020, onbeing.org.

Galindo, I., Boomer, E. y Reagan, D. *A Family Genogram Workbook* Virginia: Educational Consultants, 2006.

Golombok, S. *We Are Family: The Modern Transformation of Parents and Children*, Nueva York: PublicAffairs Books, 2020.

Lippa, R.A. *Gender, Nature and Nurture*, Filadelfia: Routledge, 2005.

Mayes, L., Fonagy, P. y Target, M. *Development Science and Psychoanalysis: Integration and Innovation*, Londres: Routledge, 2007.

McCrory, E. *et al.* «Neurocognitive Adaptation and Mental Health Vulnerability Following Maltreatment: The Role of Social Functioning», *Child Maltreatment*, 24(4), 2019, págs. 1-17.

McGoldrick, M. «Monica McGoldrick on Family Therapy», entrevistada por Randall C. Wyatt y Victor Yalom, 2006, psychotherapy.net

Messinger, L. y Walker, K.N. «From Marriage Breakdown to Remarriage: Parental Tasks and Therapeutic Guidelines», *American Journal of Orthopsychiatry*, 51(3), 1981, págs. 429-38.

Patel, V. «Acting Early: The Key to Preventing Mental Health Problems», *Journal of the Royal Society of Medicine*, 111(5), 2018, págs. 153-7.

Siegel, D.J. (2013), *Parenting from the Inside Out*, Nueva York: TarcherPerigee, 2013.

Singer, J.A. *et al.* «Self-Defining Memories, Scripts, and the Life Story: Narrative Identity in Personality and Psychotherapy», *Journal of Psychotherapy*, 81(6), 2012, págs. 569-82.

402 Cada familia tiene una historia

Waldinger, R. «What Makes a Good Life? Lessons from the Longest Study on Happiness», 2016, Conferencias TED.

Watters, E. *Urban Tribes: A Generation Redefines Friendship, Family and Commitment*, Nueva York: Bloomsbury, 2003.

Winnicott, D. «The Theory of the Parent-Infant Relationship», *International Journal of PsychoAnalysis* 41, 1960, págs. 585-95.

Wolynn, M. *It Didn't Start With You*, Nueva York: Viking, 2016.

Yehuda, R. «How Trauma and Resilience Cross Generations», 2015, onbeing.org

La familia Wynne

Bradford, D. y Robin, C. *Connect: Building Exceptional Relationships with Family, Friends and Colleagues*, Nueva York: Currency, 2021.

Duffell, N. *The Making of Them: The British Attitude to Children and the Boarding School System*, Londres: Lone Arrow Press, 2000.

Feiler, B. «The Stories That Bind Us», *New York Times*, 17 de mayo de 2013.

Fry, R. «Richard Beckhard: The Formulator of Organizational Change», en Szabla, D.B. *et al.* (eds.), *The Palgrave Handbook of Organizational Change Thinkers* (Cham: Palgrave Macmillan), 2017, págs. 91-105.

genesinlife.org, *Genetics 101: Main Inheritance Patterns*.

Hicks, B.M., Schalet, B.D., Malone, S.M., Iacono, W.G. y McGue, M. «Psychometric and Genetic Architecture of

Substance Use Disorder and Behavioral Disinhibition Measures for Gene Association Studies», *Behavior Genetics*, 41, 2011, págs. 459-75.

Liu, M., Jiang, Y., Wedow, R. *et al.* «Association Studies of Up to 1.2 Million Individuals Yield New Insights Into the Genetic Etiology of Tobacco and Alcohol Use», *Nature Genetics*, 51, 2019, págs. 237-44.

Martin, A.J. *et al.* «Effects of Boarding School», *Psychologist*, 29, 2016, págs. 412-19.

McCrory, E., De Brito, S.A., Sebastian, C.L., Mechelli, A., Bird, G., Kelly, P. y Viding, E. «Heightened Neural Reactivity to Threat in Child Victims of Family Violence», *Current Biology*, 21, 2011, R947-8.

McCrory, E.J., De Brito, S., Kelly, P.A., Bird, G., Sebastian, C. y Viding, E. «Amygdala Activation in Maltreated Children During Pre-Attentive Emotional Processing», *British Journal of Psychiatry*, 202 (4), 2013, págs. 269-76.

McCrory, E. *et al.* «Neurocognitive Adaptation and Mental Health Vulnerability Following Maltreatment: The Role of Social Functioning», *Child Maltreatment*, 24(4), 2019, págs. 1-17.

Plomin, R. *Blueprint: How DNA Makes Us Who We Are* Cambridge, MA: MIT Press, 2018.

Prochaska, J., DiClemente, C. y Norcross, J. «In Search of How People Change: Applications to Addictive Behaviors», *American Psychologist*, 47(9), 1992, págs. 1102-14.

strategies-for-managing-change.com, «Beckhard Change Equation».

UK Trauma Council, «How Latent Vulnerability Plays Out

Over a Child's Life», https://uktraumacouncil.org/resource/how-latent-vulnerability-plays-out-over-a-childs-life

La familia Singh y Kelly

adoptionUK.org, *It Takes a Village to Raise a Child*.

Anon, «Overwhelming Majority Support Gay Marriage in Ireland», *Gay Community News*, 2012, https://web.archive.org/web/20120302153735/http:/www.gcn.ie/Overwelming_Majority_Support_Gay_ Marriage_In_Ireland

Anon, «Ireland is Ninth Most Gay-friendly Nation in the World, Says New Poll», *Gay Community News*, 22 de julio de 2015.

Anon, «Understanding the Difference Between Adoption and Mental Health Issues», Vertava Health Massachusetts, 2017, artículo en línea.

Aryan, A. «Why Hinduism is the most Liberal Religion», *Apna Bhaarat*, 2012, https://apnabhaarat.wordpress.com/2012/03/10/why-hinduism-is-the-most-liberal-religion/

BBC Bitesize, *What Does Hinduism Say about Homosexuality?* www.bbc.co.uk/bitesize/guides/zw8qn39/revision/5

Beauman, N. «Do Different Generations of Immigrants Think Differently?», *Aljazeera America*, 2016, artículo en línea.

Borba, M. *Thrivers: The Surprising Reasons Why Some Kids Struggle While Others Shine*, Londres: Putnam, 2021.

Chopra, D. «Are You Where You Thought You Would Be?», 2016, https://chopra.com/articles/life-expectations-are-you-where-you-thought-you-would-be

Colage.org

Coramadoption.org.uk, «Five Facts about LGBT Fostering and Adoption», Gayparentmag.com

First 4 Adoption, «The Great Behaviour Breakdown», programa de entrenamiento organizado por First 4 adoption, 2017, www.first4adoption.org.uk

Hakim, D. y Dalby, D. «Ireland Votes to Approve Gay Marriage, Putting Country in Vanguard», *New York Times*, 23 de mayo de 2015, A(1), sección A, página 1.

Iqbal, H. y Golombok, S. «The Generation Game: Parenting and Child Outcomes in Second-Generation South Asian Immigrant Families in Britain», *Journal of Cross-Cultural Psychology*, 49(1), 2018, págs. 25-43.

Kendrick, J., Lindsey, C. y Tollemache, L. *Creating New Families*, 1.ª ed. (Londres: Routledge), 2006.

Maisal, E. «What Do We Mean by Normal?», *Psychology Today*, 2011, https:// www.psychologytoday.com/ca/blog/ rethinking-mental-health/ 201111/what-do-we-mean-normal

Rudd Adoption Research Program (1994), *Outcomes for Adoptive Parents*, https://www.umass.edu/ruddchair/research/mtarp/key-fndings/outcomes-adoptive-parents

Sanders, S. «Families and Households in the UK: 2019», Office for National Statistics, artículo en línea, 2019.

Solomon, A. *Far from the Tree*, Londres: Vintage, 2014. [*Lejos del árbol: historias de padres e hijos que han aprendido a quererse*, Barcelona: Editorial Debate, 2014].

Winterman, D. «When Adoption Breaks Down», 2010, www.123helpme.com

406 Cada familia tiene una historia

Woolgar, M. y Simmonds, J. «The Impact of Neurobiological Sciences on Family Placement Policy and Practice», *Adoption and Fostering*, 43(3), 2019, págs. 241-351.

Ziai, R. «The Evolutionary Roots of Identity Politics», *AreoMagazine*, 2017, artículo en línea.

La familia Thompson

Anon. «The Declining State of Student Mental Health in Universities and What Can Be Done», Mental Health Foundation, 2018. https://www.mentalhealth.org.uk/blog/ declining-state-student-mental-health-universities-and-what-can-be-done

Armstrong J. «Higher Stakes: Generational Differences in Mothers' and Daughters' Feelings about Combining MotherhoodwithaCareer»,2017,*StudiesintheMaternal*,9(1).

Arnett, J.J. (2006), *Emerging Adulthood: The Winding Road from the Late Teens Through the Twenties*, Nueva York: Oxford University Press, 2006.

Badiani, F. y Desousa, A. «The Empty Nest Syndrome: Critical Clinical Considerations», *Indian Journal of Mental Health*, 3(2), 2016, págs. 135-42.

Barber, C.E. «Transition to the Empty Nest», en S.J. Bahr y E.T. Peterson (eds.), *Aging and the Family*, Washington: Lexington Books, 1989, págs. 15-32.

Borelli, J.L. *et al.* «Gender Differences in Work-Family Guilt in Parents of Young Children», *Sex Roles*, 76 (5-6), 2017, págs. 356-68.

Bouchard, G. «How Do Parents React When Their Children Leave Home? An Integrative Review», *Journal of Adult Development*, 21(2), 2014, págs. 69-79.

Brown, S.L. y Lin, I. «The Gray Divorce Revolution: Rising Divorce among Middle Aged and Older Adults, 1990-2010», *Journal of Gerontology: Series B*, 67(6), 2012, págs. 731-41.

Bukodi, E. y Dex, S. «Bad Start: Is There a Way Up? Gender Differences in the Effect of Initial Occupation on Early Career Mobility in Britain», *European Sociological Review*, 26 (4), 2010, págs. 431-46.

Dunning, A. «Grandparents-An Intergenerational Resource for Families: A UK Perspective», *Journal of Intergenerational Relationships*, 4(1), 2006, págs. 127-35.

Gottman, J. y Gottman, J. «The Natural Principles of Love», *Journal of Family Theory and Review*, 9(1), 2017, págs. 7-26.

Gottman, J.M. y Levenson, R.W. «What Predicts Change in Marital Interaction Over Time? A Study of Alternative Models», *Family Process*, 38(2), 1999, págs. 143-58.

Harkins, E.B. «Effects of Empty Nest Transition on Self-Report of Psychological and Physical Wellbeing», *Journal of Marriage and the Family*, 40(3), 1978, págs. 549-56.

Hendrix, H. y LaKelly Hunt, H. (2021), *Doing Imago Relationship Therapy: In the Space-Between*, Nueva York: W.W. Norton & Co., 2021.

Hunt, J. y Eisenberg, D. «Mental Health Problems and Help-Seeking Behaviour among College Students», *Journal of Adolescent Health*, 46(1), 2010, págs. 3-10.

Joel, S. *et al.* «Machine Learning Uncovers the Most Robust Self-Report Predictors of Relationship Quality Across 43 Longitudinal Couples Studies», *Proceedings of the National Academy of Sciences of the United States of America*, 117(32), 2020, págs. 19061-71.

Jungmeen, E.K. y Moen, P. «Retirement Transitions, Gender, and Psychological Well-Being: A Life-Course, Ecological Model», *Journals of Gerontology: Series B*, 57(3), 2002, págs. 212-22.

Maté, G. y Neufeld, G. *Hold on to Your Kids: Why Parents Need to Matter More Than Peers*, Londres: Ebury Digital, 2013.

McKinlay, S.M. y Jefferys, M. «The Menopausal Syndrome», *British Journal of Preventive and Social Medicine*, 28(2), 1974, págs. 108-15.

Mitchell, B.A. y Lovegreen, L.D. «The Empty Nest Syndrome in Midlife Families: A Multimethod Exploration of Parental Gender Differences and Cultural Dynamics», *Journal of Family Issues*, 30(12), 2009, págs. 1651-70.

Mount, S.D. y Moas, S., «Re-Purposing the 'Empty Nest'», *Journal of Family Psychotherapy*, 26(3), 2015, págs. 247-52.

NUK.co.uk «Simply Not Being Good Enough», 2013, www. nuk.co.uk

Parker, J., Summerfeldt, L., Hogan, M. y Majeski, S. «Emotional Intelligence and Academic Success: Examining the Transition from High School to University», *Personality and Individual Differences*, 36(1), 2004, págs. 163-72.

Radloff, L.S. «Depression and the Empty Nest», *Sex Roles*, 6(6), 1980, págs. 775-81.

Rubin, L.B. *Women of a Certain Age: The Midlife Search for Self*, Nueva York: HarperCollins, 1979.

Sartori, A.C. y Zilberman, M.L. «Revisiting the Empty Nest Syndrome Concept», *Revista de Psiquiatría Clínica*, 36(3), 2009, págs. 112-22.

La familia Taylor y Smith

Bray, J.H. y Hetherington, E.M. «Families in transition: Introduction and Overview», *Journal of Family Psychology*, 7(1), 1993, págs. 3-8.

Bray, J.H. y Kelly, J. *Stepfamilies: Love, Marriage and Parenting in the First Decade*, Nueva York: Broadway Books, 1998.

Fosha, D., Siegel, D.J. y Solomon, M.F. *The Healing Power of Emotion: Affective Neuroscience, Development and Clinical Practice* (Nueva York: W.W. Norton & Co.), 2009.

gingerbread.org.uk

Gordon, D. *et al.* «Poverty and Social Exclusion in Britain», Joseph Rowntree Foundation, 2000.

Gottman, J.M. «A Theory of Marital Dissolution and Stability», *Journal of Family Psychology*, 7(11), 1993, págs. 57-75.

gov.uk, «Financial Help if You Have Children», https://www.gov.uk/browse/childcare-parenting/financial-help-children

Guinart, M. y Grau, M. «Qualitative Analysis of the Short-Term and Long-Term Impact of Family Breakdown on Children: Case Study», *Journal of Divorce and Remarriage*, 55(5), 2014, págs. 408-22.

Guy, P. «Households by Type of Household and Family,

410 Cada familia tiene una historia

Regions of England and UK Constituent Countries», *Office for National Statistics*, 2021.

Hall, R. y Batty, D. «I Can't Get Motivated: The Students Struggling with Online Learning», *Guardian*, 4 de mayo de 2020.

Hetherington, E.M. «Family Relations Six Years After Divorce», en K. Pasley y M. Ihinger-Tallman (eds.), *Remarriage and Stepparenting: Current Research and Theory* (Nueva York: Guilford), 1987, págs. 185-205.

Hetherington, E.M. y Arasteh, J. *The Impact of Divorce, Single Parenting and Stepparenting on Children* (Nueva Jersey: Lawrence Erlbaum), 1988, págs. 279-98.

Inman, P. «Number of People in Poverty in Working Families Hits Record High», *Guardian*, 6 de febrero de 2020.

Joel, S. *et al.* «Machine Learning Uncovers the Most Robust Self-Report Predictors of Relationship Quality across 43 Longitudinal Couples Studies», *Proceedings of the National Academy of Sciences of the United States of America*, 117(32), 2020, págs. 19061-71.

Joseph Rowntree Foundation, Impact of Poverty on Relationships, https://www.jrf.org.uk/data/impact-poverty-relationships

mother.ly, *Motherly's 2019 State of Motherhood Survey Report* O'Neill, O. (2015), «How Students and Young Entrepreneurs Can Start Their Own Business While at University», *Independent*, 27 de noviembre de 2019.

Papernow, P. «Stepfamilies Clinical Update», *Family Therapy Magazine*, 5(3), 2006, págs. 34-42.

Papernow, P. «A Clinician's View on "Stepfamilies

Architecture"», en J. Pryor (ed.), *The International Handbook of Stepfamilies: Policy and Practice in Legal, Research, and Clinical Environments* (Hoboken, NJ: Wiley), 2012, págs. 422-54.

phys.org «Female Mammals Kill the Offspring of Their Competitors When Resources Are Scarce», 2019.

Pill, C. «Stepfamilies: Redefining The Family», *Family Relations*, 39(2), 1990, págs. 186-93.

Poverty and Social Exclusion UK, «A Single Parent», 2021, www.poverty.ac.uk

Reis, S. «The Female Face of Poverty», Women's Budget Group, 2018, www.wbg.org.uk

Richter, D. y Lemola, S. «Growing Up with a Single Mother and Life Satisfaction in Adulthood: A Test of Mediating and Moderating Factors», *PLOS One*, 12(6), 2017, págs. 1-15.

Rutter, V. «Lessons from Stepfamilies», *Psychology Today*, artículo en línea, mayo de 1994.

Stock, L. *et al.* «Personal Relationships and Poverty: An Evidence and Policy Review», Tavistock Institute of Human Relations, 2014.

Tominay, C. «Five Children in Every Class Likely to Need Mental Health Support as Lockdown Bites», *Daily Telegraph*, 30 de enero de 2021.

Vaillant, G.E. «Adaptive Mental Mechanisms: Their Role in Positive Psychology», *American Psychologist*, 55(1), 2000, págs. 89-98.

Verity, A. «Coronavirus: One Million Under-25s Face Unemployment, Study Warns», BBC News, 6 de mayo de 2020.

412 Cada familia tiene una historia

Wittman, J.P. *Custody Chaos, Personal Peace: Sharing Custody with an Ex Who Drives You Crazy*, Nueva York: Penguin, 2021.

Woodall, K. «Parental Alienation and the Domestic Abuse Bill UK», 2020, https://karenwoodall.blog

La familia Browne y Francis

Adler-Baeder, F. *et al.* «Thriving in Stepfamilies: Exploring Competence and Well-Being among African American Youth», *Journal of Adolescent Health*, 46(4), 2010, págs. 396-8.

Bethune, S. «Gen Z More Likely to Report Mental Health Concerns», *American Psychological Association*, 50(1), 2019, págs. 19-20.

British Medical Journal, «I's Time to Act on Racism in the NHS», febrero de 2020.

Faust, K. y Manning, S. «To Truly Reduce Racial Disparities, We Must Acknowledge Black Fathers Matter», *The Federalist*, 12 de junio de 2020.

June Gonzalez, M. *et al.* «Coparenting Experiences in African American Families: An Examination of Single Mothers and Their Non-Marital Coparents», *Family Process*, 53(1), 2014, págs. 33-54.

Heald, A. *et al.* «The LEAVE Vote and Racial Abuse Towards Black and Minority Ethnic Communities Across the UK: The Impact on Mental Health», *Journal of the Royal Society of Medicine*, 111(5), 2018, págs. 158-61.

Kinouani, G. *Living While Black: The Essential Guide to Overcoming Racial Trauma*, Londres: Ebury, 2021.

Klass, D., Silverman, P.R. y Nickman, S.L. *Continuing Bonds: New Understandings of Grief*, Londres: Taylor & Francis, 1996.

Knight, M. *et al.* «Saving Lives, Improving Mothers' Care: Lessons Learned to Inform Maternity Care from the UK and Ireland; Confidential Enquiries into Maternal Deaths and Morbidity 2016-18», 2020, www.npeu.ox.ac.uk

Massiah, J. «Women Who Head Households», en *Women and the Family* (Barbados: Institute of Social and Economic Policy), 1982.

Plummer, K. «David Lammy Makes Another Powerful Point about Racism Following Viral Clip about "Being English"», *Independent*, 31 de marzo de 2021.

Sharpe, J. «Mental Health Issues and Family Socialization in the Caribbean», en Roopnarine, J. *et al. Advances in Applied Developmental Psychology-Caribbean Families: Diversity among Ethnic Groups*, Nueva York: Ablex Publishing, 1997.

La familia Rossi

Beck, A. y Steer, R. «Clinical Predictors of Eventual Suicide: A 5-to 10-year Prospective Study of Suicide Attempters», *Journal of Affective Disorders*, 17(3), 1989, págs. 203-9.

Borba, M. *Thrivers: The Surprising Reasons Why Some Kids Struggle and Others Shine*, Nueva York: Putnam, 2021.

Bowlby, J. *Attachment*, Nueva York: Basic Books, 1982.

Erlangsen, A., Runeson, J. *et al.* «Association Between Spousal Suicide and Mental, Physical, and Social Health Outcomes: A Longitudinal and Nationwide Register-based Study», *JAMA Psychiatry*, 74(5), 2017, págs. 456-64.

Ilgen, M. y Kleinberg, F. «The Link Between Substance Abuse, Violence and Suicide», *Psychiatric Times*, 28(1), 2011, págs. 25-7.

Klass, D., Silverman, P. y Nickman, S.L. *Continuing Bonds: New Understandings of Grief*, Londres: Routledge, 1996.

Pitman, A., Osborn, D., King M. y Erlangsen, A. «Effects of Suicide Bereavement on Mental Health and Suicide Risk», *Lancet Psychiatry*, 1(1), 2014, págs. 86-94.

Ross, C. «Suicide: One of Addiction's Hidden Risks», blog de *Psychology Today*, 2014.

Scutti, S. «Committing Suicide Increases Family, Friends' Risk of Attempting Suicide By 65 %», *Medical Daily*, 2016, https://www.medical daily.com/ suicide-bereaved-self-destruct-371022.

Shapiro, F. *Eye Movement Desensitization and Reprocessing: Basic Principles, Protocols and Procedures,* 1.ª/2.ª eds., Nueva York: Guilford Press, 1995/2001.

Shapiro, F. «Paradigms, Processing, and Personality Development», en F. Shapiro (ed.), *EMDR as an Integrative Psychotherapy Approach: Experts of Diverse Orientations Explore the Paradigm Prism* (Washington, DC: American Psychological Association Books), 2002, págs. 3-26.

Shapiro, F. «EMDR, Adaptive Information Processing, and Case Conceptualization», *Journal of EMDR Practice and Research*, 1, 2007, págs. 68-87.

Shapiro, F., Kaslow, F. y Maxfield, L. (eds.) *Handbook of EMDR and Family Therapy Processes*, Nueva York: Wiley, 2007.

Shellenberger, S. «Using the Genogram with Families for Assessment and Treatment», en Shapiro, F., Kaslow, F. y Maxfield, L. (eds.), *Handbook of EMDR and Family Therapy Processes*, Nueva York: Wiley, 2007, págs. 76-94.

Van der Kolk, B.A. *The Body Keeps the Score: Brain, Mind, and Body in the Healing of Trauma*, Nueva York: Viking, 2014. [*El cuerpo lleva la cuenta: cerebro, mente y cuerpo en la superación del trauma*, Barcelona: Editorial Eleftheria, 2015].

Worden, J.W. *Grief Counselling and Grief Therapy: A Handbook for the Mental Health Practitioner*, Nueva York: Springer, 2009. [*El tratamiento del duelo: asesoramiento psicológico y terapia*. Barcelona: Ediciones Paidós ibérica, 2004].

La familia Berger

Behere, P. «Religion and Mental Health», *Indian Journal of Psychiatry*, 55(2), 2013, págs. 187-94.

Bierer, L.M., Schmeidler, J., Aferiat, D.H., Breslau, I. y Dolan, S. «Low Cortisol and Risk for PTSD in Adult Offspring of Holocaust Survivors», *American Journal of Psychiatry*, 157, 2000, págs. 1252-9.

Borkovec, T.D. *et al.* «Preliminary Exploration of Worry: Some Characteristics and Processes», *Behaviour Research and Therapy*, 21(1), 1983, págs. 9-16.

Campaigntoendloneliness.org, «The Facts on Loneliness».

416 Cada familia tiene una historia

Chen, Y., Kim, E.S. y Van derWeele, J. «Religious-Service Attendance and Subsequent Health and Well-Being Throughout Adulthood: Evidence from Three Prospective Cohorts», *International Journal of Epidemiology*, 49(6), 2020, págs. 2030-40.

Cooley, E. *et al.* «Maternal Effects on Daughters' Eating Pathology and Body Image», *Eating Behaviours*, 9(1), 2008, págs. 52-61.

Currin, L. *et al.* «Time Trends in Eating Disorder Incidence», *British Journal of Psychiatry*, 186(2), 2005, págs. 132-5.

Danieli, Y., Norris, F.H. y Engdahl, B. «A Question of Who, Not If: Psychological Disorders in Holocaust Survivors' Children», *Psychological Trauma*, 9 (supl. 1), 2017, págs. 98-106.

Eckel, S. «Why Siblings Sever Ties», *Psychology Today*, 2015, https://www.psychologytoday.com/gb/articles/201503/why-siblings-sever-ties

Epstein, H. *Children of the Holocaust*, Nueva York: Penguin, 2018.

Gilbert, P. *The Compassionate Mind: A New Approach to Life's Challenges*, Oakland: New Harbinger Publications, 2010. [*La mente compasiva: una nueva forma de enfrentarse a los desafíos vitales*, Barcelona: Editorial Eleftheria, S. L., 2018].

Grossman, D. *See Under: Love*, trad. Betsy Rosenberg, Londres: Vintage Classics, 1986.

Halik, V., Rosenthal, D.A. y Pattison, P.E. «Intergenerational Effects of the Holocaust: Patterns of Engagement in the Mother-Daughter Relationship», *Family Process*, 29(3), 1990, págs. 325-39.

helpguide.org, «How to Stop Worrying».

Hogman, F. «Trauma and Identity Through Two Generations of the Holocaust», *Psychoanalytic Review*, 85(4), 1998, págs. 551-78.

Kellermann, N. «Bibliography: Children of Holocaust Survivors», AMCHA, the National Israeli Centre for Psychosocial Support of Holocaust Survivors and the Second Generation, 1999.

Kellermann, N. «Psychopathology in Children of Holocaust Survivors: A Review of the Research Literature», *Israel Journal of Psychiatry and Related Sciences*, 38(1), 2001a, págs. 36-46.

Kellermann, N. «Transmission of Holocaust Trauma-an Integrative View», *Psychiatry Interpersonal and Biological Processes*, 64(3), 2001*b*, págs. 256-67.

Kellermann, N. «Transmitted Holocaust Trauma: Curse or Legacy? The Aggravating and Mitigating Factors of Holocaust Transmission», *Israel Journal of Psychiatry and Related Sciences*, 45(4), 2008, págs. 263-71.

Lebrecht, N. *Genius and Anxiety: How Jews Changed the World*, Londres: Oneworld Publications, 2019. [*Genio y ansiedad: cómo los judíos cambiaron el mundo*, Madrid: Alianza Editorial, 2022].

Lorenzi, N. «What to Know about Older, Younger, and Middle Child Personalities», *Parents*, 2019, https://www.parents.com/baby/development/ sibling-issues/ how-birth-or-der-shapes-personality/

May, R. *The Discovery of Being: Writings in Existential Psychology*, Nueva York: W.W. Norton & Co., 1994.

418 Cada familia tiene una historia

Neo, P. «What Codependent Behaviour Looks Like These Days (and How to Change It)», entrevista de Angela Melero, *Perpetuaneo*, 2018.

Nir, B. «Transgenerational Transmission of Holocaust Trauma and Its Expressions in Literature», *Genealogy*, 2(4), 2018, págs. 1-18.

Pillemer, K. *Fault Lines: Fractured Families and How to Mend Them*, Londres: Hodder & Stoughton, 2020.

Rakoff, V., Sigal, J. y Epstein, N. «Children and Families of Concentration Camp Survivors», *Canada's Mental Health*, 14(4), 1966, págs. 24-6.

Robichaud, M., Koerner, N. y Dugas, M. *Cognitive Behavioral Treatment for Generalized Anxiety Disorder*, Nueva York: Routledge, 2019.

Rowland-Klein, D., y Dunlop, R. «The Transmission of Trauma Across Generations: Identification with Parental Trauma in Children of Holocaust Survivors», *Australian and New Zealand Journal of Psychiatry*, 32(3), 1998, págs. 58-69.

Sacks, J. Podcast with Krista Tippett, 2010, onbeing.org

Scharf, M. «Long-Term Effects of Trauma: Psychosocial Functioning of the Second and Third Generation of Holocaust Survivors», *Development and Psychopathology*, 19(2), 2007, págs. 603-22.

Seidel, A., Majeske, K. y Marshall, M. «Factors Associated with Support Provided by Middle-Aged Children to Their Parents», *Family Relations*, 69(2), 2020, págs. 262-75.

Seligman, M. *Flourish: A New Understanding of Happiness and Well-Being-and How to Achieve Them*, Boston: Nicholas Brealey, 2011.

Shrira, A. «Does the Holocaust Trauma Affect the Aging of the Second Generation?», artículo presentado en el Annual Seminar on Innovations and Challenges in the Fields of Gerontology and Geriatrics, Beer-Sheva, Israel, 2017.

Villani, D. *et al.* «The Role of Spirituality and Religiosity in Subjective Well-Being of Individuals with Different Religious Status», *Frontiers in Psychology*, 10(1525), 2019, https://www.frontiersin.org/articles/ 10.3389/ fpsyg.2019.01525/full

Vohra, S. *The Mind Medic: Your 5 Senses Guide to Leading a Calmer, Happier Life*, Londres: Penguin Life, 2020.

Welch, A. «Parents Still Lose Sleep Worrying about Grown Children», 2017, www.pubmed.ncbi.nlm.nih.gov

Yamagata, B. *et al.* «Female-Specific Intergenerational Transmission Patterns of the Human Corticolimbic Circuitry», *Journal of Neuroscience*, 36(4), 2016, págs. 1254-60.

Yehuda, R., Daskalakis, N.P., Bierer, L.M., Bader, H.N., Klengel, T., Holsboer, F. y Binder, E.B. «Holocaust Exposure Induced Intergenerational Effects on FKBP5 Methylation», *Biological Psychiatry*, 80(5), 2016, págs. 372-80.

La familia Craig y Butowski

Abel, J. y Clarke, L. *The Compassion Project: A Case for Hope & Humankindness from the Town That Beat Loneliness*, Londres: Octopus, 2020.

Allen, J., Fonagy, P. y Bateman, A. *Mentalizing in Clinical*

420   Cada familia tiene una historia

Practice, Washington, DC: American Psychiatric Press, 2008.

Berkman, L.F., Leo-Summers, L. y Horwitz, R.I «Emotional Support and Survival After Myocardial Infarction», *Annals of Internal Medicine*, 117(2), 1992, págs. 1003-9.

Bloomer, A. «New Research into Biological Interplay Between Covid-19 and Cancer», *GM Journal*, 26 de octubre de 2020.

Cancer.net, «How Cancer Affects Family Life».

cancerresearchUK.org

Cole, M.A. «Sex and Marital Status Differences in Death Anxiety», *OMEGA: Journal of Death and Dying*, 9(2), 1978, págs. 139-47.

Cook Gotay, C. Comentario sobre C.G. Blanchard *et al.*, «The Crisis of Cancer: Psychological Impact on Family Caregivers», *Oncology*, 11(2), 1997.

Esnaashari, F. y Kargar, F.R. «The Relation Between Death Attitude and Distress: Tolerance, Aggression and Anger», *OMEGA: Journal of Death and Dying*, 77(2), 2015, págs. 1-19.

Evans, J.W., Walters, A.S. y Hatch-Woodruff, M.L. «Death-Bed Scene Narratives: A Construct and Linguistic Analysis», *Death Studies*, 23(8), 1999, págs. 715-33.

Florian, V. y Kravetz, S. «Fear of Personal Death: Attribution, Structure and Relation to Religious Belief», *Journal of Personality and Social Psychology*, 44(3), 1983, págs. 600-607.

Fogg, B.J. *Tiny Habits: The Small Changes That Change Everything*, Boston: Houghton Mifflin Harcourt, 2019. [*Hábitos mínimos: pequeños cambios que lo transforman todo*, Madrid: Editorial Urano, 2021].

Fonagy, P. *et al. Reflective-Functioning Manual, Version 4.1,*

For Application to Adult Attachment Interviews (Londres: University College Londres), 1997.

Golics, C. *et al*. «The Impact of Patients' Chronic Disease on Family Quality of Life: An Experience from 26 Specialties», *International Journal of General Medicine*, 2013(6), 2013, págs. 787-98.

Maggies.org, «Advanced Cancer and Emotions».

Mannix, K. *With the End in Mind*, Glasgow: William Collins, 2017.

Medicalxpress.com. «Emotional Health of Men with Cancer Often Unaddressed», 2015.

Mikulincer, M. «Fear of Personal Death in Adulthood: The Impact of Early and Recent Losses», *Death Studies*, 21(1), 1997, págs. 1-24.

Morasso, G. «Psychological and Symptom Distress in Terminal Cancer Patients with Met and Unmet Needs», *Journal of Pain and Symptom Management*, 17(6), 1999, págs. 402-9.

Okun, B. y Nowinski, J. *Saying Goodbye: How Families Can Find Renewal Through Loss*, Nueva York: Berkley, 2011.

Rabkin, J.G. *et al*. «Resilience in Adversity among Long-Term Survivors of Aids», *Hospital and Community Psychiatry*, 44(2), 1993, págs. 162-7.

Samuel, J. *Grief Works: Stories of Life, Death and Surviving* (Londres: Penguin Life), 2017.

Sandberg, S. y Grant. A. (eds.) *Option B: Facing Adversity, Building Resilience and Finding Joy*, Londres: W.H. Allen, 2017. [*Opción B: afrontar la adversidad, desarrollar la resiliencia y alcanzar la felicidad*, Barcelona: Penguin Random House, 2016].

Smith, Y. «The Effects of Cancer on Family Life», *News Medical Life Sciences*, publicación en línea, febrero de 2019.

Snyder, C.R. *Hope Theory: Rainbows in the Mind*, Lawrence: University of Kansas Press, 2002, págs. 249-75.

Stein, A. y Russell, M. «Attachment Theory and Post-Cult Recovery», *Therapy Today*, 27(7), 2016, págs. 18-21.

Timmerman, C. y Uhrenfeldt, L. «Room for Caring: Patients' Experiences of Well-Being, Relief and Hope During Serious Illness», *Scandinavian Journal of Caring Sciences*, 29(3), 2014, págs. 426-34.

Tomer, A. *Death Attitudes and the Older Adult: Theories, Concepts and Applications*, Nueva York: Brunner-Routledge, 2000.

Wall, D.P. «Responding to a Diagnosis of Localized Prostate Cancer: Men's Experiences of Normal Distress During the First 3 Postdiagnostic Months», *PubMed*, 36(6), 2013, E44-50, www.pubmed.ncbi. nlm.nih.gov

Conclusión

Goemans, A., Viding, E. y McCrory, E. «Child Maltreatment, Peer Victimization, and Mental Health: Neorocognitive Perspectives on the Cycle of Victimization», *PubMed*, 2021, DOI: 10.1177/152483802 11036393.

Yehuda, R., Daskalakis, N. y Lehrner, A.L. «Intergenerational Trauma is Associated with Expression Alterations in Glucocorticoid and Immune-Related Genes», *Neuropsychopharmacology*, 46(4), 2021, págs. 763-73.

Doce claves para el bienestar de la familia

Bettelheim, B. *A Good Enough Parent*, 2.ª ed., Londres: Thames & Hudson, 1995.

Bowlby, J. *Attachment*, Nueva York: Basic Books, 1982.

Bradford, D. y Robin, C. *Connect: Building Exceptional Relationships with Family, Friends and Colleagues*, Nueva York: Penguin, 2021.

Faber, A. y Mazlish, E. *Siblings Without Rivalry: Help Your Children to Live Together So You Can Live Too*, Londres: Piccadilly Press, 2012. [*Hermanos, no rivales*, Barcelona: Ediciones Medici S. L., 2010].

Gendlin, E.T. *Focusing: How to Gain Direct Access to Your Body's Knowledge*, Londres: Rider, 2003.

Gibson, L.C. *Adult Children of Emotionally Immature Parents*, Oakland: New Harbinger, 2015. [*Hijos adultos de padres emocionalmente inmaduros*, Málaga: Editorial Sirio, 2016].

Jory, B. y Yodanis, C.L., «Power: Family Relationships, Marital Relationships», *Marriage and Family Encyclopedia*, https://family.jrank.org

Neff, K. *Self Compassion: The Proven Power of Being Kind to Yourself*, Nueva York: HarperCollins, 2011.

Neufeld, G. y Mate, G. *Hold On to Your Kids: Why Parents Need to Matter More Than Peers*, Londres: Vermilion, 2019.

Siegel, D.J. y Bryson, T.P. *The Power of Showing Up*, (Londres: Scribe UK), 2020.

Siegel, D.J. y Bryson, T.P. *The Whole-Brain Child: 12 Proven Strategies to Nurture Your Child's Developing Mind*, Londres: Robinson, 2012.

424 Cada familia tiene una historia

UKEssays.com. «The Role of Family Power Structure», 2018.

Breve historia de la familia

Barker, H. y Hamlett, J. «Living Above the Shop: Home, Business, and Family in the English "Industrial Revolution"», *Journal of Family History*, 35(4), 2010, págs. 311-28.

Bengtson, V., «The Burgess Award Lecture: Beyond the Nuclear Family: The Increasing Importance of Multigenerational Bonds», *Journal of Marriage and Family*, 63(1), 2001, págs. 1-16.

Berrington, A., Stone, J. y Falkingham, J. «The Changing Living Arrangements of Young Adults in the UK», *Popular Trends*, 138, 2009, págs. 27-37.

Burgess, E., «The New Community and Its Future», *Annals of the American Academy of Political and Social Science*, 149, 1930, págs. 157-64.

Burgess, E.W. «Family Tradition and Personality», en K.Young (ed.), *Social Attitudes*, (Nueva York: Henry Holt), 1931, págs. 188-207.

Chambers, D. *A Sociology of Family Life: Change and Diversity in Intimate Relations*, Cambridge: Polity Press, 2012, págs. 1-25.

Clulow, C., «New Families? Changes in Societies and Family Relationships», *Sexual and Marital Therapy*, 8(3), 1993, págs. 269-73.

Delphy, C. y Leonard, D. *Familiar Exploitation: A New*

Analysis of Marriage in Contemporary Western Societies, Cambridge: Polity Press, 1992.

Dunlop Young, M. y Willmott, P. *Family and Kinship in East London*, Londres: Routledge, 1957.

Edgar, D. «Globalization and Western Bias in Family Sociology», en Treas, J., Scott, J. y Richards, M. (eds.), *The Wiley Blackwell Companion to the Sociology of Families*, Oxford: Blackwell, 2004, págs. 1-16.

Hantrais, L., Brannen, J. y Bennett, F. «Family Change, Intergenerational Relations and Policy Implications», *Contemporary Social Science*, 15(3), 2020, págs. 275-90.

Howard, S. «Is It Ever Acceptable for a Feminist to Hire a Cleaner?», *Guardian*, 8 de marzo de 2020.

Ives, L. «Family Size Shrinks to Record Low of 1.89 Children», BBC Health, 22 de noviembre de 2018.

Jenkins, S., Pereira, I. y Evans, N. *Families in Britain: The Impact of Changing Family Structures and What the Public Think*, Ipsos MORI Policy Exchange, 2009.

Mabry, J.B., Giarrusso, R. y Bengtson, V.L. «Generations, the Life Course, and Family Change», en Treas, J., Scott, J. y Richards, M. (eds.), *The Wiley Blackwell Companion to the Sociology of Families* (Oxford: Blackwell Publishing), 2004, págs. 85-108.

McCartan, C., Bunting, L., Bywaters, P., Davidson, G., Elliott, M. y Hooper, J. «A Four-Nation Comparison of Kinship Care in the UK: The Relationship between Formal Kinship Care and Deprivation», *Social Policy and Society*, 17(4), 2018, págs. 619-35.

Schwartz Cowan, R. «The "Industrial Revolution" in the

Home: Household Technology and Social Change in the 20th Century», *Technology and Culture*, 17(1), 1976, págs. 1-23.

Smart, C. «Retheorizing Families», *Sociology*, 38(5), 2004, págs. 1043-8.

Tadmor, N. «The Concept of the Household-Family in Eighteenth-Century England», *Past and Present*, 151, 1996, págs. 111-40.

Turner., Bryan S. «Religion, Romantic Love, and the Family», en Treas, J., Scott, J. y Richards, M. (eds.), *The Wiley Blackwell Companion to the Sociology of Families*, Oxford: Blackwell, 2004.

Wallis, L., «Servants: A Life Below Stairs», BBC News, 22 de septiembre de 2012.

Weeks, J., Heaphy, B. y Donovan, C. «The Lesbian and Gay Family», en Treas, J., Scott, J. y Richards, M. (eds.), *The Wiley Blackwell Companion to the Sociology of Families*, Oxford: Blackwell, 2004, págs. 340-55.

Anexo

acesaware.org, «Adverse Childhood Experience Questionnaire for Adults».

Barlow, A., Ewing, J., Janssens, A. y Blake, S. «The Shackleton Relationships Project Summary Report», University of Exeter, 2018.

cdc.gov «Adverse Childhood Experiences (ACEs)», 2020, emdrassociation.org.uk

Felitti, V.J. *et al.* «Relationship of Childhood Abuse and Household Dysfunction to Many of the Leading Causes of Death in Adults: The Adverse Childhood Experiences (ACE) Study», *American Journal of Preventive Medicine*, 14(4), 1998, págs. 245–58.

myrootsfoundation.com, «The "Do You Know?" Scale?».

Agradecimientos

Sin la voluntad de mis clientes de participar en este proyecto, el presente libro no habría visto la luz. Se requiere una gran fortaleza y un espíritu muy generoso para atreverse a hablar tan abiertamente de los aspectos privados más dolorosos de nuestra vida, y luego ver esa experiencia reflejada en el mundo de manera que la lean otras personas. La motivación de quienes aparecen en este libro es ayudar a los demás a comprenderse a sí mismos, un objetivo del que espero que puedan enorgullecerse de haber logrado. Una de mis principales preocupaciones ha sido ocultar su identidad y, para reiterar el descargo de responsabilidad personal, he hecho todo lo posible por mantener el anonimato de las personas y los acontecimientos reales, sin dejar de ser fiel al espíritu de la obra.

Con el fin de que la redacción fuese más fluida, no he insertado referencias a lo largo del texto. Las referencias se encuentran en la bibliografía que hay en las páginas 399 y ss. Ruego al lector que acepte mis disculpas si hay omisiones de reconocimiento u otros errores, de los que, por supuesto, asumo cualquier responsabilidad.

Como siempre, el equipo de Penguin Life me ha prestado

430 Cada familia tiene una historia

un apoyo extraordinario, tanto a mí como al libro. Me gustaría dar las gracias a mi brillante editora, Venetia Butterfield, que por suerte lo encargó y trabajó estrechamente conmigo hasta que se fue a un sello diferente de Penguin. Daniel Crewe ha sido estupendo como mi nuevo editor, ayudándome a dar al libro la mejor forma posible. Julia Murday, Kayla Fuller y Alice Gordge han demostrado una pasión, un tiempo y una habilidad extraordinarios para sacarlo finalmente a la luz. Hazel Orme es una magnífica correctora, que ha revisado el texto con precisión, inteligencia, visión y exactitud, manteniendo al mismo tiempo la esencia de mis palabras.

Mi agente literaria, Felicity Rubinstein, y sus colegas Fran Davies y Hana Grisenthwaite han luchado de manera ferviente por mis intereses y los han protegido, al tiempo que han ampliado el alcance del libro todo lo posible. Les estoy eternamente agradecida por su calidez, amabilidad y conocimientos.

El profesor Tim Bond, autor de *The Ethical Framework for the Counselling Professions*, ha sido, como siempre, muy generoso mientras discutíamos los puntos importantes y los peligros potenciales de publicar el trabajo con los clientes. Él representa la faceta más humana de la ética, por lo que le estoy sumamente agradecida.

Geraldine Thomson, mi supervisora, ha sido mi muy valorado y principal apoyo. Su inquebrantable empatía, experiencia y habilidad son cualidades muy escasas. También me ayudó en la fase de concepción sobre el modo de invitar a las familias a participar en el libro.

Hay una gran lista de personas que han contribuido a la precisión y el contenido del libro, entre las que se incluyen

Adrian Cayford, Kai Downham, Raffaella Barker, Mary Russell, Sophie Ford, Zoe Blaskey, el profesor Eamon McCrory, la doctora Renee Singh, Rahul Jacob y Marianne Tatepo. Juliet Nicolson ha sido, como siempre, una amiga y una consejera incondicional a lo largo de todo el proyecto. Mi agradecimiento también a Clara Weatherall y al equipo de los Maggie Centres, Andrew Anderson y George Bustin por sus útiles conexiones.

La doctora Priscilla Short y el doctor Lesel Dawson han sido fenomenales tanto por su tiempo como por el conocimiento y la visión con que han contribuido —siempre con generosidad y amabilidad— a este libro, identificando temas, sabiduría, teorías o formas de pensar que yo había pasado por alto. No tengo palabras para expresar lo mucho que valoro la buena voluntad de ambos colegas.

Tilly St Aubyn llevó a cabo el duro trabajo de recopilar la bibliografía con rapidez, precisión y buen humor. Maisy Ash efectuó un magistral trabajo de investigación sobre la historia de la familia y la destiló proporcionándome una narrativa coherente con la que trabajar.

Mis hijos, Natasha, Emily, Sophie y Benjamin, me han enseñado más sobre cómo ser una familia que ninguna otra fuente. Ellos a menudo han aportado ideas para incluir en el texto, o han tenido la amabilidad de comentar distintas partes del libro. Verlos junto a sus compañeros, Rich, Keenan, Jake y Drusie, es siempre una inspiración.

Por último, quiero dar las gracias a mi amado marido Michael, que ha sido, como siempre, cariñoso, sabio, paciente e infinitamente tranquilizador. Me ha mantenido en el buen camino con amabilidad y humor mientras atravesaba las turbulencias habituales que se producen cuando escribimos un libro.

Para más información sobre organizaciones de apoyo, Véase www.juliasamuel.co.uk. También es posible seguirme en @juliasamuelmbe

Índice

abandono, 21
  adopción y, 109-110
  hijo que se va de casa, 151
  internados y, 48
  miedo al, 358
  relaciones románticas y, 130
  separación/divorcio parental y, 166, 183, 245
  suicidio y, 250-251, 259
abrumado, estado
  autoconciencia y, 27
del hijo que abandona el hogar, 136, 140
  enfermedad y, 321, 330, 353
  estrategias de afrontamiento y, 48
  separación y, 176-177
  silencio y, 50
  trauma y, 65
aceptación, 107, 184, 233, 335
adaptada, niña, 245
adicción, 46
  alcohol, 35, 65, 241, 245, 263, 272
  cocaína, 122-123
  estrés en la vida temprana /trauma y, 46, 167, 247, 271-272, 275-276
  genética y, 65, 263
ADN, prueba de, 50, 55
adolescentes, 53, 93, 261
adopción, 79-116, 147, 388
  acogida y, 98-99

asignación del niño, 97
como plan B, 94
designar al niño, 80
fecundación *in vitro* y, 93
legitimidad y, 103, 107-115
minuciosidad de la investigación, 95-96
niños tutelados y, 93
número de adopciones en el Reino Unido, 93, 388
padres en duelo y, 94
plena, 104
por parejas del mismo sexo, 79-116, 387-388
preguntas indiscretas/insensibles, 105-106
primer encuentro con el niño, 101-102
red de apoyo y, 99
trabajadora social y, 92, 101
Adoption and Children Act (2005), 80
Adoption UK, 80, 94
afrontamiento y adaptación eficaces y colaborativos y, adaptación, 346
aislamiento, 180
alcohol
  alcoholismo, 35, 64, 65, 67, 125, 167, 183, 241, 245, 254, 263, 395
  borrachera, 51, 166
Alcohólicos Anónimos (AA), 123

434   Cada familia tiene una historia

alienación, 105, 187, 232
Alzheimer, enfermedad de, 148
amígdala, 18, 264
amor
    atacar a aquellos que más amamos, 181
    dinero y, 194-195
    encarnado, 52
    enfermedad y, 329, 335, 339, 340-352, 355
    fiable, predecible, 238, 284
    importancia del, 23-24
    incondicional, 145
    legado del, 312
    muerte y, 267
    poder curativo del, 180, 278, 281, 289-290, 311, 329
    «te amo», 62, 69, 258
    vivir plenamente nos capacita para el, 328
Anda, doctor Rob, 46
ansiedad
    adopción y, 94-95, 102, 110
    enfermedad y, 321, 325, 345, 351
    hijo que se va de casa, 119-120, 123, 149-150
    superviviente, 284, 291, 303
Antigua, 201, 203, 204, 216, 231
apego, teoría del, 16, 197, 218, 242
Arnett, profesor Jeffrey, 139
atención dual, sistema de, 266
atrapado emocionalmente /
    «estancamiento», 357-358, 363-364
    cambiar de perspectiva y, 251
    enfermedad y, 323
    familias reconstituidas y, 184
    historias repetitivas de duelo y, 239
    patrón anticuado de afrontamiento, 22
    puntos de cambio y crisis, 22
    sostener posturas rígidas y, 27
    terapia y, 31
    vínculos emocionales y, 170, 179-181, 184

Auschwitz, 282-286, 287
autocompasión, 273-274, 315, 324, 366-367
autoconciencia, 19, 27, 355
autocrítica, 178
autoeficacia, 45
autoestima, 45, 90, 94, 120, 153, 303, 308, 340, 369
autoritario, parentaje, 186

baby-boomers, 11
«bajar el picaporte» (bomba al final de la sesión), 230
Barlow, profesora Anne, 84, 397
«bastante buenos», 16, 89, 113, 284, 366
Beckhard, profesor Richard, 75
Bergen-Belsen, 287
Berger, Anna, 278, 280, 285, 287, 288, 290, 292, 294, 296-297, 298-299, 303, 304, 307, 311, 312
Berger, Dina, 278, 280, 305-308, 310
Berger, familia, 26, 278-315
    bloqueo familiar, 298
    capacidad para amar como legado en, 313
    codependencia, 299
    comida, 287, 291, 292, 303
    conceptualización de caso, 279
    COVID, confinamiento por, 294
    generaciones, 279-280
    gratitud, 297
    historias conectadas, aunque separadas, 315
    Holocausto, 279-315
    judíos ultraortodoxos, comunidad, 279, 305-315
    matrimonio, poder del, 278, 279-280, 289-290, 296, 304
    miedo, 299-303
    miembros notables de la familia, 289, 314
    reconocer las diferencias entre hermanos, 298
    relaciones madre-hija, 303-304

Índice **435**

resiliencia, 295
trauma incrustado, 305
véase también nombre del
miembro de la familia
Berger, Isaac, 278, 279, 289, 290, 296,
304, 311
Berger, Kati, 278, 279-304, 308, 311,
313
Berger, Leah, 278, 280
Berger, Rebecca, 280, 281, 285, 287,
291, 293, 294, 296, 297, 299, 300,
302, 303, 304, 310, 312
Black Lives Matter, movimiento, 222,
224
Borba, doctora Michele: *Thrivers: The
Surprising Reasons Why Some
Kids Struggle While Others Shine*,
90
borrachera, 51, 166
Bowlby, John, 16, 243
British Medical Journal, 206
Brown, Brené, 303
Browne, Amani, 200, 201, 202, 204-
210, 212, 215, 217, 218, 221, 228,
229, 237, 238
Browne, Chandice, 200, 201, 202, 213,
216, 230
Browne, Grace, 200, 209, 215, 219,
221, 228, 237
Browne, John, 203
Browne, Keith, 200, 201-215, 219-221,
223, 224, 226, 228, 229, 231, 233-
234, 235, 237, 359
Browne, Marianne, 200, 201, 228
Browne, Mary, 200, 209, 223, 231
Browne, Patience, 200, 201, 203, 205,
207, 211, 213, 215-220, 221, 224,
226, 227, 228, 231, 232, 236, 238
Browne, Raymond, 200, 201, 203, 230,
231, 232
Browne, Trevor, 200, 209, 228
Browne y Francis, familia, 200-239
«bajar el picaporte», 230
conceptualización de caso, 201
COVID, confinamiento, 214

diferentes maneras, según las
generaciones, de relacionarse
con la dificultad, 218-219
divorcio, 231
dolor y hermanos, 207-211, 228
favoritismo, 212, 220
finanzas, 214-215
muerte del niño, 200, 201, 204-
210, 211, 218, 221, 237, 238
Navidades, 216, 220-221, 228, 236
padres biológicos, relación con los
ausentes, 233-236
racismo y, 206
raíces familiares, 203-204
sabiduría de la juventud, 226-227
Testigos de Jehová, 215-221, 325,
359
véase también nombre del
miembro de la familia
Buchwald, Art, 55
bullying, 40
Butowski, familia, *véase* familia Craig
y Butowski
Butowski, Katharina, 316, 317, 320,
323, 327-328, 333, 336, 338-344,
350, 351, 354, 355

Calpol, 206
cambiar de perspectiva, 251
cambio
colectivo, 120
confusión y, 144
dolor como agente del, 28, 73, 181
esfuerzo psicológico y, 75
guiones infantiles y, 233
la velocidad y el nivel de, 32, 73
modelo de las Etapas del Cambio,
75
permitir el, 376-377
primeros pasos del, 73
probabilidades del, 74
puntos álgidos del, 18
Campaign to End Loneliness, 309
cáncer, 46, 61, 201, 317-355, *véase
también* familia Craig y Butowski

436   Cada familia tiene una historia

Cancer Research UK, 318
Candice (trabajadora social), 92, 95,
    96, 98, 100
caótico o simétrico (vertical), poder,
    374
celos, 23, 40, 145, 188, 190, 212, 220,
    369
cerebro
    amígdala y respuesta de lucha/
       huida/paralización, 18, 264
    comunicación y, 368
    de un padre gay, 107
    interacción social y, 362
    miedo y, 301
    relaciones madre-hija y, 303-304
    trauma y, 18, 46, 65, 180, 264, 295
    tumores, 201, 206, 317, 319, 323
ciencia del comportamiento, 32
claves para el bienestar de la familia,
    doce, 365-379
    autocompasión, tener, 366-367
    cambios dentro de la familia,
       permitir, 376-377
    comunicación, efectiva y abierta,
       367-369
    divertirse, hora de, 374-375
    hábitos en rituales, convertir los,
       375-376
    límites entre las personas,
       establecer, 372-373
    luchar de forma productiva,
       aprender a, 369-370
    modelar el comportamiento que
       deseamos de los demás, 378-
       359
    permitir las diferencias, 370-371
    reflexionar sobre uno mismo y los
       patrones familiares, 377-378
    ser consciente de las dinámicas de
       poder, 373-374
    tener cinco veces más
       interacciones positivas que
       negativas, 372
Coal Mines Regulation Act (1908), 383
cocaína, 122-123

codependencia, 299, 314
colaborativo, poder, 373
colectiva, escucha, 169
comer en exceso, 293
comida
    problemas de control con, 61, 292
    relación de los supervivientes con
       la, 291-292, 303
Compare the Market, 344
compasión
    autocompasión, 89, 262, 273-274,
       315, 324, 366-367
    enfermedad y, 318-319, 322-324
    parejas y, 193
    suicidio y, 272
    terapia y, 51, 359, 362
complejo del blanco-salvador, 210
comportamiento repetitivo
    inconsciente, conducta, 133
comunicación, efectiva y abierta, 134,
    150, 165, 174, 193, 194, 253, 276,
    322, 367-369
conceptualizaciones de caso
    Berger, familia, 279
    familia Browne y Francis, 201
    familia Craig y Butowski, 317
    familia Rossi, 241
    familia Singh y Kelly, 79
    familia Taylor y Smith, 157
    familia Thompson, 119
    familia Wynne, 35
concertado, matrimonio, 306, 382
control
    comida y, 61, 292, 339
    como estrategia de afrontamiento,
       244
    cuestiones financieras y, 22, 173,
       195
    despedir al hijo y, 136
    distanciamiento y, 49
    emocional, 350
    impulso, 264
    inteligencia emocional y, 27
    legado del trauma y, 292-293
    matrimonio y, 261

miedo y necesidad de, 325
parental, 324-326
perfección y, 108
reprimir la ira y, 299
temperamento y, 108
tiempo libre y, 378
trabajo y, 68
convertir los hábitos en rituales, 375-376
coparentaje, 92, 187
Coram, 80
COVID-19, 25, 100, 124, 149, 201, 214, 257, 294, 310, 318, 336, 342, 344, 348, 352
Craig, Archie, 316-355
Craig, Greg, 317, 321, 343-347, 352, 355
Craig, Isla, 316, 317, 321, 336, 345, 348, 350, 352, 355
Craig, Rory, 316, 331, 332
cuestionario «Experiencias adversas infantiles» (ACE), 46, 391-395
cuestiones financieras
adopción y, 84, 91
familias reconstituidas y, 158, 163-164, 174-176, 177-182, 194-198
pérdida de los padres y, 260, 269
culpa
enfermedad y, 320, 346
mecanismo de defensa de insensibilidad, 46
muerte y, 64, 205-206, 208-209
parental, 137, 153
suicidio y, 241
superviviente, 242, 296
terapeuta, 51, 229, 360
cultos, 325
cultura familiar, construir una nueva, 186, 195
curiosidad, 12, 69, 100, 134, 137, 322, 371, 375

defensa, mecanismos de, 46, 65
demencia, 38

depresión, 395
enfermedad y, 346
estrés y trauma en vida temprana y, 46
experiencia compartida y, 23, 52-53
parental, 143, 254, 261, 263, 266
suicidio y, 241-276
supervivientes y, 284, 294
derechos de visita, 178
desensibilización y reprocesamiento por movimientos oculares (EMDR), 266, 267, 275, 398
diagnóstico médico, 317, 322, 324, 345, 355
DiClemente, doctor Carlo, 75
diferencia, permitir la, 15, 100, 133, 151, 193, 298, 341, 369
digital, era, 386
disfuncionales, familias, 21, 55, 74, 228, 365, 374
divorcio, 15, 66, 129, 174, 229-234, 238, 242-246, 317, 386, 391, 394, *véase también* familias reconstituidas
dolencia cardiaca, 46
dolor
cambio y, 28, 73, 181
nombrar el, 256
duelo
adopción y, 94
hijos que dejan la casa como, 136
religión y, 218
suicidio y, 246, 248, 258-259, 263, 269
Duffell, Nick, 48
Duke, doctor Marshall, 45, 395

«edad adulta emergente», 139
Education Act (1944), 383
«el Contenedor», imagen del, 47-48
emocional, accesibilidad, 94, 167
emocional, inteligencia, 27-28, 161-162
«en apariencia heteros», 106

438   Cada familia tiene una historia

enfermedad terminal, 317-355, *véase
   también* familia Craig y Butowski
epigenética, 18, 284
Escala «¿sabes?», 45, 395-396
escribir cartas, 271-272
«esfuérzate por alcanzar la excelencia,
   pero no intentes alcanzar la
   perfección», 303
   veneración de las leyendas de la
      familia y, 314
esperanza, 335
estado del bienestar, 383
estrés, 46
   cuestiones financieras y, 157
   infantil, 46, 163
   memoria y, 264
   parentaje y, 263-264, 269
   prácticas para eliminar el, 90, 163-
      164, 302
   respuesta de estrés de los padres,
      95-96
Etapas del Cambio, modelo de las, 75
evitar hacer preguntas difíciles, 254
evolución
   diferencia y, 99-100
   miedo y, 302
expectativas no satisfechas, 94

familia
   amor y, 23-24, *véase también* amor
   definición de, 381
   doce claves para el bienestar de la,
      365-379
   excepcionales y ordinarias, 17-18
   generaciones y, 19-23
   historia de la, 381-389
   y su papel en la actualidad, 13-16
familia Craig y Butowski, 26, 316-355
   aislamiento, 333
   cáncer secundario, 317-318
   comunicación honesta y abierta,
      322
   conceptualización de caso, 317
   diagnóstico terminal, 317, 355
   esperanza, 335

   estadísticas del cáncer, 318
   hermanos, enfermedad y, 331-332
   mentalización, 331
   muerte, conocimiento del proceso
      de la, 337
   niños y enfermedad terminal, 316,
      317, 320, 329, 336, 344-354
   padres, afrontamiento negativo de
      los, 324-326, 329-330
   parejas, enfermedad y, 317, 320,
      323, 327-328, 335, 338-344,
      349-350, 353-354
   planificación del funeral, 336
   recuerdos, centrarse en lo que es
      bueno, 327-328, 342
   reparar relaciones con los hijos,
      330-331, 354-355
   sufrimiento, 321
   tarjetas y cartas, valor de escribir,
      342
   véase también nombre del
      miembro de la familia
familia Francis *véase* familia Browne
   y Francis
familia Kelly *véase* familia Singh y
   Kelly
familias excepcionales y ordinarias,
   17-18
«familias nucleares», 385
familias reconstituidas, 156-199, 384
   arquitectura, 184-187, 194, 199
   derechos a visitas, 190-193
   encontrar armonía en, 157-199
   hijastro, dificultades de ser, 168
   madrastras, 156, 162, 169, 184,
      341, 342, 394
   padrastros, 156, 162, 169, 180,
      184, 235, 341
   véase también familia Taylor y
      Smith
Family Allowances Act (1945), 383
favoritismo, 212, 220
fecundación *in vitro*, 93
Felitti, doctor Vincent, 46
feminismo, 139, 140, 387

Índice **439**

Fivush, doctor Robyn, 395
Floyd, George, 222
Fogg, B.J. *Hábitos mínimos*, 340
Fonagy, profesor Peter, 331
Francis, Angela, 200, 202, 204-205,
    207, 209-214, 217, 219, 221, 226,
    228-229, 233-235, 237
Francis, Anne, 200, 209, 211
Francis, Bob, 204
Francis, Linford, 200, 202, 208, 214,
    220-221, 224-230, 233, 234, 235,
    237, 239
Francis, Michael, 200, 209
Francis, Peter, 200, 209
Frankl, Victor, 329
Freud, Sigmund, 68
frustración, 114, 164, 211, 248, 251,
    320, 329
fumar, 51, 74
funcional, modelo, 373-374
funeral, 148, 208, 222, 247, 262, 336

Gen Z, 219
generaciones, interconexión y,
    naturaleza interdependiente del,
    14-15, 17-23, 359, 363, 365,
    384-385, *véase también* familia
    individual/estudio de caso
género
    fluido, 388
    igualdad de, 384, 386, 387
genética, 14, 16, 23, 211, 249
    adicción y, 65, 263
    epigenética, 18, 284
    paternidad y, 35-76
    prueba de ADN, 50-51, 55
    respuesta a la amenaza y, 180, 295
    trauma y, 284
Gilbert, Paul, 301
Gingerbread, 178
Goleman, Daniel, *Inteligencia
    emocional*, 27
gratitud, 213, 297, 311, 312, 353

Hendrix, Harville, 133

hermanos, relaciones entre, 39-41, 214-
    215, 331-332
    alimentar, 260
    diferencias entre hermanos, 298
    favoritismo y, 211-212
    hermanos o medio hermanos, 50,
        58, 61
    influencia sobre nuestro desarrollo,
        243
    muerte y, 210-215
    permitir el cambio y, 376-377
    rivalidad y, 37, 40, 143, 150
hinduismo, 83, 85, 88
historia de la familia, 11, 14, 15, 17,
    20, 24, 25, 28, 357-364
    aprendizaje a través de, 357
    dar forma a nuestra, 112-113
    rumiación, 238-239
    separados pero conectados, 315
    véase también cada familia/nombre
Holocausto, 279-315
homosexualidad
    adopción y, 79-116
    salir del armario, 79, 87, 106, 112,
        130
hora de divertirse, 374-375
humor, 60, 65, 83, 204, 238, 272, 349

identidad laboral, 142
Iglesia católica, 216, 218, 241, 250
igualdad de género, 384, 387
impulsos, control de, 250-251, 263-264
infidelidad parental, 35-76, 242
inmigración, 55
insensibilidad, 105, 109, 119, 323, 333
insultar, 160, 165, 223, 369
internos y externos, factores
    estresantes, 184-188, 195
intuitivo, parentaje, 152-153
Inverse, 198

jerarquía familiar, 382
Joel, Samantha, 198
judaísmo, 304-311

440 Cada familia tiene una historia

Kelly, Aengus, 78-116
Kinouani, Guilaine: *Living While Black*, 232

labio superior rígido, 12
legitimidad, 103, 108-115
lente blanca occidental, 388
Leonard, Diana, 387
LGBTQ+, 80, 81, 91, 92, 388
límites
    adopción y, 109, 114, 121
    dinámica de poder y, 373-374
    diversión y, 374-375
    establecimiento de, 109, 114, 162, 372-373
    familias reconstituidas y, 169
    familias supervivientes, 303, 307, 324
    parentales, 151, 372-373
    terapia y, 29-30, 120, 161
lucha/huida/paralización, 18, 264
luchar de forma productiva, 369-370
«Lugar seguro», ejercicio del, 47

madres
    chico que abandona el hogar y, 119, 153-154
    familias reconstituidas y, *véase* familias reconstituidas
    infidelidad y, 35-76
    muerte del hijo y, 201-239
    relación madre-hija, cerebro y, 303-304
    suicidio y, 241-276
    supervivientes del trauma, 279-315
Maggie Centre, 353
mágico, pensamiento, 339
Mannix, Kathryn, 337
Marcha de la Muerte, 286
marihuana, 160
mascotas, importancia de las, 164
Maté, doctor Gabor: *Hold On to Your Kids*, 152
matrimonio
    concertado, 206, 382

del mismo sexo, 13, 79-116, 387-388
    familias reconstituidas y, *véase* familias reconstituidas
    infidelidad y, 35-76, 242
    poder del matrimonio feliz, 280, 289-290
    suicidio y, 241-276
Max Planck Society, 162
MBR RACE-UK, informe (2018), 206
McCrory, profesor Eamon, 362
mecanismos de afrontamiento, 22, 42, 45, 66, 71, 98, 100, 122, 165, 256, 276, 334, 360
medianos, hijos, 39
meditación, 51, 97, 98, 301
memoria corporal, 179, 376
Mengele, Joseph, 282-283
mentalización, 331
microagresión, 107
miedo
    adopción y, 100, 104, 110
    dinero y, *véase* cuestiones financieras,
    enfermedad y, 320, 334, 343, 348, 349-350, 353
    familias reconstituidas y, 184
    hijo que se va de casa y, 120, 124, 126, 129, 141, 144-145, 149, 153-154
    supervivientes y, 299-304, 313
    terapeuta, 29, 51
    «toque de queda de preocupaciones», lista de, 302
mileniales, 105, 142
mindfulness, 27
«mirar hacia otro lado», 276
modelar comportamiento
    autocompasión y, 366-367
    comida y, 293
    dejar a los hijos y, 143
    disfunción y, 20
    dolor y, 259
    escuchar y, 169
    modelar la conducta que deseamos de los demás, 378-379

parentaje y, 135, 143, 170, 304, 349, 378-379
relación madre-hija, 303-304
terapeuta, 192
Modern Family, 23, 53
morir con dignidad, 148
muerte
    duelo, *véase* duelo
    enfermedad terminal y, 317-355
    miedo a la, 148
    niño, 94, 201-239
    padres, 36-37, 47, 64, 124, 130, 241-276
    pareja, 241-276
    suicidio, 18, 37-38, 46, 47, 51, 125, 241-276, 341, 395
    testificar el trauma relacionado con la experiencia intergeneracional, 279-315
multihogar, familias, 381, 385

National Center for Biotechnology Information, 320
Navidad, 157, 158, 161, 164, 186, 194, 216, 220, 228, 236, 286, 349, 375
negación, 41, 44, 47, 52, 61, 75, 321
negligencia, 41, 46, 284
niños
    adopción, 78-116
    Children and Young Persons Act (1933), 383
    dejar el hogar, 119-154
    enfermedad de uno de los padres y, 317, 320, 336, 343-347, 348, 351, 354-355
    familias reconstituidas y, 156-199, 341-342
    muerte de, 201-239
    paternidad de, 34-76
    suicidio y, 241-276
    supervivientes del trauma y, 279-315
nombrar el dolor, 256
«normal», 92, 100, 108-109
nuclear, familia, 13, 381

objetivos comunes, 184
Office for National Statistics (ONS), 80, 93, 177, 344, 385
otredad, 133
oxitocina, 107

padres
    adopción y, 78-116
    cuestiones de paternidad y, 34-76
    del mismo sexo, 78-116
    enfermedad y, 317, 320, 336, 343-347, 349-350, 352
    familias reconstituidas y, *véase* familias reconstituidas
    muerte de un niño y, 200-239
    suicidio/pérdida de, 240-276
    véase cuestión individual que afecta a
Papernow, Patricia, 184, 186, 194
parejas del mismo sexo, 13, 387-388
    adopción, 78-116, 388
Parental Alienation Law Child Abuse Bill (2020), 187
pasivo-agresiva, posición, 135, 140
paternidad, 35-76, *véase también* familia Wynne
patrones que se reflejan en uno mismo y en la familia, 377-378
PAZ: presencia, compromiso, afecto, calma y empatía, 370
peligro potencial, 99-100
pérdida, vivir con las consecuencias de la, 241-276, *véase también* familia Browne y Francis
pérdida en la vida, 47, 119, 153, 185, 233
perfección
    autocompasión y, 366-367
    comida y, 293
    como estrategia de afrontamiento, 244
    narrativa, perfecta, 113
    necesidad de, 95, 108
    perfectas, familias, 14, 24, 56

442 Cada familia tiene una historia

«suficientemente bueno», 16, 89, 113, 284, 366
perplejo, estado, 176
persona a la que acudir, 163
Pillemer, Karl, 298
Pitman, doctora Alexandra, 263
pobreza, 23, 147, 175-176, 232
positiva, psicología, 297
postraumático, trastorno de estrés (TEPT), 264, 272
Primera Guerra Mundial (1914-18), 11, 63, 383
Prochaska, doctor James, 75

Rachel (niña adoptada por Devanj Singh y Aengus Kelly), 78, 79-116
racismo
  NHS y, 206
  padres negros y, 232
  salud mental y, 222-225, 232
Rashford, Marcus, 224
reconocer los errores del pasado, 270
recuerdos, 16, 179
  almacenados disfuncionalmente, 264-267
  comida y, 292
  dolorosos/traumáticos, 38-41, 47-48, 265, 267, 323-324
  escoger los buenos para centrarse en ellos, 327-328, 342
  ritual y, 376
  trastorno de estrés postraumático (PTSD) y, 264
red de apoyo, 51, 99, 183, 333, 362
«reina del drama», 61, 325
relación a largo plazo, diez preguntas cruciales (que debemos plantearnos si pensamos mantener una relación a largo plazo), 397
relación satisfactoria, percepción de la relación y, 197-198
religión, 80, 89, 215-221, 228, 250, 300, 308, 309, 382
  hinduismo, 83, 85, 88
  Iglesia católica, 216, 218, 241, 250

judíos ultraortodoxos, comunidad, 279-315
Testigos de Jehová, 215, 219, 220, 325, 359
resentimiento, 54, 150, 172, 173, 237, 368, 370, 373
resiliencia
  autocompasión y, 366-367
  colaboración y cooperación dentro de las familias y, 362
  conocimiento de la familia y, 46, 395
  ejemplos de, 314
  enfermedad y, 353
  mecanismos de afrontamiento y, 98
  modelar la, 20
  raíces de la, 295
  separación y, 182-183
  ser útil y ayudar a los demás y, 293-294
  terapia y, 29
  vínculos intergeneracionales y, 153-154
rituales
  adopción y, 112
  recuerdo y conexión, 267-268, 272
Rossi, Anna, 241, 246, 248, 251, 252, 255, 257, 259, 260, 261, 262, 266, 275
Rossi, Ava, 262
Rossi, familia, 18, 240-276
  alcoholismo, 241, 245, 254, 262
  cambiar de perspectiva, 251
  conceptualización de caso, 241
  construir la confianza, 253-254
  control de impulsos, 250-251, 263-264, 273-274
  divorcio, 244
  EMDR, 266, 267 275
  escribir a la persona fallecida,267-268
  escribir descripción de la persona fallecida, 271-272
  estrategias de afrontamiento, 244
  evitar cuestiones difíciles, 254

fallo parental, 270-271
infidelidad parental, 242
niños adaptados, 259
niños y proceso de duelo, 259
parentaje solitario, suicidio y, 269
salud física y mental, condiciones
   para el suicidio y riesgo
   incrementado en los hijos, 263
suicidio, 246-276
suicidio y vergüenza, 249, 269
teoría del apego, 243
véase también nombre del
   miembro de la familia
Rossi, Francesca, 240, 241, 246, 247,
   250, 252, 253, 254, 256-258, 261-
   265, 268, 273-274, 275
Rossi, María, 240, 241, 246, 249, 251,
   252, 255, 259, 261, 262, 265-268,
   275
Rossi, Matteo, 240, 241-276
Rossi, Sarah, 240-276
Rothschild, Babette, 51
rumiación, 305
ruptura y reparación, 23, 140, 270
Russell, Mary: «Señales de advertencia
   del reclutamiento totalitario»,
   325-326

sabiduría de la juventud, 239
Sacks, Rabbi Jonathan, 313
Sandberg, Sheryl, 333
   secuela del trauma, la larga, 241-276
Segunda Guerra Mundial (1939-45),
   11, 63, 383
Seidel, doctora Amber, 300
Seligman, Martin, 297
ser conscientes de la dinámica de
   poder, 368, 373
Siegel, doctor Dan, 31, 370
Silverman, Phyllis, 267
síndrome del internado, 48
síndrome del nido vacío, 119, 139, 154
Singh, Devanj, 78-116
Singh, Priya, 78, 86
Singh, Ranghan, 78, 85

Singh y Kelly, familia, 26, 78-116, 362
acogida de la niña, 98-99
adopción plena, 104
adopción y proceso de examen y,
   95-96
colmar las expectativas como
   predictor del bienestar, 94
creer en el poder de otra persona,
   116
preguntas intrusivas/insensibles
   concernientes a la niña
   adoptada, 105-106
primer encuentro con la niña
   adoptada, 101-102
proceso de asignación de, adopción
   y, 97
reacción de la familia a la
   homosexualidad, 85-91
red de apoyo y, 99
respuesta a la diferencia, 99
sentimientos de legitimidad
   parental, 107-115
trabajadora social y, 92, 101
«sistema de los tres botes», 197
Smith, Ashley, 156, 157, 159, 161, 162,
   165, 168, 171, 173, 178, 180, 183,
   185, 187, 188, 190-194, 196
Smith, Charlie, 156, 157, 162, 163,
   167, 180, 183, 197, 198
Smith, familia, *véase* familia Taylor y
   Smith
Smith, Julie, 156-198
Snyder, doctor Charles, 335
«sobreemocionada», 250
social, adelgazamiento, 362
social, trabajadora, 92, 101, 102
soledad, 120, 124, 130, 179, 190, 269,
   309, 358
solteros, padres, 129, 176-178, 384
State of Motherhood Survey (2019),
   maternal, 172
subrogada, 92
sufrimiento
   adopción y, 93, 112
   divorcio/separación y, 182, 185

444 Cada familia tiene una historia

enfermedad y, 320-322, 336
expresión de, 48
hijo que se va de casa y, 119-120,
130, 136
muerte y, 204, 205, 209, 217
padres ausentes y, 129-130
proceso de, 181
rumiación y, 238-239
suicidio y, 241
vínculo permanente, 267
suicidio, 18, 37, 46, 47, 51, 125, 241-
276, 341, 395, *véase también*
familia Rossi
supervisores de la terapia de familia,
25-32, 242

tabúes
dinero, 195
problemas de salud mental y
suicidio, 276
Tavistock Institute of Human
Relations, 176
Taylor, Dan, 156, 157, 160, 162, 165,
168, 170, 175, 178, 180, 184, 185,
188, 194, 197, 199
Taylor, Dolly, 156, 157, 162, 164, 175,
189, 192, 199
Taylor, Paul, 156-199
Taylor, Samantha, 156, 157, 162, 164-
165, 175, 185, 188, 191, 192, 195
Taylor y Smith, familia, 156-199
apego aprendido, 197-198
arquitectura de la familia
reconstituida, 184-186, 194
colaboración como padres, forjar
nueva, 160
comportamientos aprendidos, 160
conceptualización de caso, 157
cuestiones financieras, 157, 163-
164, 172, 175, 177-178, 182,
194-198
derechos de visita, 190-192
dolor que sienten los niños cuando
sus padres biológicos se
separan, 185

hijastro, dificultad de ser, 168
madrastra, 156, 162, 169, 184,
341, 394
Navidad, 157, 158, 161, 164
nueva cultura familiar, construir,
186
nuevas relaciones, encontrar, 197-
198
padrastros, 156, 162, 169, 184, 235
padres solteros, 170-180
papeles de persona de confianza y
extraño, 184-188
Parental Alienation Law Child
Abuse Bill (2020), 187
sentimientos de fracaso, 160, 174,
177, 179, 195-196
sufrimiento, proceso de, 181
tener nuestros propios
sentimientos, 160
trauma infantil y posterior
separación de la familia, 166
una persona en nuestra vida
como un factor protector y
fundamental para nuestros
resultados, 168
véase también miembro
individual de la familia
tecnología, 383-384
temporal, acomodación, 178
tener cinco veces más interacciones
positivas que negativas, 372
terapia de familia, 25-32, 242, 360
supervisores, 30, 51, 80, 162, 182
Testigos de Jehová, 215-221, 325, 359
Thompson, Arthur, 118, 124, 126
Thompson, Daisy, 118, 119, 120, 122,
123, 126, 127, 129, 130, 134, 136,
137, 144, 145, 147, 149, 151
Thompson, Elsie, 118, 124, 126, 127,
145
Thompson, Eve, 118, 119, 120, 137,
138, 143, 146, 149
Thompson, familia, 118-154
actualización del contrato entre
padres e hijos restantes, 153

comportamiento repetitivo e inconsciente, 133
conceptualización de caso, 119
emergente, edad adulta, 139
envidia de nuestros jóvenes adultos, 137
generaciones de, 121
hijo que deja el hogar, 119-154
identidad laboral, 142
identidades de los hermanos forjadas en la relación entre ellos, 143
importancia de la comunicación, 134, 149, 150
otredad, 133
parentaje intuitivo, 152-153
parental, equilibrio, 138
pérdida, hijo que deja el hogar como, 120
perfección, búsqueda de la, 146
postura pasivo-agresiva, víctima, 135
resentimiento, 150
ruptura y reparación, 140
síndrome del nido vacío, 119, 139, 154
véase también miembro individual de la familia
Thompson, Hilary, 118, 119, 124-129, 130, 132, 140, 142, 144, 145-148, 151
Thompson, Jimmy, 118, 119, 126, 131
Thompson, Joshua, 118, 119, 120, 132, 136, 138, 145, 149
Thompson, Kate, 118-154
Thompson, Tom, 118, 122-123, 130
Tolstói, León, 366
trabajar desde casa, 386
transmisión secundaria, 284
trauma
cerebro y, 18, 46, 65, 181, 264, 295, 301
ciclo del, 254, 264
definición del, 65
encarnado, 305, 312

Holocausto y trauma transgeneracional, 279-315
incrustado, 305
legado del, 12, 17-23, *véase también* nombre individual de la familia
secuela del suicidio, la larga, 241-276
transmitido epigenéticamente en el útero, 284

últimos en nacer, 40
ultraortodoxos, judíos, comunidad, 279-315, *véase también* familia Berger

van der Kolk, Bessel, 264
«ventana de tolerancia», 49
vergüenza
finanzas y, 194-195
homosexualidad y, 87
mecanismo de defensa, 46
parental, 176
paternidad y, 46, 58, 98
racismo y, 223-224
sufrimiento y, 160
suicidio y, 249, 254, 260, 263, 269, 272
vínculo permanente, 268
Vohra, doctora Sarah, *The Mind Medic*, 301

Wilmer, Mary-Kay, 174
Winnicott, Donald, 16
Women's Budget Group report (2018), 177
Worden, profesor William, 260
Wynne, Camilla, 34, 35, 37, 38, 40-41, 44, 50, 57-66
Wynne, familia, 23, 34-76
adopción de roles individuales por parte de los hijos, 38-39
alcohol y, 35, 64, 65, 67
apoyo de los hijos durante las crisis, 52-53, 68-72

conceptualización de caso, 35
contactar con los padres biológicos, 67
«el Contenedor», imagen del, 47
Etapas del Cambio, modelo de las, 75
infidelidad, relación entre padres e hijos después de, 34-44, 56, 59
«Lugar seguro», ejercicio del, 47
naturaleza frente a la crianza, cuestión de, 23, 75-76
negación, 41, 44, 47, 52, 61
paternidad, importancia de, 35-36, 43, 73
paternidad, reacción a la confirmación de, 50-51
pérdida de identidad, 45, 47
posesiones/riqueza, 53-55
prueba de ADN, 49-50, 55
relación con los padres no biológicos, 34-42, 56, 58, 67, 70
rivalidad entre hermanos y, 40-41, 53-54, 60-62

«¿Sabes?», escala, 45
síndrome del internado, 48
vivir una pérdida, identidad y, 47
véase también miembro individual de la familia
Wynne, Henry, 34, 35, 36, 38, 39, 41, 43, 44, 50, 54, 57, 66
Wynne, Ivo, 34-76
Wynne, Jethro, 34, 35, 43, 49, 52, 69, 73
Wynne, Lottie, 34, 35, 49, 52, 69, 71, 72
Wynne, Mark, 34, 35, 36, 40, 43, 58, 64, 65, 70, 73
Wynne, Penelope, 34, 35, 57, 58, 59, 60, 64, 65, 68
Wynne, Suky, 34, 35, 49, 53, 54, 68, 69, 70, 71, 72, 76

Yehuda, doctora Rachel, 284
yoga, 51, 98, 212, 301

Zaidi, Mohsin: *A Dutiful Boy*, 80
Zoom, 26, 100, 149, 241

editorial **K**airós

Puede recibir información sobre
nuestros libros y colecciones inscribiéndose en:

www.editorialkairos.com
www.editorialkairos.com/newsletter.html

Numancia, 117-121 • 08029 Barcelona • España
tel. +34 934 949 490 • info@editorialkairos.com